新装版
パーフェクト攻略
IELTS
［編著］
トフルゼミナール
リスニング

PERFECT STRATEGIES
FOR LISTENING SECTION

テイエス企画

はじめに

　日本で英語運用能力試験というと、まず英検と TOEIC を思い浮かべる人が多いのではないでしょうか。海外大学への留学を目指す人にとっては TOEFL もなじみがあるかもしれません。しかし、近年 IELTS (International English Language Testing System) に関心が集まっています。2000 年以降全世界で受験者が急増し、今では年間 300 万人以上となっています。

　これまで、IELTS というとイギリスやオーストラリアの大学への留学を希望する学生が受ける試験との印象が強かったかもしれませんが、今や多くの米国大学でも学生の英語運用能力の判断基準として導入されています。日本では大学のみならず、政府機関も国家公務員試験に IELTS を採用する傾向があります。これからも実用的な英語力を正確に測定できる試験として IELTS はさらに身近なものになるでしょう。

　IELTS のリスニングセクションでは、他の英語検定試験よりも長い会話やモノローグを聞くことになりますし、他の試験ではお馴染みの選択肢式問題だけでなく、聞き取った内容を表にまとめたり、文を完成させたりする問題など、さまざま形式の問題が出題されます。小手先のテクニックは通用せず、総合的な英語運用能力が試されていると言えるでしょう。

　本書では、まず例題を解きながらリスニングセクションのすべての設問形式の分析と解法の確認をします。その後、本試験 3 回分の演習問題で徹底的に聞いて解く訓練をします。さまざまな設問形式がランダムに組み合わされて出題されますので、対応力が鍛えられるでしょう。最後に、総仕上げとして本試験と同じ分量の模試 1 セットに取り組みます。

　この一冊を解ききり、十分な量の実践的な演習を積めば、IELTS 試験のリスニングセクションの対策は万全です。本書が皆さんの国際舞台での活躍の足がかりになることを願っています。

トフルゼミナール

目　次

第1章　知っておきたい6つの設問タイプ

第2章　リスニングセクション問題演習

第3章　リスニング実戦模試

本書の取り組み方

● **本書の構成**

第1章　知っておきたい6つの設問タイプ

リスニングセクションで扱われる設問のタイプを6つに分けて紹介します。例題を解きながら、問題の特徴や何を問われているのかについて確認しましょう。

第2章　リスニングセクション問題演習

問題演習です。各問題では第1章で確認した設問タイプが盛り込まれていますから、本番を想定して問題の解き方を身につけましょう。解答解説ではスクリプト・全文訳を掲載しています。解答のヒントとなる文や語句には下線を引いてありますから、問題がうまく解けなかったときは特に注意して、下線を引かれている文や前後の文脈について見直しておきましょう。

第3章　リスニング実戦模試

本番同様、4つのセクションにまとめて挑戦する実戦模試です。時間内にどれくらい問題を解けるか、また正しく聞き取れているかを確認しましょう。

※音声には、第2・3章の設問ごとにポーズ（設問を読む時間、答えをチェックする時間、答えを解答用紙に書き写す時間）が含まれています。該当のトラック番号の音声を順に再生させて進めてください。第1章は、トラックが先に進まないよう、必要に応じて音声をいったんストップしてください。

> **解答用紙**　巻末には、Exercise と実戦模試のための解答用紙があります。コピーを取るか、切り取ってそのまま使用することができます。

IELTS について

● IELTS とは？

　IELTS（アイエルツ）は、International English Language Testing System の略称で、ブリティッシュ・カウンシル、IDP：IELTS オーストラリア、ケンブリッジ大学 ESOL が共同運営、管理する英語力判定試験です。世界 140 か国で実施されており、年間約 300 万人が受験しています。16 歳以上であれば、誰でも受験することができ、TOEFL（アメリカの非営利テスト開発機関 ETS によって運営、管理されている留学時に提出できる英語資格試験の 1 つ）と同様に、海外留学や研修の際に自分の英語力を証明するためのスコアとして利用することができます。

　試験は General Training Module（一般英語）と Academic Module（学術英語）に分かれており、受験者の目的によってどちらを受けるかを決める必要があります。Academic Module は General Training Module よりも難易度が高く、結果は海外の高等教育機関への提出用のスコアとして利用できます。本書は Academic Module のリスニングセクション対策本です。

● IELTS の構成（Academic Module の場合）

科目	試験時間	内容
Listening	約 30 分	4 セクション：40 問
Reading	60 分	長文 3 題：40 問
Writing	60 分	2 題
Speaking*	11〜14 分	3 パート：不定数

*Speaking はネイティブスピーカーと 1 対 1 のインタビュー形式

● IELTS のスコア

　IELTS のテスト結果は受験日から約 2 週間で発行されます。スコアはバンド
スコア（Band Score）と呼ばれる 1.0〜9.0 までの 0.5 刻みの評価数値で表されま
す。1.0 は英語の運用能力はほとんどない初級レベルで、9.0 はネイティブスピー
カーに近い運用能力を持つことを意味します。各科目のバンドスコアと、すべて
の合計を平均した総合バンドスコアが通知されます。スコアの有効期限は受験日
より 2 年間です。

バンドスコア一覧

Band		レベル
9	Expert User	十分な運用能力があり、適切で正確な表現を用いることができる。
8	Very Good User	十分な運用能力があるが、不得意な分野では間違いや、ぎこちない表現が散見される。
7	Good User	内容によっては誤解している場合もあるが、おおむね正確に理解し、複雑な表現も用いることができる。
6	Competent User	内容によっては誤解している場合もあるが、おおむね正確に理解し、得意分野では複雑な表現を用いることができる。
5	Modest User	部分的には実用的な表現力、理解力を持っており、おおむね正しい理解ができているが、間違いが散見される。
4	Limited User	慣れている状況や分野では基本的な運用能力がある。
3	Extremely Limited User	限られた状況や分野では一定の運用能力がある。
2	Intermittent User	実質的なコミュニケーションが困難。
1	Non User	基本的な運用能力がない。

● 採点・評価について

　リスニングセクションの配点は毎回同じというわけではありませんが、おおよそ次の表のように換算されます。

素点	バンドスコア
40 点	9
35 点	8
30 点	7
23 点	6
16 点	5

　配点は 40 点満点（1 セクションにつき 10 点）で、1 問正解につき 1 点が与えられます。

IELTS リスニングセクションの概要

● テストの構成と形式

- テストの構成と形式
- 各セクション約 10 問で、4 セクションから構成されています。
- 選択式と記述式の 2 つの出題形式があります。
- 問題用紙（question paper）と解答用紙（answer sheet）は別々になっています。受験者は問題文を聞きながら、問題用紙に答えを書き込んでいきます。テスト終了後、答えを解答用紙に書き写します。
- 問題文は 1 台のスピーカーから流されます。
- 問題文は 1 度しか聞くことができません。
- 問題文を聞く前に設問に目を通す時間が与えられています。
- 個々の設問にたいする答えは、問題文が展開する流れにそって順番に出てきます。
- 録音された問題文には、英国、カナダ、アメリカ、オーストラリア、ニュージーランド、インド、日本などの、さまざまな国の英語のネイティブスピーカーによる発音・アクセントが使用されています。

● テストの内容

セクション 1：実際の日常生活の場面を題材とした 2 人の話し手による会話（conversation）です。電話による会話も含まれています。（例：アパート探し、旅行の手配、ホテルの宿泊手続き、銀行口座の開設など）

セクション 2：実際の日常生活の場面から拾い出した 1 人の話し手による話（monologue）です。話し手は 1 人ですが、インタビューのように、聞き手が登場するような例があります。（例：学生に提供されるキャンパス内の業務・サービスの利用案内、オリエンテーション、天気予報など）

セクション 3：教育や訓練の場面で交わされる 2～4 人の話し手による会話です。（例：研究課題やプレゼンテーションに関する大学教員と学生、学生同士の話し合いや討議など）

セクション4：教育や訓練の場面で行われる1人の話し手による講義（lecture）や話（talk）です。（例：大学での講義、講演など）

セクションとセクションの間に短い休憩が入ります。それぞれのセクションでも、途中に短い休憩が入りますが、セクション4には休憩がなく、10問分の問題文を一気に聞き取らなければなりません。

後のセクションにいくほど、問題の内容も語彙も難しくなります。

テストによって、セクションの構成や形式の異なる問題が含まれている場合があります。

● 時間

- テスト時間は約30分です。
- 各セクションでは、問題が切り替わるごとに設問に目を通す時間（セクション1〜3では20〜30秒）と、最後に答えをチェックするための時間が約30秒与えられます。セクション4では途中に休憩がないので、設問を読む時間は、セクション1〜3より長くなっています。
- テスト終了後に、答えを解答用紙に書き写すための時間が10分与えられます。

● 解答上の注意

- 問題の指示をよく読んで、設問の意図や場面を理解してください。
- 語数制限のある問題に注意します。記述式の問題では、答えに 'NO MORE THAN THREE WORDS and/or A NUMBER'（単語3語と数字1つ以内、あるいは単語3語以内か数字1つ）のような語数制限がついていて、指定された語数を超えて答えた場合は、正しい答えを含んでいても、不正解となります。ただし、'hard-working'（勤勉な）のようにハイフンでつながれた複合語は1語として計算されます。
- イギリス式とアメリカ式の綴りの違いは無視してもかまいません。交ぜ書きも可です。（例：英 centre / 米 center、英 organisation / 米 organization）
- 一般に使用されている略語や記号は使うことができます。（例：cm、%、£）
- 答えは、大文字で書いても、小文字で書いてもかまいません。
- よくわからない答えがある場合でも、解答用紙にはすべての答えを書き入れま

す。無記入欄があると、答えがずれる書き込みミスの原因となります。
- 綴りや文法の誤りは減点の対象となります。
- 採点の対象となるのは解答用紙に書き写された答えだけです。すべての答えを書き写し切れなかった場合でも、救済措置は取られません。

● メモを取るべきか？

　TOEFL のようなテストでは、解答する際にメモを取ることが役に立ちますが、それは問題文を聞き終わるまで設問の内容がわからないからです。TOEFL の意図は、実際に教室で行われる講義や討論を模擬体験させることにあるので、メモを取ることが重要なスキルの 1 つとなっています。

　一方 IELTS では、問題文を聞く前に設問に目を通すことが許されているため、メモを取ることは TOEFL に比べればあまり重要なこととはいえません。ただし、問題用紙にメモを書くことは許されているので、答えの鍵になりそうなチェックすべき語句や表現、数字、日付、品詞や名詞の単複などの文法に関する項目、場面・状況などについて、あらかじめ問題に目を通して気がついたことがあれば、メモを取っておきましょう。特に綴り字や数字を 1 字 1 字聞き取るような問題では、メモが必要になります。

問い合わせ先

　受験申込み、受験料の支払いなどの手続きについては下記の問い合わせ先をご参照ください。（2020 年 2 月現在）

問い合わせ先①
公益財団法人 日本英語検定協会 IELTS 東京テストセンター
住所：〒162-8055 東京都新宿区横寺町 55
TEL：03-3266-6852
FAX：03-3266-6145
E-mail：jp500ielts@eiken.or.jp

問い合わせ先②
公益財団法人 日本英語検定協会 IELTS 大阪テストセンター
住所：〒530-0002 大阪市北区曽根崎新地 1-3-16 京富ビル 4F
TEL：06-6455-6286
FAX：06-6455-6287
E-mail：jp512ielts@eiken.or.jp

問い合わせ先③
一般財団法人 日本スタディ・アブロード・ファンデーション（JSAF）
住所：〒169-0075 東京都新宿区高田馬場 1-4-15 大樹生命高田馬場ビル 3F
TEL：03-6273-9356
FAX：03-6273-9357
E-mail：academic@japanstudyabroadfoundation.or.jp

インターネット問い合わせ先
公益財団法人 日本英語検定協会の運営する IELTS ホームページ
http://www.eiken.or.jp/ielts/
一般財団法人 日本スタディ・アブロード・ファンデーション（JSAF）のホームページ
http://www.jsaf-ieltsjapan.com
ブリティッシュ・カウンシルによる IELTS 紹介ページ
http://www.britishcouncil.jp/exam/ielts

音声の収録内容と利用法

音声の収録内容について

ダウンロード音声には下記の内容が含まれています。

第 1 章	知っておきたい 6 つの設問タイプ
第 2 章	リスニングセクション問題演習
第 3 章	リスニング実戦模試

本書中、該当箇所にはトラック番号を表示しています。

Track 01–10	知っておきたい 6 つの設問タイプ
Track 11–14	リスニングセクション問題演習①：Exercise 01 － 04
Track 15–18	リスニングセクション問題演習②：Exercise 05 － 08
Track 19–22	リスニングセクション問題演習③：Exercise 09 － 12
Track 23–26	リスニング実戦模試：Section 01 － 04

音声の利用について

音声は下記の手順にて無料でダウンロードできますのでご活用ください。

■パソコンにダウンロードする

①パソコンからインターネットでダウンロード用サイトにアクセス

下記の URL を入力してサイトにアクセスしてください。

https://tofl.jp/books/2502/

②音声ファイルをダウンロードする

サイトの説明に沿って音声ファイル（MP3 形式）をダウンロードしてください。

※スマートフォンからダウンロードして再生することはできませんのでご注意くだい。

※ダウンロードした圧縮ファイルを解凍すると音声が利用できます。

■音声を再生する

①音声ファイルをパソコンの再生用ソフトに取り込む

ダウンロードした音声を iTunes などの再生用ソフトに取り込んでください。

②音声を再生する

パソコン上で音声を再生する場合は、iTunes などの再生ソフトをお使いください。iPhone などのスマートフォンや携帯用の音楽プレーヤーで再生する場合は、各機器をパソコンに接続し、音声ファイルを転送してください。

※各機器の使用方法につきましては、各メーカーの説明書をご参照ください。

第1章

知っておきたい
6つの設問タイプ

6つの設問タイプ

　主な設問タイプは次の6つに分類できます。それぞれの出題数はテストによって異なりますが、毎回のテストには、必ず複数の設問タイプの問題が使われています。個々のセクションについては、10問とも同じ設問タイプのものと、10問の中に2つか、3つの異なる設問タイプが混じったものとがあります。

1. 多肢選択問題（Multiple choice）
2. ショートアンサー問題（Short-answer questions）
3. 文完成問題（Sentence completion）
4. メモ / 書式用紙 / 表 完成問題（Completion of notes, forms and tables）
5. 図解 / 図面 / 地図 完成問題（Labelling a diagram, plan or map）
6. 組み合わせ問題（Matching）

Question Type 01　多肢選択問題

　多肢選択問題は、その名の示すとおり、与えられた複数の選択肢の中から、答えとして適切な語句を選ぶものです。形式としては、文の最後に設けられた空所に入れる答えを選択肢の中から選んで補う穴埋め問題と、疑問文の設問にたいする答えを選択肢の中から選ぶものとに分かれます。指示にしたがって、答えは必ず記号で書きます。

多肢選択問題をどう解くか

　以下のヒントは、他の設問タイプの問題に答える場合にも共通しているので、しっかり頭に入れておいてください。

- 問題文を聞く前に与えられた時間を使って、選択肢からパッセージの展開と答えの手がかりを予測します。
- 設問にたいする答えは順に出てくるので、問題文を聞きながら1つ1つの選択肢に神経を集中させましょう。
- 話し手が選択肢の内容に関係のある事柄にふれていると思ったときは、細部の情報によく注意して、ていねいに聞くことが大切です。内容の適否に

よって、選択肢に✓マークや、○×をつけておきましょう。

● 問題文の中に選択肢に含まれる語句が出てきても、それだけの理由でその選択肢を正解と決めてはいけません。

● 1つの設問にたいする答えのヒントは1つとはかぎりません。したがって、待ちかまえていた答えの手がかりを聞き逃して、問題文が次の設問の答えにまで進んでしまった場合でも、答えられなかった設問の内容をおぼえておくようにしてください。後から、答えを見つけられる可能性があります。

● 話し手の感情や態度を表す、声の乱れ、強弱、高低、緩急などの変化が答えの手がかりになる場合があります。

IELTS で出題される多肢選択問題にはいろいろな形があります。主なものは以下のとおりです。

1. 3つの選択肢の中から答えを1つ選んで文を完成させる問題

*Choose the correct letter, **A**, **B** or **C**.*（A、B、C の中から答えを1つ選びなさい）
The IELTS test is（IELTS テストは）

   A   an English test.（英語のテストである）

   B   a peacekeeping organisation.（平和維持機構である）

   C   an academic journal.（学術誌である）

正解 A

2. 4つの選択肢の中から答えを1つ選ぶ問題

*Choose the correct letter, **A**, **B**, **C** or **D**.*（A、B、C、D の中から答えを1つ選びなさい）

Why do most people take IELTS tests?（なぜほとんどの人が IELTS テストを受けるのか？）

   A   They want to understand their own language better.（自国語をよりよく理解したいので）

   B   They want to study in an English-speaking country.（英語圏の国で勉強したいので）

C They want to gain a driving qualification. （運転免許を取得したいので）

D They want to improve their cooking skills. （料理の技術を上達させたいので）

[正解] **B**

3. 複数の選択肢の中から答えを 2 つ選ぶ問題

*Choose **TWO** letters, **A–E**.* （A〜E の中から答えを 2 つ選びなさい）

Which **TWO** of the following are expected for people who achieve IELTS band 6? （IELTS のバンドスコア 6.0 を得るには、次のうちのどの 2 つを満たすことが求められているか？）

A They have fully operational command of English. （じゅうぶんな英語運用能力をもっていること）

B They cannot communicate except when shopping. （買物をするとき以外言葉のやりとりができないこと）

C They can understand fairly complex language. （かなり複雑な言語を理解することができること）

D They make very few errors. （誤りをほとんどしないこと）

E They can function well in familiar situations. （なじみのある場面で不自由なく意思を伝えられること）

[正解] **C、E** ※解答順は自由

　次に実際の会話を使って、いろいろな形の選択問題を解く練習をしましょう。本テストでは、問題文を聞く前に設問に目を通す若干の時間が与えられています。まずは設問を読みながら、どのようなポイントを聞き取ればよいかを考えてみます。

Questions 1–3 （設問 1〜3）

*Choose the correct letter, **A, B** or **C**.* （A、B、C の中から答えを 1 つ選びなさい）

1 The woman asks the man about （女性が男性にたずねているのは）

A the times for the long-distance bus. （長距離バスの発車時刻について）

B details for a journey. （旅行の際の列車利用の詳細な情報について）

C the best way to get to Manchester. (マンチェスターへ行く一番良い方法について)

解法のヒント　答えをAと予想する場合は、時刻と'bus'という語を、Bの場合では、具体的な列車の利用案内を、Cの場合なら、利用できるいくつかの交通手段に関する情報をしっかり聞き取る用意をします。

2 Why is the woman surprised? (なぜ女性は驚いているのか？)

　　A The journey is too slow. (旅行に時間がかかりすぎるので)

　　B The fare is too high. (運賃が高すぎるので)

　　C The man is impolite. (男性が不作法であるので)

解法のヒント　女性が驚いたときの声のイントネーションをしっかり聞き取ること。同様に、予想される答えがAの場合には、女性の口から出る時間の表現、Bの場合なら、'That's too much / expensive!'（それは高すぎます！）のような運賃と関係のある表現、Cの場合では、応対する男性の口の利き方などに、あらかじめ的を絞って聞くようにします。

3 The man advises the woman to (男性が女性にすすめているのは)

　　A avoid travelling during rush hours. (ラッシュアワーを避けて旅行すること)

　　B buy a ticket on Wednesday. (水曜日に切符を買うこと)

　　C return within three days. (3日以内に戻ってくること)

解法のヒント　助言や忠告を表す'suggest'（～を提案する）、'recommend'（～をすすめる）、'advise'（～を忠告する）、'you should'（～するといいですよ）、'why don't you?'（～したらどうです）のような語句や表現を聞き落とさないように、よく注意してパッセージを聞きます。

それでは、会話を聞いてみましょう。

Man at information desk: Hello, train information, can I help you?

Woman: Yes, please, I'm staying in London and I want to travel to Manchester. Can you tell me where the trains go from, how long they take, and how much they cost? *Q1*

Man: The trains depart from Euston station, and take an hour and fifty minutes to get to Manchester. When are you planning on travelling?

Woman: I was thinking of going in two days' time, which would be Wednesday. How much would an ordinary return be?

Man: Let me see ... That would be two hundred and twenty pounds.

Woman: How much? There must be some mistake! My friend told me it would cost no more than fifty pounds. *Q2*

Man: Yes, we do have returns with a saver ticket for fifty pounds, but you have to buy them three days in advance, and they're not valid during peak hours. If you buy a saver, you have to remember not to board the train during those times. *Q3*

案内所の男性：列車案内です、ご用件をおうかがいいたします。

女性：ええ、お願いしますね、ロンドンに滞在していますが、マンチェスターへ行きたいのです。どこから列車が出ているか、どのぐらい時間がかかるか、そして運賃はいくらか、教えてくださいますか？ *Q1*

男性：列車はユーストン駅から出ています。1 時間 50 分でマンチェスターに到着します。いつ列車をご利用でしょうか。

女性：明後日行こうと思っていたんですが、水曜日になるでしょうか。普通の往復乗車券はいくらですか？

男性：ちょっとお待ちください…。それですと 220 ポンドになります。

女性：おいくらですって？ きっとなにかの間違いじゃありません！ 友人の話では、50 ポンドもしないだろうって聞いていましたけれど。 *Q2*

男性：はい、50 ポンドの往復割引乗車券は取り扱っていますが、利用日の 3 日前にお求めいただくことになっておりますし、ラッシュアワーにはご利用になれません。割引乗車券を購入される場合は、その時間帯にはご乗車いただけないことをおぼえておいてください。 *Q3*

うまく解答のポイントを押さえられたでしょうか。それでは、もう 1 度同じ設

問に目を通し、今度は正解と解説を確認してください。

1 The woman asks the man about（女性が男性にたずねていることは）

- **A** the times for the long-distance bus.（長距離バスの発車時刻について）
- **B** details for a journey.（列車利用の際の詳細な情報について）
- **C** the best way to get to Manchester.（マンチェスターへ行く一番良い方法について）

正解 B

解説 女性はマンチェスター行きの列車について続けて3つの質問をしているので、女性の言葉のすべては正確に聞き取れない場合でも、いろいろなことについてたずねていることだけは理解できるはずで、Bを答えに選びます。女性がたずねているのは列車に関する情報なので、Aは間違いです。初めはAが間違いであることがわからなくても、'train'という語が何度も出てくるので、後で誤りであることが確認できます。

2 Why is the woman surprised?（なぜ女性は驚いているのか？）

- **A** The journey is too slow.（旅行に時間がかかりすぎるので）
- **B** The fare is too high.（運賃が高すぎるので）
- **C** The man is impolite.（男性が不作法であるので）

正解 B

解説 'How much?'（おいくらですって？）といった女性の大げさなイントネーションが、Bが正解であることのヒントになっています。女性は所要時間のことについては一言もふれていないので、Aは間違いです。また、男性の言葉づかいは良くも悪くもないので、Cも間違いです。

3 The man advises the woman to（男性が女性にすすめているのは）

- **A** avoid travelling during rush hours.（ラッシュアワーを避けて旅行すること）
- **B** buy a ticket on Wednesday.（水曜日に切符を買うこと）
- **C** return within three days.（3日以内に戻ってくること）

正解 A

解説　ここで解答の鍵は男性の 'you have to remember ...'（…をおぼえてお
いてください）という表現で、これは A の 'rush hours' にふれて、注意をうな
がしているものです。'rush hours' と 'peak hours' が同じものであることが
わからない場合でも、正解は消去法で導き出せます。B の 'Wednesday' は、男
性ではなく、女性が口にしたことであり、その上、切符を購入する日ではなく、
旅行に出発する日についてふれられたことなので、誤りです。C は、'three
days' が、ロンドンに戻る日ではなく、マンチェスターへ発つ日とのかかわり
で言われたことなので、これも誤りです。

では、次に別の種類の多肢選択問題を見て、答える準備をしてみましょう。

Questions 4 and 5（設問 4 と 5）

*Choose **TWO** letters, **A–E**.*（A〜E の中から答えを 2 つ選びなさい）

Which **TWO** benefits of first-class travel are mentioned?（ファーストクラスの旅
行の 2 つの利点としてあげられたのは、次のうちのどれとどれか？）

> **A** Passengers get a seat in the buffet car.（乗客はビュッフェ車の座席を確
> 保する）
>
> **B** Tickets are valid in the rush hour.（切符はラッシュアワーでも有効である）
>
> **C** Food and drink are free.（飲食物は無料である）
>
> **D** Travellers can use a table.（利用客はテーブルを使うことができる）
>
> **E** The ticket costs just 40 pounds.（切符はわずか 40 ポンドで購入できる）

解法のヒント　これらの選択肢からわかることは、乗客に食事が提供される
場所（A）、切符を利用できる時間帯と利用できない時間帯（B）、飲食代（C）、
テーブル（D）、乗車料金（E）に関する情報を聞き取らなければならないこと
です。

Questions 6 and 7（設問 6 と 7）

*Choose **TWO** letters, **A–E**.*（A〜E の中から答えを 2 つ選びなさい）

Which **TWO** ways of buying a ticket are suggested?（2 つの切符の購入方法とし
て提示されたのは、次のうちのどれとどれか？）

A   by post （郵便で）

B   with a cheque （小切手で）

C   by credit card （クレジットカードで）

D   from a machine （発券機で）

E   at the ticket office （切符売場で）

解法のヒント▶   会話の内容が運賃の支払い方法の話になったら、上の選択肢に関する情報をしっかり聞き取ります。

それでは、会話を聞き、正解と解説を確認してください。。

 Track-02

Woman: What are peak times?

Man at information desk: Peak times are the rush hours from seven-thirty to nine-thirty in the morning and from five-thirty to seven-thirty in the evening. You can't travel on those trains with a saver ticket.

Woman: Luckily I'm on an extended sightseeing trip, and I'm very flexible with regards to time. Oh, does the train have a buffet car?

Man: Yes, it has a buffet car selling sandwiches, light snacks, and beverages, but if you're thinking of eating and drinking on the train you might want to go first class. The ticket costs an extra twelve pounds, but you'll get a nicer seat with a table and you'll be served food and drink at your seat for free, so you won't have to join the queue at the buffet car. *Q4/5*

Woman: For free? I thought you said it was an extra twelve pounds.

Man: The extra twelve pounds is for the first-class ticket. You might save more than that by getting food and drink at no charge. *Q4/5*

Woman: That sounds like the best option – yes, I think I'll go with that. Can you book me on the first train to leave London after the rush hour when the cheap tickets become available? I'd like to stay for four days.

Man: Let's see ... today is Monday. I can book you onto the train leaving London Euston at ten-thirty a.m. on Thursday, returning on Sunday evening.

Woman: That sounds perfect. But how can I get the ticket? There's no time to send a cheque through the post. Should I go to, where is it, Euston station, to buy a ticket?

Man: You can buy it at the ticket counter there, *Q6/7* certainly, or you can buy it over the phone now if you prefer.

Woman: Over the phone would be easier.

Man: Do you have a credit or debit card? *Q6/7*

Woman: I have a debit card. And how do I pick it up?

Man: I'll issue you with an ID number. When you get to Euston station, you punch that number into a ticket machine, and it prints out your ticket.

Woman: That sounds fine. Just let me get the card out of my purse and I'll give you my details.

女性：ピークタイムって、何ですか？

案内所の男性：ピークタイムというのは、朝の7時30分から9時30分の間と、夕方の5時30分から7時30分の間のラッシュアワーのことです。この時間帯は割引切符でのご乗車はお断りしております。

女性：幸い長期間の観光旅行なので、時間の融通ならいくらでもききます。ええと、列車に食堂車はついていますか？

男性：はい、サンドイッチや軽い食物、飲物を販売している食堂車がついていますが、車中で食事や飲物をとることをご希望の場合は、ファーストクラスを利用されるのがよろしいと思います。料金は12ポンド追加になります。もっと上等なテーブル付きの座席になり、ご自分の座席で無料で飲食物を召し上がっていただけますので、食堂車で列を作って並ばなくてすみます。*Q4/5*

女性：無料で？ 12ポンド追加ってお聞きしたように思いますが。

男性：その追加の12ポンドは、ファーストクラスの料金です。ですが、無料で飲食物を召し上がることで、それ以上のお得になるでしょう。*Q4/5*

女性：それが一番良い選択のようですね。それで行きましょう。格安の切符が手に入るときに、ラッシュアワーの後にロンドンを最初に出る列車を予約してくださいますか？ 向こうには4日間滞在するつもりです。

男性：お調べしましょう…今日は月曜。木曜日の午前10時30分、ロンドン・ユーストン駅発の列車をお取りできます。お帰りは日曜日、夕刻着です。

女性：それなら申し分なさそう。でも、切符はどうすれば手に入れられるのですか？ 小切手を郵便で送っている時間はないし。…駅ってどこでしたっけ、

ユーストン駅へ切符を買いに行くほうがよいでしょうか？

男性：そちらの切符売場でお求めいただけます、**Q6/7** それは、もちろんです。それとも、よろしければ、今電話でも予約できます。

女性：電話のほうが簡単そうですね。

男性：クレジットカードか、デビットカードをおもちですか？ **Q6/7**

女性：デビットカードをもっています。ところで、切符はどうやって受け取ればいいのですか？

男性：こちらで ID 番号を発行します。ユーストン駅へ行って、券売機でその ID 番号を入力していただければ、切符が出てきます。

女性：それはいいわ。お財布からカードを出して、カード情報をお教えしましょう。

Questions 4 and 5（設問 4 と 5）

*Choose **TWO** letters, **A–E**.*（A～E の中から答えを 2 つ選びなさい）

*Which **TWO** benefits of first-class travel are mentioned?*（ファーストクラスの旅行の 2 つの利点としてあげられたのは、次のうちのどれとどれか？）

- **A** Passengers get a seat in the buffet car.（乗客はビュッフェ車の座席を確保する）
- **B** Tickets are valid in the rush hour.（切符はラッシュアワーでも有効である）
- **C** Food and drink are free.（飲食物は無料である）
- **D** Travellers can use a table.（利用客はテーブルを使うことができる）
- **E** The ticket costs just 40 pounds.（切符はわずか 40 ポンドで購入できる）

正解 **C、D** ※解答順は自由

解説 選択肢の中には、一見正しそうに見えても、注意して聞けば間違いであるとわかるようなものが含まれています。A の 'buffet car' とは、英国鉄道では、サンドウィッチやコーヒーなどの軽い飲食物を用意する車両をさし、利用客は食事の際は自分の席から足を運ばなければなりませんが、男性が言ったのは、'you'll be served food and drink at your seat for free, so you won't have to join the queue at the buffet car'（座席へ無料で飲食物が運ばれるので、食堂車で並んで番を待たなくてすみます）です。B はファーストクラスの切符について説明されたことではありません。C は正解で、案内所の男性が初めは 'for free'（無料で）、2 度目は同意表現で 'at no charge' と言い換えています。D も正解で、座席に関する情報といっしょに説明されています。E は、男性が 'The ticket costs an extra twelve pounds'（[ファーストクラスでは] 料金は 12 ポンド追加になります）と言っているので、間違いです。

Questions 6 and 7（設問 6 と 7）

Choose **TWO** letters, **A–E**.（A〜E の中から答えを 2 つ選びなさい）

Which **TWO** ways of buying a ticket are suggested?（切符を購入する 2 つの方法として提示されたのは、次のうちのどれとどれか？）

    A by post（郵便で）

    B with a cheque（小切手で）

    C by credit card（クレジットカードで）

    D from a machine（発券機で）

    E at the ticket office（切符売場で）

正解　**C、E**　※解答順は自由

解説　A と B は、女性が 'There's no time to send a cheque through the post.'（小切手を郵便で送っている時間はないし）と言っているので、間違いです [西欧では小切手を郵送して支払いをするのが普通です]。C は、案内所の男性がクレジットカードか、デビットカードによる支払い方法を提示しているので、正解です。女性はクレジットカードではなく、デビットカードで支払うことを選んでいますが、設問はあくまでも「提示された方法」についてたずねているので、実際には使わなかった場合でも、C が正解であることに変わりはありません。D の「発券機」は、買った切符を受け取る場所としてだけ説明されているので、間違いです。E は、男性が女性の質問 'Should I go to ... Euston station, to buy a ticket?'（…ユーストン駅へ切符を買いに行くほうがよいでしょうか？）に、'You can buy it at the ticket counter there ...'（そちらの切符売場でお求めいただけます）とはっきり答えているので、正しいことがわかります。

Question Type 02 　ショートアンサー問題

　このタイプの設問は、リスニングパッセージを聞いて、そこから得られた具体的な情報にもとづいて、ごく短い語数を使って問いに答えさせるものです。記述式問題で、設問には語数制限がつき、この制限を超えた語数で答えた場合は不正解とされます。

ショートアンサー問題をどう解くか

　問題文を聞く前に与えられた時間を使って、設問の文の形に注目します。情報を具体的にとらえるには、いわゆる '5W1H'（who、what、when、where、why、how）に注意しながら、聞き取ることが大切です。たとえば、設問が 'how' で始まっている場合には《方法》、つまり何かを行う《やり方》に、また 'why' で始まっている場合なら《理由》に関する情報を待ちかまえて、問題文の内容を聞き取るようにします。

　感情や態度を表す言葉にも注目します。設問が「ある人がどのように感じているか」をたずねている場合には、'confident'（自信に満ちた）や 'unhappy'（不幸な、不満な、しょんぼりして）のような、心の状態を表す言葉を聞き落とさないように心得ておきます。

　次に、キーワードを探します——キーワードは、丸で囲んでも、アンダーラインをつけてもよいでしょう——それから、問題文に耳を傾けて、キーワードのすぐ近くに出てくる答えを待ちかまえます。その際、パッセージ全体の文脈に注意して、答えが正しいことを確認してください。たとえば、もし 'grow' と耳に聞こえても問題のパッセージが扱っている内容は 'glowworms'（ホタル）のことらしいという場合には、答えに 'grow'（育つ：～を育てる）ではなく、'glow'（光る）と書いておくべきでしょう。

　答えに求められる語は、それほど難しいものではありません。本来ショートアンサー問題は、程度の違いはあっても、日常の話の中に使用される言葉をじゅうぶん聞き取れるかどうかを見るために作られているからです。

答えは聞いたとおりの語句で書かなければならないか

　通常は Yes です。その理由は、ショートアンサー問題のねらいが特定の表現や

語彙を聞き取る能力を見ることにあるからです。ほとんどすべての問いでは、聞いたとおりに書きますが、場合によっては、他の語で答えることも許容されることもあります。たとえば、求められている語が‘timetable’（予定表）の場合に、‘schedule’と答えても問題はないでしょう。

それでは、いくつか設問を検討してから、問題のパッセージを聞いて設問に答えてみましょう。

Questions 1–4（設問1～4）

Answer the questions below.（下の設問に答えなさい）

Write **NO MORE THAN TWO WORDS AND/OR A NUMBER** for each answer.
（各設問にたいして、2語と数字1つ以内、または2語以内か数字1つで答えなさい）

Which **TWO** special courses does the speaker mention?（話し手は何と何の2つの特別コースについて話しているか？）

1 ....

2 ....

> 解法のヒント ▶ 2つの単語、‘special’（特別の）と‘courses’（コース）が出てくるのを聞き落とさないようにします。他のコースは‘ordinary’（通常［の］）という呼び方になっているかもしれません。

How many computers does the room have?（部屋に何台のコンピューターがあるか？）

3 ....

> 解法のヒント ▶ ‘computer’（コンピューター）という語の出てくるあたりに現れる数字を注意して聞き取り、その数が間違いなく‘computer’の台数であることをきちんと確かめます。

Where can the students find Kathy?（どこで学生はキャシーを見つけることができるか？）

4 ....

解法のヒント ▶ 'Kathy' という名前のすぐ近くに出てくる場所を示す語句を
しっかり聞き取ることです。答えは 'Kathy' という名前が出てくる 2、3 語前
にあるかも知れません。したがって、油断せずに聞き取った情報をただちに短
期記憶に定着させる心がまえが必要です。

それでは、イギリスで勉強を始めようとしている学生たちを相手にした話の一
部を聞いて、設問への正解を確認してください。。

Track-03

Good evening, and welcome to Yorktown Community College. My name is
Grace Evans, the leader of the English Language Unit. We run a full range of
English classes, from beginners through to advanced, which I will talk about in
detail later. We also offer special classes that combine knowledge of English
with a practical skill. These include preparatory courses for the driving test –
the theory part of the test only, of course, not the practical part – and for
citizenship. *Q1/2* By the way, I would recommend the citizenship course for
everyone, even those of you who are citizens already. You can learn about our
most famous historical figures and how government works, which I am sorry
to say is a mystery to me!

The place we are standing in now is the library. Over in the corner, you will
see a bank of computers. There are twenty in all, *Q3* along with five printers
and a scanner, all of which you can see in the same general area. You are
welcome to use them at any time. You will need to type in your student ID
number to gain access. If you want to use a computer at busy times,
especially just after lunch, you will need to reserve one. You can ask Kathy at
the reception desk *Q4* how to do that.

　こんばんは、ヨークタウン・コミュニティー・カレッジへようこそお出でく
だざいました。私は英語学習ユニットのリーダーをしております、グレイス・
エヴァンズと申します。英語学習ユニットでは、初級から上級までのすべての
英語のクラスを運営しておりますが、これについては後で詳しくご説明いたし
ます。英語学習ユニットではまた、英語の知識を実用的な技能と結びつける特
別クラスを提供しております。これらの特別クラスには、運転免許試験のため

の準備コース——これは試験の理論の部分だけで、もちろん実地は含んでおりません——、そして市民権取得のためのコースがあります。**Q1/2** ちなみに申しますと、市民権取得のためのコースを、すでに市民権をおもちの方を含めて、皆様にぜひおすすめしたいと思います。この国の最も有名な歴史上の人物やこの国の政府の仕組みについて学ぶことができます。これがあいにく私には謎なのですが！

　私たちが今おりますのは図書館です。あちらの隅をごらんになると、コンピューターが一列に並んでおります。全部で20台で、**Q3** ほかにプリンターを5台と1台のスキャナーを備えておりますが、ごらんのとおりすべて一般エリアに置いております。皆様はいつでもご自由にお使いください。ご利用には学生証番号の入力が必要です。混雑時に、特に昼食直後にコンピューターをご利用になりたい場合は、予約が必要となります。予約の方法については、受付でキャシーにおたずねください。**Q4**

【正解】

1・2 driving test（運転免許試験）、citizenship（市民権）※解答順は自由

3 20 / twenty（20）

4 reception desk（受付）

Questions 5–8（設問5～8）

Answer the questions below.（下の設問に答えなさい）

*Write **NO MORE THAN THREE WORDS AND/OR A NUMBER** for each answer.*（各設問にたいして、3語と数字1つ以内、または3語以内か数字1つで答えなさい）

What topic is the speaker emphasising?（話し手は何の話題を強調しているか？）

5 ....

解法のヒント ▶ 'talk about'（～について話す）、'focus on'（～に焦点を合わせる）、'highlight'（～を強調する）、'mention'（～に言及する）、'stress'（～を力説する）のような語や表現を使った重要ポイントをしっかり聞き取ります。この部分が重要なテーマなので、問題のパッセージの中で繰り返し同じ語を聞くことになるでしょう。

What monitoring device does the speaker mention?（話し手は何の監視装置について話をしているか？）

6 ....

解法のヒント ‘monitoring’（監視）という語と、何かの装置に関する話が出てくるのを待ちかまえて、しっかり聞き取ります。また、監視が問題として取り上げられるのに適した場面をよく注意して聞くことも大切です。

How many letters should a password contain?（パスワードには文字が何文字含まれていなければならないか？）

7 ....

解法のヒント コンピューターに関する話題なら何でも注意して聞き、文脈を確認するために問題文を聞き続けます。

Who is Paul?（ポールは誰か？）

8 ....

解法のヒント ‘Paul’ という名前が聞こえてくるのを注意して待ちかまえます。それと同時に、‘Paul’ が担当する仕事の話は何でもしっかり聞き取るようにします。

残りの話を聞いて、設問への正解を確認してください。

Track-04

Next, I'd like to mention security, *Q5* an issue we take very seriously. The vast majority of the people on this campus are law-abiding students. Nevertheless, in a place of this size which is open to the public, we inevitably have some unwelcome visitors who are here not to study, but to get whatever they can from unlocked classrooms. We have CCTV cameras in place to monitor people's movements, *Q6* but we can't put them everywhere. Sorry, yes? CCTV? Oh, it means closed-circuit television – those little cameras that you can see everywhere. Look, there's one on the ceiling right above you!

Anyway, may I please remind you to take all valuable belongings with you when you leave the classroom? Also on the topic of security, remember that the computers here in the library can be used by anyone, and you'll need to change your email password regularly. We recommend that you create a new password every two months or so. <u>The system requires that you input both numbers and letters, using a total of six and two respectively.</u> *Q7*

Finally, I'd like to say a word about harmony. We have students from all over the world, and I'm sure many of you in front of me here have different religions and value systems to one another. Please see this diversity as an opportunity to learn how we can respect each other and study together in harmony. In most classes there are no problems at all, and we have a lot of fun, but if any of you should suffer discrimination in any way because of your nationality or religion, I urge you to contact <u>Paul, our counsellor,</u> *Q8* who you can see over there. Hi Paul! He will be happy to talk to you about any issues you may have, and of course all discussions are confidential.

次に、安全（セキュリティー）についてお話ししておきたいと思います。*Q5* 安全は、私ども が大変真剣に考えている問題です。この学校に在籍する圧倒的大多数の人々は 法を遵守する学生です。しかしながら、一般に開かれたこれほどの規模をもつ ところでは、学ぶためにではなく、鍵のかかっていない教室から盗めるものは 何でも盗んでいくといった、歓迎すべからざる人間が侵入してくることは避け られません。本学では、適所に人の動きを監視する CCTV カメラを備えてお りますが、*Q6* あらゆる場所に設置することはできません。ごめんなさい、何で しょう？ CCTV のことでしょうか？ ああ、CCTV とはクローズド・サーキッ ト・テレビの意味で、皆様がどこにいらしても目にされる、例の小さなカメラ のことです。ごらんください、皆様の真上の天井にも 1 台ついております！ と にかく、教室を離れる際は、貴重な所持品を置き忘れることのないようご注意 くださいますか？ これもまた安全の話になりますが、本図書館にあるコン ピューターはどなたでも利用できますので、ご自分の E メールパスワードを定 期的に変えていただく必要があります。私どもは、2 か月ぐらいに 1 度変更さ れることをおすすめしております。認証システムでは、数字と文字を組み合わ せて、それぞれ合計 6 字と 2 字で入力していただくことが必要です。*Q7*

　最後に、調和ということについて、一言(ひとこと)お話しいたします。本学には世界中から学生が集まっておりますので、ここで私の前にいらっしゃる皆様の多くは、きっとお互いに異なる宗教と価値観をおもちだろうと思います。どうかこの多様性を、互いに尊重し合うことを学び、調和してともに学ぶことのできる機会とお考えください。ほとんどのクラスでは、まったく問題は起こっておりませんし、楽しいことがたくさんありますが、万一、何らかのかたちで、国籍や宗教を理由に差別を受けるようなことが起こった場合には、私どものカウンセラーであるポール **Q8** までお知らせいただくようくれぐれもお願いいたします。あそこにおりますのが、ポールです。よろしく、ポール！ ポールは喜んで、皆様のどんな問題についても相談に乗ってくれます。もちろん、話の内容については一切の秘密が守られます。

正解

5　security（安全、セキュリティー）

6　CCTV / CCTV cameras / closed-circuit television（クローズド・サーキット・テレビ［・カメラ］）

7　two / 2（2）

8　(a) counsellor（カウンセラー）

　このタイプの設問は、与えられた文に設けられた空所に語句を補充して文を完成させるものです。空所を埋める問題には選択式の解答形式もありますが、文完成問題は記述式で、ショートアンサー問題やメモや表を完成させる問題の場合と同様に、答えに語数制限がつけられています。

　ほとんどの場合、答えは聞いたとおりの語彙や表現で正確に書かなければなりませんが、場合によっては、'each month'（毎月）の代わりに'monthly'と書くように、他の語に代えて答えても許容されることがあります。

文完成問題をどう解くか

　まず、空所を設けられた不完全な文を読んで、文の構造をしっかり分析します。空所に補充すべき語は名詞なのか？　それとも、形容詞なのか？　動詞なのか？　あるいは、それ以外の役割をもった語なのか？　空所の前後の語句の文法的なつながり方をじっくり考えて、答えを予測します。

　設問に使われた言葉は問題文で使われているものと異なっているのが普通で、同じ内容を別の語句や表現で置き換えたものか、同意語で言い換えたものになっています。したがって、設問に使われた鍵となる語句や表現の意味を正しく読み取って、同意表現を予測しながら、問題文を聞き取っていく必要があります。

　それでは、次の2つの例題に目を通して、実際に答えを予測する練習をしてください。

Complete the sentence below.（下の文を完成させなさい）
The student found the questions on the test a little ＿＿＿＿＿＿　（学生は試験問題を少し＿＿＿＿＿＿と思った）

解法のヒント　　この場合は、'questions'がどのような性質のものかを説明する形容詞を探さなければなりません。文法的には、この形容詞は目的格補語にあたります。試験問題というと、私たちはどのように感じるでしょうか？'boring'（愚問）とか'strange'（奇問）と感じることもないとはいえませんが、

'easy / simple'（やさしい / 簡単［な］）とか、'difficult / challenging'（難しい / やりごたえのある）といった難易度を表す語を思いつくことが普通です。設問を読んで、こうした語が出てくることを予想することができます。

It is important to _____ IELTS questions in the right way.（IELTS の問題に適切な方法で _____ ことが大切である）

解法のヒント▶　空所の前の 'to' が to 不定詞のマーカーとなっています。空所に補うべき語は、「IELTS の問題に取り組む」という文脈にあてはまる動詞です。適語として、'approach'（〜に取りかかる）、'tackle'（〜に取り組む）、'consider'（〜を熟考する）などが考えられるでしょう。

次の設問を見て、話を聞いて設問に答えてください。

Questions 1–4（設問 1〜4）

Complete the sentences below.（下の文を完成させなさい）

*Write **NO MORE THAN TWO WORDS** for each answer.*（各設問にたいして、2語以内で答えなさい）

The Deer Park offers a place for **1** _____ animals to live in safety.（シカ公園は **1** _____ 動物が安全に生活するための場所を提供する）

解法のヒント▶　名詞 'animals' の状態を説明する形容詞をしっかり聞き取ります。空所の前に前置詞 'for' があります。したがって、目的語が必要なことがわかりますが、空所の後ろに 'animals' があるため、答えは形容詞の役割をする語ということになります。

Some animals that used to be pets would be unable to **2** _____ on their own.（以前ペットとして飼われていた動物の中には、自分自身の力で **2** _____ のできないものがいる）

解法のヒント▶　空所に入るのは、to 不定詞の 'to' の後に来る動詞です。'pets'（ペット）が聞こえたら、その近くに現れる、意味の点でも適切な動詞を

聞き逃さないようにします。

'Snowflake' the snowy owl was discovered in the forest with a **3** ＿＿＿＿＿＿＿
（シロフクロウの'スノーフレイク'は、森の中で**3** ＿＿＿＿＿＿＿ 状態でいるところ
を発見された）

【解法のヒント】 不定冠詞 'a' に続いて現れる名詞を待ちかまえて、しっかり
聞き取ります。空所に補充すべき語が、フクロウが森で発見された状態、おそ
らく不幸な状態を説明するものであることを予想することができます。

The staff must be careful about the effect of too much **4** ＿＿＿＿＿＿＿ with
animals that will be released. （［公園の］職員は、自然に戻される前の動物との過度
の**4** ＿＿＿＿＿＿＿ の結果に気をつけなければならない）

【解法のヒント】 'too much' という表現が示す「行きすぎ」、「過度」といっ
た状況を表す文脈の中で使うことのできる名詞をしっかり聞き取ります。
'many' と異なり、'much' が不可算名詞、つまり数えられない名詞といっしょ
に使う形容詞であることをおぼえておきましょう。

Track-05 🎧

　The Deer Park is set in ninety acres of beautiful land and boasts Europe's
largest collection of deer, otters, owls and other wildlife. The park exists to
provide a safe haven for endangered species. **Q1** One of these is the giant
otter. With an estimated 3,000 remaining in the wild, this animal is critically
endangered, and the Deer Park is working with centres around the world to
help reintroduce these wonderful creatures into their natural habitat. The Deer
Park also has a number of animals that, for various reasons, cannot be
released. Animals which were once pets, or which have been badly injured,
would not survive in the wild. **Q2** Snowflake the snowy owl is a favourite
among the staff. Found abandoned in the woods with a broken wing, **Q3**
Snowflake has found a loving home for life in the Deer Park. Those animals
that will ultimately be released are looked after with utmost concern for the
impact their interaction with humans at the park may have. **Q4** It is the aim of

the park to ensure that these animals maintain a healthy suspicion of human beings. For this reason, contact is kept to a minimum and care is taken to ensure that they do not see people bringing food.

　シカ公園は、90 エーカーの美しい土地を舞台に、ヨーロッパ最大級の数のシカ、カワウソ、フクロウ、その他の野生動物を集めています。当公園は、絶滅のおそれのある種に安全な避難所を提供しています。*Q1* その１つがオオカワウソです。野生に生存する個体数が 3,000 と推定されているこの動物は、絶滅危惧種で、シカ公園では、世界中のセンターと協力して、この珍しい生物をその本来の自然の生息地域に再導入する助けをしています。シカ公園にはまた、さまざまな理由から、自然環境に戻すことのできない数多くの動物がいます。以前ペットとして飼われていた動物や、大きな傷を負った動物は、自然の中で生きていくことができません。*Q2* シロフクロウの 'スノーフレイク'（雪片）は職員たちのお気に入りです。片方の翼が折れた状態で森の中に捨てられていたところを発見された 'スノーフレイク' は、*Q3* 温かい終の棲家をシカ公園に見出しました。最終的に自然に戻される動物は、当公園で経験する人間とのまじわりが与える影響に最大限の配慮をして世話をされています。*Q4* 当公園の目的は、これらの動物が人間にたいして本来もつべき健全な疑いをもち続けるために万全の手を打つことなのです。そのような理由で、動物との接触は必要最小限にとどめられ、人間が餌を運ぶ姿を動物に気づかれないように、十全の注意が払われています。

1　正解　endangered（絶滅のおそれのある、絶滅寸前にある）

解説　問題のパッセージでは、'... safe haven for endangered species'（絶滅のおそれのある種に安全な避難所を…）と言っています。'haven'（港；安息地）という語の意味がわからない場合でも、'safe'（安全な）と 'species'（種）という語が、答えがこの部分にあることのヒントになるはずです。問題文の中に 'endangered' という語が２度使われていることに注意しましょう。つまり、問題に答える機会は１度だけではないということです。

2　正解　survive（生き抜く；生き残る）

解説　'pets'（ペット）と、'used to'（以前は～したものだ）の同意表現である

‘once’（かつて）が、この部分に答えがあることの手がかりになっています。また、問題文の中の‘injured’（負傷した）と、設問の中の‘unable to’（〜することができない）に共通する「不能」や「（身体的な）障害」というニュアンスも理解できるでしょう。

3 正解 broken wing（片翼の折れた：折れた翼）

解説　問題のパッセージの中の‘found’（見つけた）、‘woods’（森林）と同じ意味を伝えるものとして、設問ではそれぞれ‘discovered’、‘forest’という語が使われています。

4 正解 interaction（付き合い、交流、やりとり）

解説　問題文の中の‘concern’（関心、配慮）と‘impact’（影響）は、設問の中ではそれぞれ‘careful’（注意深い）、‘effect’（結果、影響）という別の表現で言い換えられています。

Questions 5–8（設問5〜8）

Complete the sentences below.（下の文を完成させなさい）

Write **NO MORE THAN ONE WORD** *for each answer.*（各設問にたいして、1語で答えなさい）

Deer fed by visitors may find it hard to **5** ＿＿＿＿＿ the food they are given.
（来園者に餌を与えられたシカは、与えられた餌を **5** ＿＿＿＿＿ことが難しくなる）

解法のヒント　to不定詞の‘to’に続く、‘bite’（噛む、噛み切る）や‘swallow’（飲み込む）といった食べ物と関係のある動詞を待ちかまえて、しっかり聞き取ります。

Anybody passing by the park can enjoy a coffee and a **6** ＿＿＿＿＿ at the cafeteria.（公園を通りかかる人は誰でもカフェテリアでコーヒーや **6** ＿＿＿＿＿を楽しむことができる）

解法のヒント　不定冠詞‘a’の後に続く名詞と、シカ公園の来園者がコーヒーといっしょに何を楽しめると言っているかを、しっかり聞き取ります。

Visitors wanting to own a pet should ask about the **7** _____ plan. （ペットを飼いたいとお考えの来園者は **7** _____ 制度についておたずねください）

解法のヒント 定冠詞 'the' の後に続く 'plan'（計画）がどのような制度であるかを説明する形容詞を、注意して聞き逃さないようにします。

Visitors who adopt a pet can get a **8** _____ about their type of animal twice a year.（ペットの里親になる来園者は、引き受ける動物の種類について書かれた **8** _____ を 1 年に 2 回もらうことができる）

解法のヒント 前に冠詞 'a' があるので、空所に入るのは名詞です。名詞で、1 年に 2 回出るものを指している何かをしっかり聞き取ります。

それでは、残りの話を聞いてください。

Track-06

　When you enter the Deer Park, you can follow any of the trails printed on the map. Please do not feed the animals. <u>They may be unable to digest the food,</u> **Q5** and they will constantly bother other visitors once they become habituated to being fed. <u>After visiting the park, feel free to enjoy a quiet drink and a snack at the café or browse the gift shop. Entry to these facilities does not require the purchase of a park pass, so you can also enjoy them if you are a hiker or cyclist who is just passing by.</u> **Q6** <u>If you are interested in lending further support</u> to the valuable work the park does <u>by adopting one of our animals, please enquire about our adoption programme.</u> **Q7** You receive a certificate and photograph of your chosen animal and your name is added to the 'Thank You' board at the enclosure. <u>You also receive</u> a car sticker, <u>biannual newsletters</u> **Q8** and a fact sheet on your species.

シカ公園に入場されると、園内案内図に印刷された道はどこでも歩くことができます。動物に餌を与えないでください。<u>動物が与えられた餌を消化できなかったり、</u> **Q5** 一度餌を与えられることに慣れると、他の来園者にたえず餌をねだって困らせるようになります。<u>入園された方は、ご自由にカフェで静かに飲</u>

み物や軽食を召し上がったり、ギフトショップをごらんになってお楽しみください。園内施設のご利用には、公園利用券（パークパス）の購入は不要で、ハイキングの方や自転車で通りかかった方でもご利用いただけます。**Q6** 当公園の動物をお引き取りくださることにより、当公園が取り組んでおります貴重な活動に関心を寄せられて、いっそうのご支援をお願いいただける方は、里親制度についてお問い合わせください。**Q7** 当公園発行の認定証と引き受けていただいた動物の写真をお渡しし、柵に設置された'感謝'（サンキューボード）の銘板にお名前を加えさせていただきます。あわせて、自動車用ステッカー、年2回発行の会報、**Q8** お引き受けいただいた動物に関する情報を掲載したファクトシートを差し上げます。

5 　正解　digest（消化する）

　解説　問題文の中の 'may be unable to'（〜することはできないかも知れない）という表現を、設問の中の 'find it hard to'（〜することは難しいと思う）と関連づけて聞きます。

6 　正解　snack（スナック、軽食）

　解説　問題のパッセージの中で聞いた単語 'drink'（飲み物）と 'café'（カフェ、喫茶店）を、それぞれ設問の 'coffee'（コーヒー）、'cafeteria'（カフェテリア）と関連づけて考えます。まず 'feel free to enjoy a quiet drink and a snack at the café'（［入園された方は、］ご自由にカフェで静かに飲み物や軽食をお楽しみください）という説明が聞こえますが、'Anybody passing by the park'（公園を通りかかったどなたでも）についても同じかどうかは、その後の 'you can also enjoy them if you are a hiker or cyclist who is just passing by'（ハイキングの方や自転車で通りかかった方でもご利用いただけます）という説明を聞いて、はじめて判断できることです。

7 　正解　adoption（養子縁組、里子の引き取り）

　解説　問題文の中では、ペットの里親となることを希望する場合の案内に、'If you are interested in lending further support ... by adopting one of our animals'（当園の動物をお引き取りくださることにより、…いっそうのご支援をお願いいただける方は）のような回りくどい表現が使われているうえに、設問の中の 'ask'（〜をたずねる）が、同意語の 'enquire' で言い換えられています。問題

のパッセージに 'adoption' だけでなく、'adopting' という語が出てくること
に注意します。本来 'adoption' は名詞ですが、ここでは形容詞の働きをして
います。

8 正解 newsletter（会報）

解説　この問いに答えるには、これが里親として動物の養育を引き受けると
いう話の続きであることを頭に入れておく必要があります。設問の中の 'get'
（受ける）と 'twice a year'（1 年に 2 回）が、問題文の中では、それぞれ同意語
の 'receive'、'biannual' となっています。

メモ / 書式用紙 / 表 完成問題

　このタイプの設問は、互いに関連しているより広い物事のまとまりの中で、具体的な情報を拾い出す能力を見るためのものです。メモや書式用紙や表は通常半分完成されているので、問題文が読み上げられる前に、その内容については大体のところまで見当がつきます。なお、書式用紙（form）とは、定型の記入用紙（例：願書、申請書）のことで、表（table）とは、特定の分野のデータをいくつかの項目に整理分類してまとめた一覧（例：時間割、統計表）などをさします。

メモ／書式用紙／表 完成問題をどう解くか

　問題文を聞きながら、何が話題になっているかを聞き取る必要があります。「IELTS では、設問にたいする答えは問題文の流れにそって順番に現れる」という原則、度量衡の単位や cm のような略語を書かされる場合もあるということもおぼえておきます。

　このタイプの問題には、答えに語数制限のある記述式と、答えをリストから選んで記号で答える選択式の 2 つの解答形式があります。

　問題文を聞く前に設問に注目することは非常に重要です。メモや表の見出し、構成、項目名などは、それ自体がキーワードで、枠内に並べられた比較対象となる情報とともに、答えを探す大きな手がかりとなります。そのつもりになって、次の表を見てください。

Complete the table below. （下の表を完成させなさい）

Time （診療時間）	Doctor available （担当医師）	Specialist of （専門）
1 ....−12.00 （**1** .... − 12.00）	Dr Duce （デュース医師）	Ear, nose and throat （耳鼻咽喉）
13.00−15.00	Dr Lee （リー医師）	Allergies and **2** .... （アレルギー、**2** ....）
15.00−17.00	Dr **3** .... （**3** .... 医師）	Cancer （癌）

　上の表を見て明らかなように、1〜3 の設問に答えるには、診療時間、担当医師の名前、専門［科目］について、それぞれの内容をしっかり聞き取らなければなりません。

　次に、例題を解いてみましょう。

Questions 1–4（設問 1〜4）

Complete the notes below.（下のメモを完成させなさい）

*Write **NO MORE THAN THREE WORDS AND/OR A NUMBER** for each answer.*（各設問にたいして、3 語と数字 1 つ以内、または 3 語以内か数字 1 つで答えなさい）

The City Art Gallery（市立美術館）	
Famous works （主要所蔵作品）	Modern art, including L.S. Lowry, & several **1** .... works （現代美術、L・S・ラウリーの作品と **1** .... の作品多数を含む）
Four floors （各階の案内）	Ground floor: café & shop （1F：カフェ、売店） 1st floor:　20th century—present （2F：20 世紀から現代までの画家の作品） 2nd floor:　**2** .... centuries （3F：**2** .... 世紀） 3rd floor:　Kids' **3** .... play area （4F：子供のための **3** .... 遊び場） 　**(dress up & pose in front of paintings)** 　　［衣裳をつけて絵の前でポーズしてください］
Café （カフェ）	Traditional cakes （トラディショナルケーキ各種） Get coupon online for **4** .... discount （インターネットクーポン券を持参された方にはご利用代金より **4** .... 割引いたします）

それでは、以下の電話の会話を聞いてください。

Gallery staff: Hello, this is the City Art Gallery. How may I help you?

Potential visitor: Oh hi, I'm thinking of visiting the gallery. Could you tell me something about it, please?

Staff: Of course. The gallery has a wide range of art from the last hundred years, including a hall used exclusively for L.S. Lowry, and a number of important Impressionist paintings from the nineteenth century. *Q1* We also have some excellent paintings from earlier periods.

Potential visitor: That sounds good, and we all love the Impressionists!

Staff: Yes, they're very popular.

Potential visitor: Is it a large art gallery?

Staff: I'd say it's mid-sized. We have four floors. The ground floor consists of a café and shop, and the first floor has modern art from the twentieth century to the present. The second floor covers the sixteenth to eighteenth centuries. *Q2* We have a small collection of Rembrandts, which we're quite proud of.

Potential visitor: Rembrandt, you're kidding! He's my favourite! How about the third floor?

Staff: The third floor covers the Impressionists and also has an interactive area for children to play in. *Q3* Kids dress up in costumes and pose against a backdrop of famous paintings. You can take photos.

Potential visitor: We'll be coming with two noisy children who might get tired of just staring at paintings, so I think they'll enjoy that. One last thing: What kind of food do you have in the cafeteria?

Staff: Mostly cakes and pastries. You can get ten per cent off the price if you access a coupon online. *Q4* Just go to our website. Do you want the address?

Potential visitor: That's okay, I'm sure I can find it.

美術館：はい、市立美術館です。ご用件をおうかがいいたします。

見学希望者：あっ、こんにちは、そちらの美術館に行きたいのですが、どんなところか教えていただけますか？

美術館：もちろんです。当館はここ100年の作品を広く収集していて、その中

には、L・S・ラウリーの作品と 19 世紀の重要な印象派の画家の数多くの作品の専用展示室が含まれています。**Q1** また、それ以前の時代の秀作も何点か所蔵しています。

見学希望者：それはいいですね、みんな印象派の画家が大好きなんです！

美術館：ええ、印象派の画家は皆様に大変人気がございます。

見学希望者：大きな美術館ですか？

美術館：中程度の規模というところでしょうか。当館は 4 階建です。1 階にカフェと売店があり、2 階に 20 世紀から現在までの現代絵画を展示しています。3 階では、16 世紀から 18 世紀の作品を置いています。**Q2** レンブラントの作品の小さなコレクションがありますが、これは当館が大変誇りとしているものです。

見学希望者：レンブラントですって、冗談でしょう！ レンブラントは好きな画家なんです！ 4 階はどうですか？

美術館：4 階では印象派の画家の作品を置いていますが、また子供たちが遊べる体験エリアもあります。**Q3** 子供たちが衣裳をつけて、有名な作品をバックにしてポーズをとります。写真撮影もできます。

見学希望者：じっと絵を見るだけでは飽きてしまいそうな騒がしい子供を 2 人連れて行くので、喜んでくれると思います。最後にお聞きします。カフェテリアには、どんな食べ物をおいていますか？

美術館：だいたいケーキとパン類です。インターネットでクーポン券にアクセスしていただければ、料金の 10 パーセントが割引となります。**Q4** 当館のホームページをごらんください。アドレスをお教えしましょうか？

見学希望者：けっこうです、きっと自分で探せると思います。

1 〔正解〕 Impressionist（印象派の画家）

〔解説〕 'art from the last hundred years'（この 100 年の作品）を 'modern art'（現代美術）と関連づけたら、答えがどのあたりに出てくるか大体の見当をつけるために、メモにある画家 'L.S. Lowry'（1887–1976）の名前をしっかり聞き取る必要があります。

2 〔正解〕 16th–18th / sixteenth to eighteenth（16 世紀から 18 世紀にわたる）

〔解説〕 'sixteenth to eighteenth' の 3 語が続けて一気に発音されると、聞き

取りが困難になるかも知れないので、予想される答えとして必ず考えておきましょう。確かにそう聞こえたと思っても、'sixtieth to eightieth'（60 世紀から80 世紀にわたる）などと書いてはいけません。イギリスでは、建物の階数の数え方がアメリカとは異なることにも注意しておきましょう。アメリカの 'first floor'（1 階）はイギリスでは 'ground floor'、'second floor'（2 階）は 'first floor' といった具合になっています。

3 　**正解**　 interactive（対話型の、体験型の）

解説　'third floor'（4 階）という語が出てくるのを待ちかまえて、その後の情報をしっかり聞き取ります。文全体に注意して聞きます。

4 　**正解**　 10 [ten] per cent / 10%（10 パーセント）

解説　会話の中に 'cafeteria' という語が聞こえたら、メモの中の 'café' と関連づけて考えます。会話に 'discount'（割引）という語が出てこない点に注意します。'off' に 'discount' と同じ意味があることを理解しておきましょう。

それでは、次の設問とメモに目を通して、残りの会話を聞いてください。

Questions 5–8（設問 5〜8）

Complete the notes below.（下のメモを完成させなさい）

*Write **NO MORE THAN TWO WORDS AND/OR A NUMBER** for each answer.*
（各設問にたいして、2 語と数字 1 つ以内、または 2 語以内か数字 1 つで答えなさい）

Next week（来週の開館スケジュール）

Open from （開館日）	**5** .... to Sunday (Tuesday off because **6** .... falls on Monday) (**5** .... から日曜まで［月曜日が **6** .... にあたるため、火曜日は休館となります］)
Opening hours （開館時間）	9.00-5.00 (can't enter after 7 ....) (9.00–5.00 ［**7** .... 以後は入館できません］)

Price （入場料）	Free but can put money in 8 _____ box. （無料となっておりますが、8 _____ 箱へ寄付をお願いします）

Track-08

Potential visitor: Are you open every day next week?

Staff: Usually we take every Monday off and open Tuesday to Sunday, but next week we also take Tuesday off. *Q5*

Potential visitor: So you don't open until Wednesday next week?

Staff: That's right. *Q5* It's because of the bank holiday. *Q6*

Potential visitor: I'm confused. Doesn't the bank holiday come on a Monday, not a Tuesday?

Staff: Yes, you're right, it is a bank holiday next Monday, which is our usual holiday, and for that reason we are also taking Tuesday off. *Q6* So next week we open from Wednesday to Sunday, from nine a.m. to five p.m.

Potential visitor: I see. We're thinking of coming on Wednesday around three-thirty. Will that be too late to see everything?

Staff: It should be enough time to see the most famous paintings, but you won't be able to linger too long at any one of them. Last admission is at four o'clock. *Q7*

Potential visitor: Okay, one last question. I know some museums charge these days. Do we have to pay to get in?

Staff: No, it's still free, although there is a donation box in the entrance if you would care to contribute in any way. *Q8*

Potential visitor: I'll be sure to do that. Thank you for your time – you've been very helpful.

見学希望者：来週は毎日開いていますか？

美術館：通常は毎週月曜日にお休みをいただき、火曜日から日曜日まで開いているのですが、来週は火曜日もお休みとさせていただきます。*Q5*

見学希望者：それでは、来週は水曜日までお休みということですね？

美術館：<u>そのとおりです。Q5</u> <ruby>祝　日<rt>バンクホリデー</rt></ruby> があるためです。**Q6**

見学希望者：わからなくなったわ。祝日は月曜日ではなかったのでしょうか、火曜日ではなくて？

美術館：はい、おっしゃるとおりです。<u>来週の月曜日は祝日にあたりますが、月曜日は私どもの通常の休館日ですから、翌週は翌日の火曜日にお休みをいただくことになっています。</u>**Q6** したがって、来週は水曜日から日曜日まで、午前9時から午後5時までの開館となります。

見学希望者：わかりました。それでは、水曜日の3時半頃にうかがいましょう。それでは全部を見るには遅すぎるでしょうか？

美術館：最重要な作品をごらんになるだけならじゅうぶんですが、それではほかの作品はどれもゆっくり時間をかけてごらんになることはできないと思います。<u>最終入館は4時となっています。</u>**Q7**

見学希望者：わかりました、最後の質問です。この頃は、有料の博物館がいくつかあります。中に入るのに料金をお支払いするのですか？

美術館：いいえ、<u>まだ無料です。しかし、入口に寄付金箱を置いて、皆様のご芳志にもとづく寄付をお受けしています。</u>**Q8**

見学希望者：きっとそうすることにしましょう。お手数をおかけしました。大変助かりました。

5 　正解 　Wednesday（水曜日）

　解説 　'So you don't open until Wednesday ... ?'（それでは、水曜日までお休みということですね？）という見学希望者の言葉が、そのまま正解になっています。ただし、その前のある美術館の職員の 'we also take Tuesday off'（火曜日もお休みとさせていただきます）という説明や、メモの括弧の中の 'Tuesday off'（火曜日はお休み）という語句を手がかりにして、答えを導き出すこともできます。

6 　正解 　bank holiday（バンクホリデー、国民の祝日）

　解説 　'bank holiday' が3箇所に出てきます。したがって、話の内容を正しく理解して答えるチャンスが3度与えられていることになります。これは設問5の補足で、火曜日が休館となる理由を説明している部分なので、設問5の答えと同時に聞き取るようにします。

7 **正解** 4 [four] o'clock / 4.00 (p.m.) / 4:00 (p.m.) (4時)

解説 '4.00' はイギリス式、'4:00' はアメリカ式の表記法です。どちらの
かたちで答えてもかまいません。'last admission'（最終入館［時刻]）という案
内が聞こえたら、'can't enter'（入館できません）と関連させて考えます。

8 **正解** donation（寄付金、献金）

解説 メモの中の 'put money in'（お金を寄付する）が、問題文の中では
'contribute' という同意表現になっています。この 'contribute' は自動詞です。

　ラベリング（表示、ラベル付け）の問題は、物と物との位置関係（spatial relationships）を把握する能力を見るためのものです。解答には視覚と聴覚による理解力が必要で、受験者は、物と物との位置関係や方向を表す言葉を待ちかまえて、しっかり聞き取らなければなりません。

図解／図面／地図 完成問題をどう解くか ─────

　解答に際しては、図に描かれた文字やイラスト、説明文などの意味や役割をつかむことが重要で、それによって答えの大きな手がかりが得られます。

　設問の番号は、右方向へ順に進む例が多いようですが、下方向へ進む場合もあるので、注意が必要です。

　問題は、多くの場合、選択肢の一覧から答えを選んであてはめる組み合わせ（マッチング）のかたちになっています。組み合わせ問題と同じように、答えの数より選択肢の数が多い問題があります。解答の形式には、選択式と答えを空所に書き入れる記述式の２つがあり、記述式の問題には語数制限がついています。

　使用される言葉は問題のテーマによって異なりますが、以下のような位置に関する表現を含んでいると言えるでしょう。

Maps （地図）	**Rooms** （部屋）
north（北）、*south*（南）、*east*（東）、*west*（西）	*first room on your left / right*（左 / 右手の最初の部屋）
north-east（北東）、*north-west*（北西）、*south-east*（南東）、*south-west*（南西）	*going through the door*（ドアを通って） *carry straight on*（真っ直ぐ進む）
to the north / south of ～（～の北 / 南に）、*to the east / west of* ～（～の東 / 西に）、*in the north / south of* ～（～の北 / 南に）	*the near / far wall*（手前 / 奥の壁） *to the left / right of* ～（～の左 / 右側に） *in front of / in the middle of / behind* ～（～の前 / 真ん中 / 後ろに） *beyond that*（その向こうに） *before you get to* ～（～に行く途中に） *clockwise / anticlockwise**（時計回りに

［＝右回りに］/ 逆時計回りに ［＝左回りに］）

* 〈米〉counter-clockwise.

たとえば、図書館の各部屋にラベル付けをする問題では、問題文の指示にしたがって、次々に部屋から部屋へと移動していくことになります。IELTS テストでは、「設問にたいする答えは、問題文を聞く順番に現れる」という原則をおぼえておきましょう。ですから、話し手の指示が各設問の答えにあたる部屋へ導いてくれると予想することができます。

'in the north' は、ある特定の空間の内にある北をさしますが、一方 'to the north of' には、その空間の外にある北をさす、という違いがあることに注意しましょう。方向や方角は地図上のどこを基準点とするかで呼び方が変わります。森や川のような自然の景観の特徴も理解しておく必要があるでしょう。

次の設問に目を通して、アパートの部屋の間取りを説明する話し手の案内を聞いてください。

Questions 1–5（設問 1〜5）

Label the plan below.（下の図面に合うものを選びなさい）

*Choose **FIVE** answers from the box and write the correct letters, **A–G,** next to questions 1–5.*（枠の中から答えを 5 つ選び、設問 1〜5 の空所にあてはまるものを A〜G で書きなさい）

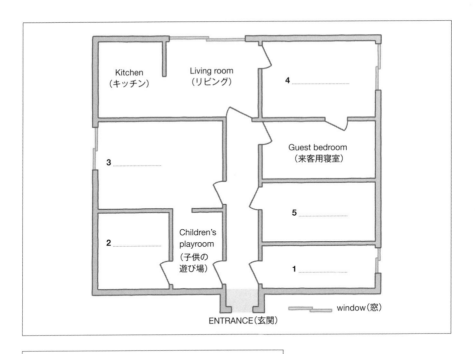

A   children's bedroom （子供部屋）
B   master bedroom （主寝室）
C   study （書斎）
D   toilet （トイレ）
E   TV room （テレビ室）
F   utility room （ユーティリティ）
G   bathroom （浴室）

Here is the flat. It's fully furnished, so you won't need to spend time and money buying furniture. Okay, let's go inside. Ahead of you is a narrow hallway with doors leading off to most of the rooms. Immediately to your right is the toilet, *Q1* and to the left is the door to the children's playroom. It has a large number of toys that the previous tenant left behind – you're welcome to keep or discard them as you see fit. Continuing through this room and going through the door into the next room, you will see a beautiful mahogany desk and matching shelves, though they don't have any books on them right now. This is the study. *Q2* You might notice that one wall is lined with cork to keep out the noise from the kids' rumpus room.

Okay, returning to the playroom, you can go straight through to the kid's bedroom. You don't need to go through any doors. *Q3* That's convenient for your kids – they can tumble straight into bed after exhausting themselves through play! As you can see, the bedroom is fitted with a bunk bed. Moving out into the hallway, please turn left and continue to the end of the hall. Here you see the living room, and beyond it the kitchen. Please note the modern artwork on the living room walls. I'm told the paintings are quite valuable, though I don't pretend to understand them – they just look like squiggly lines to me!

The door by the window leading away from the living room takes us into the master bedroom. *Q4* As you can see, it's decorated with wallpaper in charming patterns of leaves and flowers. From here you can go through a connecting door to the guest bedroom. Note the wallpaper with its interesting geometric patterns. Again, this is in the modernist taste. To get from here to the next room, which is the bathroom, you need to go out into the hallway and take the next door on your left in the direction of the entrance. *Q5* As you can see, the bath is big and luxurious. And that concludes our tour of the flat.

　ここがそのアパートです。家具完備ですから、家具を新しく購入するお金と時間を節約できます。では、中へ入りましょう。この先に狭い廊下があり、廊下に面した各ドアからほとんどの部屋に入ることができます。お客さまのすぐ右手がトイレで、*Q1* 左手に子供の遊び部屋へ通じるドアがあります。前に借りていた方が置いていったオモチャがずいぶんたくさん残っていますが、ご自分のものにされるか、処分されるか、どちらでもよいとお考えのようになさってください。そのまま部屋の中を通って、ドアから次の部屋へ入ると、マホガニー製の美しい机と、今は上に本が1冊も置かれていませんが、机とよく調和のとれた棚が置いてあります。ここが書斎です。*Q2* お気づきのことと思いますが、一方の壁は子供の遊び場からの騒音をさえぎるために全面にコルクを張り詰めています。

さて、遊び場に戻れば、そのまままっすぐに子供の寝室へ行くことができます。ドアを1つも通る必要がありません。**Q3** お子様には便利で、遊び疲れたらそのままベッドに転がり込むことができるんです！ ごらんのように、寝室には2段ベッドがついています。部屋から廊下へ出たら、左へ行き、そのまま突き当たりまで進んでください。こちらがリビングで、その向こうがキッチンになっています。リビングの壁にかかった現代の美術作品をよくごらんください。これらの絵画は大変高価なものとうかがっていますが、知ったかぶりをしているわけではありません——私にはくねくねした線にしか見えません！

　リビングから出られるようになった窓際のドアから主寝室に入ります。**Q4** ごらんのように、ここは葉と花の素敵な模様の壁紙で飾られています。ここから部屋の間のドアを通って、来客用の寝室へ行くことができます。面白い幾何学模様の壁紙にご注目ください。これもまた、現代感覚のものです。ここから隣の部屋に行くには、隣は浴室ですが、いったん廊下へ出て、玄関の方へ向かって左手にある次のドアから入ります。**Q5** ごらんのように、浴槽は大きくて贅沢<ruby>贅沢<rt>ぜいたく</rt></ruby>なものです。これでアパートの中をひととおりご案内したことになります。

1　正解　D

解説　廊下の説明をした後に、話し手は 'Immediately to your right is the toilet'（お客さまのすぐ右手がトイレ）と言っています。

2　正解　C

解説　答えの手がかりは 'Continuing through this room and going through the door into the next room ... This is the study.'（そのまま部屋の中を通って、ドアから次の部屋へ入ると、…。ここが書斎です）の部分にあります。案内をしっかり聞いて、説明の最後に部屋の名前が出てくるまで待たなければなりません。この部屋に置かれた家具や造作の説明が、答えのもう1つの手がかりとなるはずです。

3　正解　A

解説　問題文が読み始められる前に問題に目を通すために与えられた時間を使って、子供の遊び場と設問3の部屋のさかいにドアがないことに注意する必要があります。それから、'you can go straight through to the kid's bedroom.

You don't need to go through any doors.'（そのまままっすぐに子供の寝室へ行くことができます。ドアを 1 つも通る必要がありません）を聞けば、この部屋が何かを特定できます。すぐ後に続く 'bunk bed'（2 段ベッド）の説明からも、答えが正しいことを確認することができるでしょう。

4　正解　B

解説　'The door by the window leading away from the living room takes us into the master bedroom.'（リビングから出られるようになった窓際のドアから主寝室に入ります）と聞いたあとで、部屋を飾る壁紙の模様について細かい説明が続いています。

5　正解　G

解説　浴室への行き方は少しわかりにくくなっています。案内にしたがって廊下に出て、'take the next door on your left in the direction of the entrance'（玄関の方へ向かって左手にある次のドアから入る）という言葉どおりに行く必要があります。'To get from here to the next room, which is the bathroom, ...' という説明から、来客用寝室の隣の部屋が浴室であることは明らかですが、答えが浴室であることは、'the bath is big and luxurious'（浴槽は大きくて贅沢なものです）という説明によっても確認できます。

それでは、問題文をもう 1 度聞いてみましょう。今度は話し手が何を説明しているかを聞き取ります。（注意：ここではパッセージの内容をしっかり理解する練習として 1 度聞いた問題文をふたたび聞きますが、実際のテストでは同じパッセージを 2 度聞くことはありません）

Questions 6–8（設問 6〜8）
Match the items to the plan below.（下の図面に合うものを選びなさい）
*Choose **THREE** answers from the box and write the correct letters **A–G** next to questions 6–8.*（枠の中から答えを 3 つ選び、設問 6〜8 の空所にあてはまるものを A〜G で書きなさい）

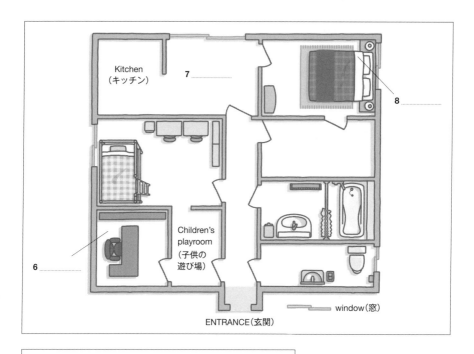

Kitchen
（キッチン）

7 ....

8 ....

6 ....

Children's
playroom
（子供の
遊び場）

 window（窓）

ENTRANCE（玄関）

A	paintings（絵）
B	sofa（ソファ）
C	bookshelves（本棚）
D	table（テーブル）
E	toys（玩具）
F	wallpaper（壁紙）
G	massage chair（マッサージチェア）

Track-09

Here is the flat. It's fully furnished, so you won't need to spend time and money buying furniture. Okay, let's go inside. Ahead of you is a narrow hallway with doors leading off to most of the rooms. Immediately to your right is the toilet, and to the left is the door to the children's playroom. It has a large number of toys that the previous tenant left behind – you're welcome to keep or discard them as you see fit. Continuing through this room and going through the door into the next room, <u>you will see a beautiful mahogany desk</u>

and matching shelves, though they don't have any books on them right now. *Q6* This is the study. You might notice that one wall is lined with cork to keep out the noise from the kids' rumpus room.

Okay, returning to the playroom, you can go straight through to the kid's bedroom. You don't need to go through any doors. That's convenient for your kids – they can tumble straight into bed after exhausting themselves through play! As you can see, the bedroom is fitted with a bunk bed. Moving out into the hallway, please turn left and continue to the end of the hall. Here you see the living room, and beyond it the kitchen. Please note the modern artwork on the living room walls. I'm told the paintings are quite valuable, *Q7* though I don't pretend to understand them – they just look like squiggly lines to me!

The door by the window leading away from the living room takes us into the master bedroom. As you can see, it's decorated with wallpaper in charming patterns of leaves and flowers. *Q8* From here you can go through a connecting door to the guest bedroom. Note the wallpaper with its interesting geometric patterns. Again, this is in the modernist taste. To get from here to the next room, which is the bathroom, you need to go out into the hallway and take the next door on your left in the direction of the entrance. As you can see, the bath is big and luxurious. And that concludes our tour of the flat.

ここがそのアパートです。家具完備ですから、家具を新しく購入するお金と時間を節約できます。では、中へ入りましょう。この先に狭い廊下があり、廊下に面した各ドアからほとんどの部屋に入ることができます。お客さまのすぐ右手がトイレで、左手に子供の遊び部屋へ通じるドアがあります。前に借りていた方が置いていったオモチャがずいぶんたくさん残っていますが、ご自分のものにされるか、処分されるか、どちらでもよいとお考えのようになさってください。そのまま部屋の中を通って、ドアから次の部屋へ入ると、マホガニー製の美しい机と、今は上に本が1冊も置かれていませんが、机とよく調和のとれた棚が置いてあります。*Q6* ここが書斎です。お気づきのことと思いますが、一方の壁は子供の遊び場からの騒音をさえぎるために全面にコルクを張り詰めています。

さて、遊び場に戻れば、そのまままっすぐに子供の寝室へ行くことができま

す。ドアを1つも通る必要がありません。お子様には便利で、遊び疲れたらそのままベッドに転がり込むことができるんです! ごらんのように、寝室には2段ベッドがついています。部屋から廊下へ出たら、左へ行き、そのまま突き当たりまで進んでください。こちらがリビングで、その向こうがキッチンになっています。リビングの壁にかかった現代の美術作品をよくごらんください。これらの絵画は大変高価なものとうかがっていますが、*Q7* 知ったかぶりをしているわけではありません——私にはくねくねした線にしか見えません!

　リビングから出られるようになった窓際のドアから主寝室に入ります。ごらんのように、ここは葉と花の素敵な模様の壁紙で飾られています。*Q8* ここから部屋の間のドアを通って、来客用の寝室へ行くことができます。面白い幾何学模様の壁紙にご注目ください。これもまた、現代感覚のものです。ここから浴室となっている隣の部屋へ行くには、いったん廊下へ出て、玄関の方へ向かって左手にある次のドアから入ります。ごらんのように、浴槽は大きくて贅沢なものです。これでアパートの中をひととおりご案内したことになります。

6　**正解**　C

解説　'shelves'(棚)という語と、'they don't have any books on them'(上に本が1冊も置かれていません)というもう1つの説明から、答えが 'book-shelves'(本棚)であると推測できます。なお、'desk'(机)を答えと誤解して同意語の 'table' を選ぶおそれがないとは言い切れませんが、設問6のこの部屋には 'desk' のイラストが出ていますから、もしかりに 'desk' = 'table' となる場合があるとしても、Dが正解になることはありえません。

　この例に見るように、図面や地図を完成させる問題に添えられたイラスト類は、ただの飾りではなく、そこに答えの手がかりが隠されていることを理解しておきましょう。

7　**正解**　A

解説　'artwork' という語から、話し手が「絵画やデッサンなどの美術作品」について話していることがわかります。次の文で、この 'artwork' が '(the) paintings'(絵画)という語に置き換えられているので、ここで 'artwork' が何を指しているかがわかります。

8 　正解　 F

解説　 'wallpaper'（壁紙）を聞き逃した場合でも、それに続く 'in charming patterns of leaves and flowers'（葉と花の素敵な模様の）という情報が答えのもう1つのヒントになるでしょう。

組み合わせの問題は、細部の情報を正確に聞き取る能力を見るためのものです。場面は通常、身近なテーマについての会話で、たとえば、大学の研究分野やいろいろな種類の宿泊施設に関するもので、学生同士、あるいは教師と学生との間の議論・話し合いが取り上げられています。

受験者は、登場する話し手の役割を理解して、その間で交わされる言葉のやりとりをたどりながら、それぞれの選択肢とつながりのある、具体的な情報を聞き取らなければなりません。

組み合わせ問題をどう解くか

答えは、多くの場合、会話の中で与えられた情報を同意表現で言い換えたものです。たとえば、答えの選択肢の中に 'construction'（建物）という語があるときは、会話の中に 'building' という語が出てくる可能性があります。

また、1度答えの手がかりが示された後で、さらに違ったかたちで手がかりが与えられる場合があり、これによって答えを推測する機会が増えます。たとえば、選択肢の1つに 'advertising'（広告）という語が含まれている場合、話し手は自分の作品について、まず 'PR'（広報活動）と言ってから、後で 'promotion'（販売促進、宣伝）と言い変えることで、聞き手に2度答えを決めるチャンスを与えることになります。

最後に、一方の話し手が、他の話し手に否定させたり、反論させるだけの目的で、一見もっともらしく聞こえる発言をするようなときは、「罠」に引っかからないように警戒してください。まず初めに耳を傾けて答えをしっかり聞き取り、さらに話を聞いて、答えの裏付けをとらなければなりません。問題文を聞く前に答えの選択肢に目を通す時間が与えられているので、その時間を有効に使ってください。

組み合わせ問題では、同じ選択肢を何度も使わせる問題や、答えの数より選択肢の数が多い問題もあります。答えは、記号で書き入れます。

それでは、次の例題を解いてみましょう。

Questions 1–5（設問 1〜5）

What is the preferred activity of each of the following people?（下の各人が選んだ活動は何か？）

*Choose **FIVE** answers from the box and write the correct letter, **A–H**, next to questions 1–5.*（枠の中から答えを 5 つ選び、設問 1〜5 の空所にあてはまるものを A〜H で書きなさい）

Activity（活動）

A   Jogging（ジョギング）

B   Mountain biking（マウンテンバイク旅行）

C   Camping（キャンプ）

D   White-water rafting（急流下り）

E   Canoeing（カヌー）

F   Treetop climbing（木登り、樹上の冒険）

G   Running（ランニング）

H   Hiking（ハイキング）

People（人）

1   Sarah（セーラ）　　......................................

2   Nick（ニック）　　......................................

3   Rhian（リーアン）　　......................................

4   Rebecca（レベッカ）　　......................................

5   George（ジョージ）　　......................................

それでは、大学のクラブの仲間同士の会話を聞いてください。

 Track-10

Rebecca: Hi George, can we talk about our first event for the university Outdoor Society? It's timetabled for the weekend of October 15ᵗʰ, so we'd better make a decision.

George: Sure, Rebecca. Being the beginning of term, I really haven't had time to think about it. Let's sort it out now.

Rebecca: Luckily, I've had some free time, and I've already asked the opinions of the other committee members. Sarah wants to take rafts out on the River Swift. *Q1*

George: What, in October? It's a bit cold to be going white-water rafting, isn't it? *Q1* Some people will definitely be falling in! No, I think that's out, as is canoeing.

Rebecca: Okay, I also heard from Nick, who thinks we should cycle up Nott's Peak. *Q2*

George: That's more realistic, but we'd be following a dirt trail, and we can't assume that everyone has a mountain bike. *Q2* I don't know how we'd get enough bikes. We'd have to rent them, and I don't know anywhere that has forty bikes to rent. We have forty members, you see.

Rebecca: Biking's out, then. I also asked Rhian, who suggested going on one of those experiences where you climb up trees and then walk across little bridges between one tree and another before abseiling down. *Q3*

George: I've been reading about accidents that have happened at the adventure parks where you can do that, so I'm not sure if it's a good idea. Well, what do you think we should do, Rebecca?

Rebecca: I'd be happy to start off by walking up Nott's Peak. *Q4* Many of the members are in their first year and I think we should start with something simple. How about you?

George: I'd like to be a little more adventurous, even on the first outing. I'd go for a weekend camping trip. *Q5* The club has plenty of surplus tents, and it would be a good way for the new members to get to know each other.

レベッカ：こんにちは、ジョージ、大学のアウトドアクラブの最初の行事のことで相談しない？ 週末の10月15日にやる予定なの、だから決めておいたほうがいいわ。

ジョージ：そうだね、レベッカ。学期の初めなので、本当に考えている時間がなかったんだ。今、片づけてしまおうよ。

レベッカ：運よく、少し暇な時間があったから、ほかの委員の意見を聞いておいたわ。セーラはスウィフト川にラフティングボートを出して浮かべたいんで

すって。*Q1*

ジョージ：何だって、10 月だっていうのに？ <u>急流下りに行くにはちょっと寒</u>
<u>いんじゃない？</u> *Q1* 落っこちるやつがいるに決まっている！ ないよ、それは問
題外だと思う、カヌーと同じさ。

レベッカ：わかったわ、ニックにも聞いたけれど、<u>ニックは自転車でノッツ</u>
<u>ピークに登るのがいいって考えているの。</u>*Q2*

ジョージ：そいつはもっと現実的だね。だけど、<u>土埃の道を走らなければなら</u>
<u>ないし、みんながマウンテンバイクを持っているとは思えない。</u>*Q2* どうやって
人数分のバイクを用意したらいいのかわからない。バイクを借りるほかないん
だけれど、40 台も自転車を貸しているところなんか知らないな。メンバーが
40 人もいるんだからね。

レベッカ：となると、サイクリングも問題外ね。リーアンにも聞いたけど、<u>リー</u>
<u>アンは、木に登って、木と木の間にかかった小さな橋をいくつも歩いて渡って、</u>
<u>ザイルで降りるっていう、前にやった体験をまたしてみたいって言っていた</u>
<u>わ。</u>*Q3*

ジョージ：そいつができる冒険パークで起こった事故の話を読んでいたんだ。
だから、おすすめとは、僕にはちょっと言えないな。ところで、<u>君はどうすれ</u>
<u>ばいいと思っているの、レベッカ？</u>

レベッカ：<u>最初にやるのは、ノッツピークに歩いて登るっていうのが、私はい</u>
<u>いかな。</u>*Q4* クラブのメンバーには 1 年生が多いし、最初は何か簡単なものから
始めるのがいいと思うの。<u>あなたは、どう？</u>

ジョージ：もうちょっと冒険できるのがいいかな、最初の遠出でも。<u>僕は週末</u>
<u>のキャンプ旅行に行きたい。</u>*Q5* クラブには余ったテントがたくさんあるんだ
し、新しいメンバーがお互いに仲良くなるにはもってこいのやり方だと思うん
だ。

1 【正解】 D

【解説】 'rafts'（[ゴム製の] 筏、ラフティングボート）、'River Swift'（スウィフ
ト川）と聞いて、聞き手には 'white-water rafting'（急流下り）のことが頭にピ
ンと浮かぶはずです。これが正しいことは、次に続く文で確認できます。'I've
already asked the opinions of the other committee members'（ほかの委員の意
見を聞いておいたわ）というレベッカの発言が聞き取れれば、'People' が委員

の名前のリストで、それぞれの意見を知るには、それ以降のレベッカの言葉に耳を傾ける必要があることがわかります。

2 正解 **B**

解説　ニックが希望する 'cycle'（自転車で旅行する）は 'mountain biking'（マウンテンバイク旅行）のことで、これが正しいことは次に続くジョージのせりふから確かめられます。

3 正解 **F**

解説　リーアンの希望について、レベッカは正確な表現を使わずに、'treetop climbing'（樹上の冒険）がどのようなものかを説明しています。

4 正解 **H**

解説　会話の中で、レベッカは 'hiking'（ハイキング）の代わりに 'walking up'（歩いて登る）という表現を使っています。次の文で、それを 'something simple'（何か簡単なもの）と説明しているので、'hiking' が答えであることの裏付けとなるはずです。ジョージの 'Well, what do you think we should do, Rebecca?'（ところで、君はどうすればいいと思っているの、レベッカ？）という問いかけを聞いたら、聞き取りに神経を集中してください。

5 正解 **C**

解説　会話の中に 'camping'（キャンプ）という言葉が出てきます。テントのことも話の中に出ています。ジョージの意見なので、ジョージの発言を聞き取るようにします。

それでは、もう 1 度会話を聞いてください。設問の意図は前の設問とは異なっています。（注意：実際のテストでは同じ会話が 2 度使用されることはありません）

Questions 6–8（設問 6〜8）

What objections were made to each of the following activities?（次のそれぞれの活動にたいする反対の理由は何か？）

*Choose **THREE** answers from the box and write the correct letter, **A–E**, next to* *questions 6-8.* （枠の中から答えを 3 つ選び、設問 6〜8 の空所にあてはまるものを A〜E で書きなさい）

Objections （反対の理由）

A　unseasonable （時季外れ）

B　complicated （複雑）

C　dangerous （危険）

D　unadventurous （冒険心に欠ける）

E　lack of supply （用品不足）

Activity （活動）

6　White-water rafting （急流下り）　....................................

7　Mountain biking （マウンテンバイク旅行）　....................................

8　Hiking （ハイキング）　....................................

Track-10

Rebecca: Hi George, can we talk about our first event for the university Outdoor Society? It's timetabled for the weekend of October 15th, so we'd better make a decision.

George: Sure, Rebecca. Being the beginning of term, I really haven't had time to think about it. Let's sort it out now.

Rebecca: Luckily, I've had some free time, and I've already asked the opinions of the other committee members. Sarah wants to take rafts out on the River Swift.

George: What, in October? It's a bit cold to be going white-water rafting, isn't it? *Q6* Some people will definitely be falling in! No, I think that's out, as is canoeing.

Rebecca: Okay, I also heard from Nick, who thinks we should cycle up Nott's Peak.

George: That's more realistic, but we'd be following a dirt trail, and we can't assume that everyone has a mountain bike. I don't know how we'd get enough bikes. We'd have to rent them, and I don't know anywhere that has forty bikes to rent. *Q7* We have forty members, you see.

Rebecca: Biking's out, then. I also asked Rhian, who suggested going on one of those experiences where you climb up trees and then walk across little bridges between one tree and another before abseiling down.

George: I've been reading about accidents that have happened at the adventure parks where you can do that, so I'm not sure if it's a good idea. Well, what do you think we should do, Rebecca?

Rebecca: I'd be happy to start off by walking up Nott's Peak. *Q8* Many of the members are in their first year and I think we should start with something simple. How about you?

George: I'd like to be a little more adventurous, *Q8* even on the first outing. I'd go for a weekend camping trip. The club has plenty of surplus tents, and it would be a good way for the new members to get to know each other.

レベッカ：こんにちは、ジョージ、大学のアウトドアクラブの最初の行事のことで相談しない？ 週末の10月15日にやる予定なの、だから決めておいたほうがいいわ。

ジョージ：そうだね、レベッカ。学期の初めなので、本当に考えている時間がなかったんだ。今、片づけてしまおうよ。

レベッカ：運よく、少し暇な時間があったから、ほかの委員に意見を聞いておいたわ。セーラはスウィフトにラフティングボートを出して浮かべたいんですって。

ジョージ：何だって、10月だっていうのに？ 急流下りに行くにはちょっと寒いんじゃない？ *Q6* 落っこちるやつがいるに決まっている！ ないよ、それは問題外だと思う、カヌーと同じさ。

レベッカ：わかったわ、ニックにも聞いたけれど、ニックは自転車でノッツピークに登るのがいいって考えているの。

ジョージ：そいつはもっと現実的だね。だけど、土埃の道を走らなければならないし、みんながマウンテンバイクを持っているとは思えない。どうやって人数分のバイクを用意したらいいのかわからない。バイクを借りるほかないんだ

けれど、40台も自転車を貸しているところなんか知らないな。**Q7** メンバーが40人もいるんだからね。

レベッカ：となると、サイクリングも問題外ね。リーアンにも聞いたけど、リーアンは、木に登って、木と木の間にかかった小さな橋をいくつも歩いて渡って、ザイルで降りるっていう、前にやった体験をまたしてみたいって言っていたわ。

ジョージ：そいつができる冒険パークで起こった事故の話を読んでいたんだ。だから、おすすめとは、僕にはちょっと言えないな。ところで、君はどうすればいいと思っているの、レベッカ？

レベッカ：最初にやるのは、ノッツピークに歩いて登るっていうのが、私はいいかな。**Q8** クラブのメンバーには1年生が多いし、最初は何か簡単なものから始めるのがいいと思うの。あなたは、どう？

ジョージ：もうちょっと冒険できるのがいいかな、**Q8** 最初の遠出でも。僕は週末のキャンプ旅行に行きたい。クラブには余ったテントがたくさんあるんだし、新しいメンバーがお互いに仲良くなるにはもってこいのやり方だと思うんだ。

6 正解　**A**

解説　ジョージは「10月に急流下りなんて寒すぎる」といった意味の発言をしています。つまり、10月は急流下りに適した時期ではないと言いたいわけです。'What, in October?'（何だって、10月だっていうのに？）という言葉の調子から、反対意見が続くことを予測できます。

7 正解　**E**

解説　'mountain bike' という語と、ジョージの 'I don't know anywhere that has forty bikes for rent'（40台も自転車を貸しているところなんか知らないな）という説明とを結びつけて考える必要があります。

8 正解　**D**

解説　ジョージは、レベッカの言葉 'walking up'（歩いて登る）を引き合いに出して、'I'd like to be a little more adventurous'（もうちょっと冒険できるのがいいかな）と言っています。

第2章
リスニングセクション問題演習

Track-11

Questions 1–5

What are the characteristics of each of the following hotels?

*Choose **FIVE** answers from the box and write the correct letter, **A–G**, next to questions **1–5**.*

A	part of a chain
B	tastefully decorated
C	in the countryside
D	equipped with a gym
E	serves excellent food
F	convenient for shopping
G	near the airport

Example   The Holiday Hotel   *G*

1   The Green Retreat   ....

2   The Aspen   ....

3   Fairfield Lodge   ....

4   The Courtyard   ....

5   The Comfort Inn   ....

Questions 6–8

*Choose the correct letter, **A**, **B**, **C** or **D**.*

6 How much does the Green Retreat cost?

  A £45
  B £50
  C £60
  D £75

7 What condition does the woman **NOT** mention?

  A food
  B location
  C facilities
  D price

8 Which hotel does the woman choose?

  A The Green Retreat
  B Fairfield Lodge
  C The Courtyard
  D The Comfort Inn

Questions 9 and 10

Complete the sentences below.

*Write **NO MORE THAN TWO WORDS** for each answer.*

Next, the man will make a **9** ....

The tourist office provides free **10** .... for visitors.

Exercise 01　解答解説

 スクリプト

Narrator: *IELTS Listening Practice Test 1, Section 1.*

You will hear a tourist talking to a staff member at a tourist information office about places to stay. First, you have some time to look at questions 1–5.

You will see that there is an example that has been done for you. On this occasion only, the conversation relating to this will be played first.

1 **Woman:** ① Hello, is this the tourist office?

2 **Staff:** ① Yes, it is. ② How can I help you?

3 **Woman:** ① I'm in town for a few days and I'm looking for a hotel.

4 **Staff:** ① I'm sure we can help you find something. ② Can you tell me what kind of place you're looking for?

5 **Woman:** ① A mid-range hotel that's comfortable but not too flashy.

6 **Staff:** ① I can think of half a dozen hotels that should suit your needs.

7 **Woman:** ① Can you tell me something about them?

8 **Staff:** ① Sure. ② I'll start with the ones outside the city centre first.
③ There's the Holiday Hotel, which is close to the airport so could be convenient if you plan to fly, but it does get a little noisy. ***Example***

Narrator: *The staff member at the tourist information office mentions that the Holiday Hotel is near the airport, so answer G, 'near the airport', has been written in the space.*

Now we shall begin. You should answer the questions as you listen, because you will not hear the recording a second time. Listen carefully and answer questions 1–5.

1 **Woman**: ① Hello, is this the tourist office?

2 **Staff**: ① Yes, it is. ② How can I help you?

3 **Woman**: ① I'm in town for a few days and I'm looking for a hotel.

4 **Staff**: ① I'm sure we can help you find something. ② Can you tell me what kind of place you're looking for?

5 **Woman**: ① A mid-range hotel that's comfortable but not too flashy.

6 **Staff**: ① I can think of half a dozen hotels that should suit your needs.

7 **Woman**: ① Can you tell me something about them?

8 **Staff**: ① Sure. ② I'll start with the ones outside the city centre first. ③ There's the Holiday Hotel, which is close to the airport so could be convenient if you plan to fly, but it does get a little noisy. *Example*

9 **Staff**: ① Next there's the Green Retreat, which is about ten miles out of town in a rural location, and is very peaceful. *Q1* ② Finally, there's the Aspen, which is near the out-of-town shopping mall. *Q2*

10 **Woman**: ① They all sound nice. ② How about the other three – the ones near the city centre?

11 **Staff**: ① Those would be Fairfield Lodge, the Courtyard, and the Comfort Inn. ② Fairfield Lodge's good points are that it has large rooms and a gym where you can exercise. *Q3* ③ The Courtyard is elegant, with beautiful decorations. *Q4* ④ We get good reports about this hotel. ⑤ Then there's the Comfort Inn, which is part of a chain, *Q5* and you'll find the interiors are the same wherever you stay. ⑥ Comfort Inns are elegant but some people say they lack atmosphere.

12 **Woman**: ① Hmm ... they all seem to have their good points.

Narrator: *Before you hear the rest of the conversation, you have some time to look at questions 6–10.*

- -

Now listen and answer questions 6–10.

13 **Staff**: ① I haven't mentioned the prices yet. ② The Green Retreat is the cheapest, at fifty pounds, *Q6* and the Courtyard is the most expensive, at a hundred and twenty. ③ That's because they do that little bit extra – there are fresh flowers everywhere.

14 **Woman**: ① Well, <u>budget is a prime concern, and ideally, I'd like to have breakfast included in the price.</u> *Q7* ② As for location, I came by train and won't be flying, so <u>I think I'd better go with a city centre hotel.</u> *Q7*

15 **Staff**: ① Then the choice is between Fairfield Lodge and the Comfort Inn, which both produce a good breakfast. ② Let me check ... oh, it seems that it's included in the price for the Comfort Inn but not for Fairfield Lodge.

16 **Woman**: ① <u>That decides it, then!</u> *Q8* ② How should I go about booking it?

17 **Staff**: ① I'd be happy to do that for you. ② Please take a seat while <u>I make a phone call.</u> *Q9* ③ Feel free to <u>help yourself to coffee</u> *Q10* while you're waiting.

18 **Woman**: ① Thank you, that will be very welcome!

Narrator: *That is the end of IELTS Listening Practice Test 1, Section 1. You now have half a minute to check your answers.*

- -

You now have two and a half minutes to transfer your answers to the answer sheet.

- -

You will find explanations of the answers and information to help you determine your score on page 74.

| 重要語句 |

4
☐ help ... (to) V 〔動〕…が〜するのを手伝う、助ける

5
☐ mid-range 〔形〕中程度の、平均的な〔< mid-〔接頭〕中間の + range 範囲、領域〕
☐ comfortable 〔形〕快適な、居心地のよい；くつろいだ
☐ flashy 〔形〕派手で安っぽい、けばけばしい

6
☐ suit 〔動〕〜に合う、適する

8

☐ close 〔形〕接近した、ごく近い；親しい、密接な

☐ convenient 〔形〕便利な

9

☐ rural 〔形〕田舎の [⇔ urban 都会の]

☐ out-of-town 〔形〕郊外の

10

☐ sound 〔動〕～に思われる、～みたい（である）《会話では sound like ～の形で普通に使われる例が多い》

11

☐ interior 〔名〕（建物・乗り物などの）内部、室内 [⇔ exterior 外部、室外]

☐ wherever 〔接〕～するところはどこでも：どこで～しても

☐ lack 〔動〕～が欠けている

☐ atmosphere 〔名〕雰囲気、趣：[the ～] 大気圏

13

☐ extra 〔名〕特別のもの；追加(のもの)

14

☐ budget 〔名〕予算

☐ prime 〔形〕最も重要な；最上の、最高の

☐ concern 〔名〕関心事；心配

☐ ideally 〔副〕理想を言えば；理想的に

☐ include 〔動〕～を含む；～を算入する [⇔ exclude ～を除外する、排除する]

16

☐ go about 〔動〕～する；～に取りかかる

☐ book 〔動〕～を予約する = reserve cf. 〈英〉book in（ホテルで）チェックインする = check in

17

☐ feel free to V 〔動・熟〕遠慮なく～する、自由に～してよい

問題文について ───────────────────────●

　宿泊先を探している女性と案内所のスタッフとの会話。女性の希望する条件に

第2章 Exercise 01 解答解説

たいして、ホテルの名前と特色があげられていく。

● **全文訳** ●

1 **女性**：① こんにちは、こちらは観光案内所でしょうか？

2 **スタッフ**：① はい、そうです。② どういったご用件ですか？

3 **女性**：① 数日滞在するのでホテルを探しているのですが。

4 **スタッフ**：① きっとお役に立てると思います。② どのようなところがご希望ですか？

5 **女性**：① 快適な中級のホテルで、あまり安っぽすぎないところがいいです。

6 **スタッフ**：① お客様のご要望に合うホテルが6軒思い浮かびます。

7 **女性**：① そちらについてもう少し教えていただけますか？

8 **スタッフ**：① もちろんです。② 街の中心部から外れたホテルについて、まずご説明いたしましょう。③ 「ホリデイ・ホテル」は空港に近いので、飛行機に乗るご予定がおありでしたら便利でしょうが、少々うるさい可能性はあります。

Example

9 **スタッフ**：① 次に、「グリーン・リトリート」は街から10マイルほど離れた田舎にあり、とてものどかです。*Q1* ② 最後は「アスペン」ですが、こちらは郊外のショッピングモールの近くです。*Q2*

10 **女性**：① どれもよさそうですね。② 街の中心に近いところにある、ほかの3つのホテルについてお教えいただけます？

11 **スタッフ**：① そちらですと「フェアフィールド・ロッジ」、「コートヤード」、「コンフォート・イン」がございます。② 「フェアフィールド・ロッジ」の良い点は、部屋が広いことと、ジムがあって運動できることです。*Q3* ③ 「コートヤード」はエレガントで、美しく飾り付けられています。*Q4* ④ 評判もよいホテルです。⑤ それから「コンフォート・イン」は、チェーン展開しているホテル *Q5* ですので、内装はどこに宿泊されても同じです。⑥ 「コンフォート・イン」はエレガントですが、あまり趣はないと言う人もいます。

12 **女性**：① うーん…、それぞれに良いところがあるように思えます。

----

13 **スタッフ**：① まだ料金についてお伝えしておりませんでした。② 「グリーン・リトリート」が最も安くて、50ポンドです。*Q6* 「コートヤード」は最も高く、120ポンドです。③ 高い理由には、ちょっとした付加価値がありまして——生花

がいたるところにあるのです。

14　女性：① ええと、予算が一番気になるところで、それと理想としては、朝食が料金に含まれているといいですね。**Q7** ② 場所は、ここへ来たのも電車ですし、これから飛行機を利用するつもりはありませんので、街の中心部のホテルのほうがよいような気がします。**Q7**

15　スタッフ：① ならば選択は「フェアフィールド・ロッジ」か「コンフォート・イン」のどちらかですね、両方ともおいしい朝食付きですから。② ちょっと確認してみます…、おっと、「コンフォート・イン」は朝食込みで、「フェアフィールド・ロッジ」は違うようです。

16　女性：① ではそのホテルに決めます！ **Q8** ② どうやって予約したらよいでしょうか？

17　スタッフ：① 喜んでお手伝いさせていただきます。② 電話を入れている **Q9** 間、おかけになっていてください。③ お待ちいただいている間にご自由にコーヒーをお飲みください。**Q10**

18　女性：① ありがとうございます、大変うれしいです！

● 設問訳・正解・解説 ●

設問 1～5：組み合わせ問題
次のそれぞれのホテルの特徴は何か？
枠の中から答えを 5 つ選び、設問 1～5 の空所にあてはまるものを A～G で書きなさい。

> **A** チェーン展開している
> **B** 趣味のよい装飾が施されている
> **C** 田舎にある
> **D** ジムがある
> **E** おいしい食事を提供する
> **F** 買い物に便利である
> **G** 空港に近い

例　ホリデイ・ホテル　**正解**　**G**

1 グリーン・リトリート **正解** C

発言 9 の1文目の 'the Green Retreat, which is about ten miles out of town in a rural location' で、「グリーン・リトリート」は、街から10マイルほど離れた田舎にあると説明されている。

2 アスペン **正解** F

発言 9 の2文目の 'the Aspen, which is near the out-of-town shopping mall' で、「アスペン」は郊外のショッピングモールの近くにあると説明されている。

3 フェアフィールド・ロッジ **正解** D

発言 11 の2文目の 'Fairfield Lodge's good points are that it has large rooms and a gym where you can exercise.' で、「フェアフィールド・ロッジ」の良い点として、ジムがあって運動できることがあげられている。

4 コートヤード **正解** B

発言 11 の3文目で、'The Courtyard is elegant, with beautiful decorations.' と説明されているので、「コートヤード」は装飾に趣があると判断できる。

5 コンフォート・イン **正解** A

発言 11 の5文目の 'the Comfort Inn, which is part of a chain' で、「コンフォート・イン」はチェーン展開しているホテルと説明されている。

設問6〜8：多肢選択問題
正しいものをA、B、C、Dから選びなさい。

6 **正解** B
「グリーン・リトリート」の宿泊料金はいくらか？
  A 45 ポンド
  B 50 ポンド

C 60 ポンド

D 75 ポンド

発言13の2文目で 'The Green Retreat is the cheapest, at fifty pounds' と言われており、「グリーン・リトリート」の料金が50ポンドとわかる。

7 **正解** C

女性が述べて「いない」条件は何か？

A 食事

B 場所

C 設備

D 料金

Aの食事とDの料金については、発言14の1文目で 'budget is a prime concern, and ideally, I'd like to have breakfast included in the price'（予算が一番気になっており、理想としては、朝食が料金に含まれているのがよい）と言っている。Bの場所については、続く2文目で 'As for location ... I think I'd better go with a city centre hotel'（場所は…街の中心部のホテルのほうがよい）と言っている。

8 **正解** D

女性が選んだホテルはどれか？

A グリーン・リトリート

B フェアフィールド・ロッジ

C コートヤード

D コンフォート・イン

発言15の2文目で、観光案内所のスタッフが 'it seems that it's included in the price for the Comfort Inn but not for Fairfield Lodge'（「コンフォート・イン」は朝食込みだが「フェアフィールド・ロッジ」は別料金）と説明した直後の15の発言で、女性が 'That decides it, then!'（ではそのホテルに決めます！）と言っている。

設問 9 と 10：文完成問題

下の文を完成させなさい。

各設問にたいして、2 語以内で答えなさい。

9 （正解） phone［telephone］call

次に、［観光案内所の］スタッフは電話をかけるだろう。

> 女性にホテルの予約の方法を聞かれると、スタッフは発言 17 の 1・2 文目で
> 'I'd be happy to do that for you. Please take a seat while I make a phone
> call.'（喜んでお手伝いします。電話をかける間、おかけになってください）と言っ
> ているので、この後に予約のための電話を入れることがわかる。

10 （正解） coffee

観光案内所は無料のコーヒーを用意している。

> 発言 17 の 3 文目の 'Feel free to help yourself to coffee'（ご自由にコーヒーを
> お飲みください）より、無料でコーヒーを飲むことができるとわかる。

Questions 1–10

Complete the maps below.

Write **NO MORE THAN THREE WORDS** for each answer.

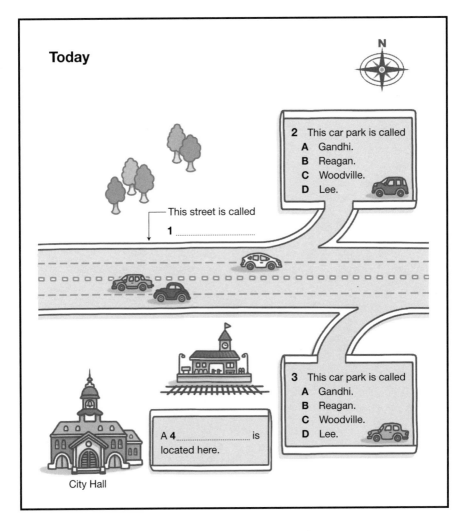

Today

This street is called

1 ....

2 This car park is called
 A Gandhi.
 B Reagan.
 C Woodville.
 D Lee.

3 This car park is called
 A Gandhi.
 B Reagan.
 C Woodville.
 D Lee.

A **4** .... is located here.

City Hall

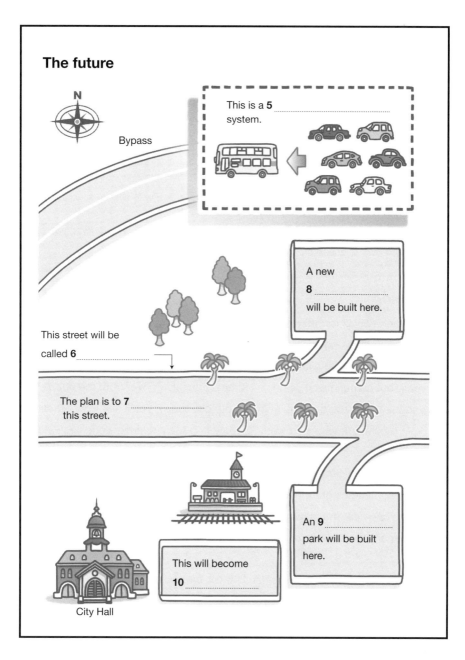

The future

N

Bypass

This is a **5** .... system.

A new
8 ....
will be built here.

This street will be
called **6** ....

The plan is to **7** ....
this street.

An **9** ....
park will be built
here.

This will become
10 ....

City Hall

Exercise 02 解答解説

Track-12

● スクリプト ●

Narrator: *IELTS Listening Practice Test 1, Section 2.*
You will hear a talk about a plan to develop a city over a ten-year period. First, you have some time to look at questions 1–4.

Now listen carefully and answer questions 1–4.

1 ① Thank you all for attending this meeting. ② It's gratifying to see that so many people are taking an interest in our beautiful city. ③ Today I'd like to talk about our development plans for the next ten years. ④ Our city belongs to everyone, but sometimes it seems as if the car is taking over from the people. ⑤ If you take a look at the map showing our city today, you'll see what I mean.
2 ① At present, drivers who want to come into the city drive along Station Road, **Q1** which runs east and west past the station, before heading north to park in the Reagan car park **Q2** or south to park in the Woodville car park. **Q3** ② People sometimes get these two car parks confused. ③ The Woodville car park is the one near the railway station and next to the factory. **Q4** ④ Anyway, all this driving around looking for car parks leads to traffic congestion and pollution.

Narrator: *Before you hear the rest of the talk, you have some time to look at questions 5–10.*

Now listen and answer questions 5–10.

3 ① If you take a look at the second map, showing what our city will be like in the future, you will see how we intend to combat this problem by building a bypass around the city and constructing new car parks three miles from the city centre. ② People who want to visit the town by car can leave their vehicles in the car parks and take a free shuttle bus into the centre. ③ This system is known as park-and-ride. *Q5* ④ It has been very successful elsewhere in the country, and we think it will work here, too.

4 ① As for Station Road, we are planning to plant trees on both sides of the road and rename it Station Walk. *Q6* ② We will pedestrianise it *Q7* so people can walk freely from one end of the city to another. ③ We are going to turn the Reagan car park into an actual park with trees and a pond, *Q8* which we have provisionally named New Park, and the Woodville car park will become an industrial park. *Q9* ④ So it remains a park of sorts! ⑤ We have already found five businesses that are interested in moving in once it is completed.

5 ① Finally, I'd like to explain our regeneration policy. ② As you all know, the factory next to City Hall is now more than a hundred years old, and is in a state of disrepair. ③ The windows are all broken and the roof is falling in. ④ The building itself is sound, however. ⑤ We propose renovating the factory and turning it into blocks of flats *Q10* that will blend historical charm with all modern conveniences. ⑥ We expect these apartments to fetch high prices.

Narrator: *That is the end of IELTS Listening Practice Test 1, Section 2. You now have half a minute to check your answers.*

- -

You now have two and a half minutes to transfer your answers to the answer sheet.

- -

You will find explanations of the answers and information to help you determine your score on page 86.

1

- ☐ gratifying 〔形〕満足な、ここちよい
- ☐ development plan 〔名〕開発計画
- ☐ belong to 〔動〕～の所有である、～に所属する
- ☐ as if 〔接〕まるで～のように = as though
- ☐ take over 〔動〕～を乗っ取る、取り仕切る、支配する

2

- ☐ run 〔動〕（道などが）通る、延びている；（川などが）流れる
- ☐ head 〔動〕（～に向かって）進む
- ☐ confuse 〔動〕～を混同する；～を混乱させる
- ☐ lead to 〔動〕～を引き起こす；～へ連れて行く
- ☐ traffic congestion 〔名〕交通渋滞 *congestion 〔名〕混雑、密集
- ☐ pollution 〔名〕汚染

3

- ☐ intend 〔動〕～を意図する
- ☐ combat 〔動〕～と戦う
- ☐ bypass 〔名〕バイパス、迂回路
- ☐ construct 〔動〕～を建設する = build [⇔ destroy ～を破壊する]
- ☐ car park 〔名〕駐車場 =〈米〉parking lot
- ☐ vehicle 〔名〕乗物；手段
- ☐ park-and-ride 〔名〕パーク・アンド・ライド《自宅から駐車場まで車を運転し、そこから電車やバスなどで市の中心部に移動すること》；パーク・アンド・ライドのための駐車場
- ☐ elsewhere 〔副〕ほかのところで = somewhere else；ほかのところへ
- ☐ work 〔動〕（計画などが）うまくいく；機能する

4

- ☐ rename 〔動〕～を改名する
- ☐ pedestrianise 〔動〕～を歩行者専用にする、～を車両の乗り入れ禁止にする《動詞を作る接尾語 -ise はアメリカでは -ize と綴られることが普通》
- ☐ turn into 〔動〕…を～に変える；…を～にする

☐ provisionally	〔副〕暫定的に、仮に
☐ industrial	〔形〕工業の、産業の
☐ remain	〔動〕～のままである；とどまる；残っている
☐ of sorts	〔形〕一種の、いわば；名ばかりの、まがいの《of a sort とも》
☐ complete	〔動〕～を完成させる

5

☐ regeneration policy	〔名〕再生方針［政策］
☐ in a state of	〔形〕～の状態で ＊state〔名〕状態、様子
☐ disrepair	〔名〕荒廃、破損状態 ＝ dilapidation、ruin
☐ fall in	〔動〕（屋根などが）落ちる；へこむ；内側へ崩れる
☐ sound	〔形〕しっかりした、いたんでいない ＝ undamaged
☐ propose	〔動〕～を提案する；～するつもりである［⇔ withdraw ～を撤回する］
☐ renovate	〔動〕～を修理する、改修する、リフォームする
☐ charm	〔名〕魅力
☐ fetch	〔動〕（～の値段で）売れる；～を取って［連れて］来る

問題文について

都市の再開発計画についてのモノローグ。「現在」と「将来」の予定図が示された2つの地図に沿って、説明が進められる。

全文訳

1 ① 本会合にご出席いただき、ありがとうございます。② これほど多くの方々が、私たちの美しい街に関心を抱いていらっしゃるのを目の当たりにして、うれしく思います。③ 本日は、今後10年の開発計画についてお話ししたいと思います。④ 私たちの街は、みんなのものです。ですがときどき、車が私たちから街を奪っているように思えることがあります。⑤ 現在の街の地図をご覧いただければ、私の言っている意味をご理解いただけるでしょう。

2 ① 現在、街にやってくるドライバーは、駅前を東西に走る<u>ステーション・ロード *Q1*</u> を走行した後、北側にある<u>レーガン駐車場 *Q2*</u> か、南側にある<u>ウッドヴィル駐車場 *Q3*</u> のいずれかに向かいます。② この2つの駐車場を取り違える人

がときどきいます。③ ウッドヴィル駐車場は駅の近くの、工場 *Q4* の隣にあるほうです。④ いずれにしても、駐車場を探して運転するせいで交通渋滞と公害が起きているのです。

----

3 ① 将来の街の様子を示した2つ目の地図をご覧いただければ、この問題に私たちがどのように取り組むつもりでいるかがおわかりいただけるでしょう。対策として、街の周りにバイパスを建設し、市の中心部から3マイルの場所に新たに駐車場を作ります。② 車で訪問する場合は、その駐車場に車を置いて市の中心部への無料シャトルバスを利用します。③ このシステムは、「パーク・アンド・ライド」 *Q5* の名称で知られています。④ 国内のほかの場所でも成功をおさめているので、ここでもこのシステムがうまくいくと考えています。

4 ① ステーション・ロードに関しては、この通りの両側に木を植え、名前もステーション・ウォーク *Q6* に変更する予定です。② ここを歩行者専用にして *Q7* 街の端から端まで自由に歩けるようにするつもりです。③ レーガン駐車場(カーパーク)は木や池のある本物の公園(パーク) *Q8* に作りかえる予定で、暫定的に、新名称はニューパークとしました。そしてウッドヴィル駐車場は、インダストリアル・パーク（工業団地） *Q9* に生まれ変わります。④ ですから、ある種のパークとして残るわけです！ ⑤ パーク完成後にここへの移転を考えている企業を、私たちはすでに5社見つけています。

5 ① 最後に、私たちの再生方針についてご説明します。② ご存知のとおり、市庁舎の隣にある工場は築100年以上にもなり、荒廃した状態です。③ 窓はすべて破損し、屋根も崩れています。④ しかし建物自体はしっかりしています。⑤ 私たちはこの工場を改修し、歴史的魅力とあらゆる現代の利便性とを融合した集合住宅 *Q10* に作りかえることを提案します。⑥ きっと高値で売れることでしょう。

● 設問訳・正解・解説 ●

設問1〜10：地図完成問題
下の地図を完成させなさい。
各設問にたいして、3語以内で答えなさい。

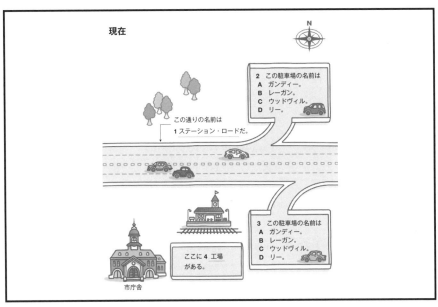

現在

この通りの名前は
1 ステーション・ロードだ。

2 この駐車場の名前は
A ガンディー。
B レーガン。
C ウッドヴィル。
D リー。

3 この駐車場の名前は
A ガンディー。
B レーガン。
C ウッドヴィル。
D リー。

ここに **4** 工場
がある。

市庁舎

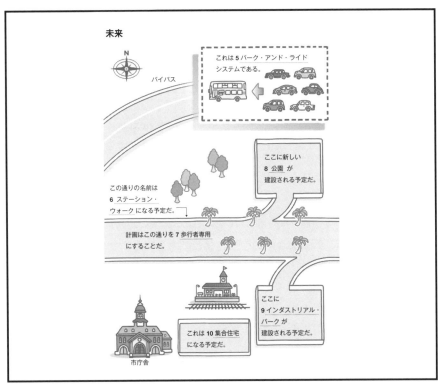

未来

バイパス

これは **5** パーク・アンド・ライド
システムである。

ここに新しい
8 公園 が
建設される予定だ。

この通りの名前は
6 ステーション・
ウォーク になる予定だ。

計画はこの通りを **7** 歩行者専用
にすることだ。

ここに
9 インダストリアル・
パーク が
建設される予定だ。

これは **10** 集合住宅
になる予定だ。

市庁舎

1 正解 Station Road

段落 2 の 1 文目に、'Station Road, which runs east and west past the station'（駅前を東西に走るステーション・ロード）とある。

2 正解 B

段落 2 の 1 文目後半の '... heading north to park in the Reagan car park' から、ステーション・ロードの北側にある駐車場の名前は 'Reagan' とわかる。

3 正解 C

段落 2 の 1 文目後半の '... heading ... south to park in the Woodville car park' から、ステーション・ロードの南側にある駐車場の名前は 'Woodville' とわかる。

4 正解 factory

問題の場所は、地図上では駐車場と市庁舎の間に位置している。段落 2 の 3 文目で、'The Woodville car park is the one ... next to the factory'（ウッドヴィル駐車場は…工場の隣にあるほう）と言われていることから、答えは 'factory' とわかる。また、段落 5 の 2 文目に、'the factory next to City Hall'（市庁舎の隣にある工場）という説明が出てくることからも判断できるだろう。

5 正解 park-and-ride

設問のイラストから判断して、問われているのは、市の郊外や周辺部の駐車場で自家用車を停め、公共交通機関のバスなどに乗り換えて中心部へ入るシステムの名称。段落 3 の 2・3 文目で、'People who want to visit the town by car can leave their vehicles in the car parks and take a free shuttle bus into the centre. This system is known as park-and-ride.' と紹介されていることから、駐車場に車を置いて市の中心部への無料シャトルバスを利用するシステムの名前が 'park-and-ride' だとわかる。

6 **正解** Station Walk

段落 4 の 1 文目で、'As for Station Road, we are planning to ... rename it Station Walk.'（ステーション・ロードに関しては、名前をステーション・ウォークに変更する予定）と説明されている。

7 **正解** pedestrianise

段落 4 の 1・2 文目で、'As for Station Road, ... We will pedestrianise it'（ステーション・ロードに関しては、…それを歩行者専用にする）と言われている。使用頻度の低い語だが、'pedestrian'（歩行者）という単語を知っていれば、それが動詞の形になった語であると推測できるだろう。-ise [-ize] は形容詞や名詞について「～にする」、「～になる」の意味の動詞をつくる接尾辞。名詞は pedestrianisation /〈米〉-zation。

8 **正解** park

問われているのは、「現在」の地図ではレーガン駐車場（設問 2）にあたる場所。段落 4 の 3 文目に、'We are going to turn the Reagan car park into an actual park'（レーガン駐車場は本物の公園に作りかえる予定）とある。続けて、'which we have provisionally named New Park'（暫定的な名称はニューパークとした）とも言われているが、設問には空所前に不定冠詞のついた 'A new' があるので、答えは固有名詞の '(New) Park' ではなく一般名詞の 'park' と判断できる。

9 **正解** industrial

問われているのは、「現在」の地図ではウッドヴィル駐車場（設問 3）にあたる場所。段落 4 の 3 文目に、'the Woodville car park will become an industrial park'（ウッドヴィル駐車場は工業団地に生まれ変わる）とある。

10 正解 blocks of flats / apartment blocks / blocks of apartments

問われているのは、「現在」の地図では工場（設問 4）にあたる場所。段落 5 の 5 文目で、'We propose renovating the factory and turning it into blocks of flats'（この工場を改修し、集合住宅に作りかえることを提案する）と言われている。

Track-13

Questions 1–10

Complete the form below.

Write **NO MORE THAN THREE WORDS AND/OR A NUMBER** *for each answer.*

Feedback Form

Course code: **1** _____

Course: **2** _____

Dates: *From* **3** _____ *to July 22ⁿᵈ*

Start time: *10:00*   Finish time: **4** _____

About the course	Comments
Session and break timing	**5** _____ *earlier*
What did you like about the course?	**6** _____ *and* **7** _____
Points to be improved	**8** _____
Price	**9** _____
Other comments	**10** _____ *for the disabled*

第2章

Exercise

03

NO TEST MATERIAL ON THIS PAGE

Exercise 03　解答解説

Track-13

● スクリプト ●

Narrator: *IELTS Listening Practice Test 1, Section 3.*
You will hear a conversation between a man and a woman about a weekend course they attended. First, you have some time to look at questions 1–3.

Now listen carefully and answer questions 1–3.

1　Woman: ① Well, that was a fascinating weekend course! ② Now I will feel quite confident about giving a presentation to the committee next month.

2　Man: ① I learned a lot, too. ② Oops, I forgot to pick up a feedback form on the way out.

3　Woman: ① Don't worry, we can fill in my form together. ② We feel pretty much the same way about the course, don't we?

4　Man: ① Yeah, I think so. ② Okay, let's start at the top. ③ What was the course code?

5　Woman: ① Let's see. ② The course was Presenting Skills, and it was in room 201. ③ To make the course code, I think they just put the initials and numbers together – so that's PS 201. *Q1*

6　Man: ① Except it wasn't Presenting Skills, it was actually Presentation Skills *Q2* – but you're right about the course code.

7 **Woman**: ① Oh, I see. ② Now, when did the course start? ③ It's July 22nd today, and it's been a two-day course so it began on *Q3* ... okay, I got it.

8 **Man**: ① That was the easy bit. ② Now for the comments.

Narrator: *Before you hear the rest of the conversation, you have some time to look at questions 4–10.*

- -

Now listen and answer questions 4–10.

9 **Woman**: ① Let's begin with 'Session and break timing'. ② They seemed pretty standard. ③ We started at ten a.m., the morning lecture lasted two hours, we had an hour's break for lunch, and then we had another two-hour session in the afternoon. *Q4* ④ I'm satisfied with that.

10 **Man**: ① Are you? ② I'd like to have finished earlier. ③ I'd have been happy starting at nine a.m. with just a half-hour for lunch. ④ We could have finished 90 minutes earlier in that case, and I could have used the extra time to write up my notes.

11 **Woman**: ① I didn't think of that. ② Okay, let's make that suggestion. ③ Put down, 'Start and finish earlier' *Q5* under 'Comments'.

12 **Man**: ① Okay, so that's 'Start and finish earlier'. ② The next is 'What did you like about the course?' ③ I thought the professor was on the ball. ④ He really knew how to bring out our strong points.

13 **Woman**: ① He also identified our weak points and told us just what we should do to improve. ② The handouts were good, too.

14 **Man**: ① I agree. ② Let's put, 'Dynamic teacher and good handouts'. *Q6/7*

15 **Woman**: ① Okay, so that's 'Dynamic teacher and good handouts'. ② Now for the next one: 'Points to be improved.' ③ I thought the equipment left much to be desired. ④ The speakers weren't loud enough, and the microphone kept breaking down.

16 **Man**: ① I didn't like the lunch they laid on. ② I don't want to eat a cold buffet lunch. ③ But we don't have enough space to write everything, so let's just put down your point.

17 Woman: ① Will do. ② I'm going to write 'Quality of equipment'. *Q8* ③ The next box is named 'Price'.

18 Man: ① I think it was a tad on the pricey side, considering that it was just a weekend course.

19 Woman: ① Do you? ② I thought it was cheap. ③ I went on a course like this last year, and it cost a lot more.

20 Man: ① Well, as we only have one space to write in, shall we compromise and say it's reasonable?

21 Woman: ① 'Reasonable.' *Q9* ② Okay, that works for me. ③ Finally, do you have any other points?

22 Man: ① Yes, I do have one. ② I noticed that a woman in a wheelchair had a hard time getting around the building. ③ They could think about providing ramps.

23 Woman: ① Good idea. ② I'll put 'Access ramps for the disabled'. *Q10* ③ There, that's finished. ④ Now I just have to pop it in the postbox.

Narrator: *That is the end of IELTS Listening Practice Test 1, Section 3. You now have half a minute to check your answers.*

You now have two and a half minutes to transfer your answers to the answer sheet.

You will find explanations of the answers and information to help you determine your score on page 98.

重要語句

1

□ fascinating	〔形〕魅力的な、興味をそそる ＝ interesting、intriguing
□ confident about	〔形〕～する能力を確信して、～に自信がある　cf. confident of（成功・勝利などの見込みに関して）～を確信して
□ presentation	〔名〕プレゼン（テーション）、口頭発表；提案
□ committee	〔名〕委員《集合的》；委員会

2

☐ feedback form 〔名〕評価［コメント］用紙　*feedback〔名〕（事後の）意見、感想

☐ on the way out 〔副・熟〕（場所を）出る途中で、離れるときに

3

☐ fill in 〔動〕〜に記入する = fill out

5

☐ put together 〔動〕〜をまとめる、総合する

9

☐ session 〔名〕授業(時間)；(ある活動のための) 集まり；(集団活動が行われる) 期間、(議会・会議などの) 会期、開会期間

☐ break 〔名〕休憩、小休止；(短期間の) 休暇、休み

☐ last 〔動〕(一定の時間・期間) 続く、継続する　cf. continue (ある状況・事態が) 続く

10

☐ write up 〔動〕(レポートなど) 〜をまとめる、書き上げる

11

☐ make a suggestion 〔動・熟〕提案する

☐ put down 〔動〕〜を書き留める = write down

12

☐ on the ball 〔形・熟〕有能な、よく心得て、新しい知識によく通じて

☐ bring out 〔動〕〜を引き出す、発揮させる

13

☐ identify 〔動〕〜を明らかにする、突き止める；〜を確認する

☐ handout 〔名〕配布資料、ハンドアウト

15

☐ equipment 〔名〕備品、設備 = appliance

☐ leave ... to be desired 〔動・熟〕遺憾な点［不満］が…ある《'...' には much、a lot、more、little、nothing など程度を表す語が入る》

☐ break down 〔動〕(機械や車が) 故障する、壊れる；(健康・精神な

第2章 Exercise

03 解答解説

どが）不調になる、崩れる、衰える；（交渉などが）
決裂する、物別れになる

16

□ lay on 〔動〕（食事など）を用意する ＝ provide

□ buffet 〔名〕ビュッフェ、セルフサービス式の食事 **発音注意**

17

□ Will do. 〔熟〕いいですよ、そうしましょう《依頼されたことへ
の応答で。'I *will do* it.' を略したもので、'it' は
'what you said'、'what you suggested' などをさ
す》 cf. will do 間に合う、用が足りる

18

□ a tad 〔副〕ちょっと ＝ 〈米〉a bit

□ pricey 〔形〕高価な ＝ expensive《pricy とも綴る》

□ considering 〔前〕～を考慮すると；～の割には

20

□ compromise 〔動〕妥協する、歩み寄る

□ reasonable 〔形〕（値段が）手頃な；（質・程度などが）そこそこの、
まあまあの；もっともな、筋の通った

22

□ wheelchair 〔名〕車いす

□ have a hard time 〔動・熟〕苦労する、つらい目にあう

□ get around 〔動〕～を自由に移動する；動き回る

□ ramp 〔名〕スロープ、傾斜路

23

□ pop in 〔動〕ひょいと投げ入れる、ちょっと立ち寄る《ここで
は「アンケートの答えを郵便ポストに投げ込む」
という意味》

問題文について ―――――――――――――――――――――――――――――――― ●

　週末講座を受けた友人同士の会話。「評価用紙」にコメントを記入するために、
項目ごとにお互いの意見をまとめている。

● 全文訳 ●

1 **女性**：① 興味深い週末講座だったわ！ ② これで来月の委員会でのプレゼンに、かなり自信を持てそうよ。

2 **男性**：① 僕も、たくさん学んだよ。② しまった。出てくるときに評価用紙を取ってくるのを忘れちゃったよ。

3 **女性**：① 大丈夫、私の用紙に2人で一緒に記入すればいいわ。② 講座への感想も、ほとんど同じよね？

4 **男性**：① うん、そうだと思う。② じゃあ、一番上から始めよう。③ 科目コードは何だったかな？

5 **女性**：① ええっと。② 講座名が Presenting Skills で教室は 201 だったわ。③ 講座コードは、[講座名の] 頭文字と教室番号を組み合わせるだけだと思うから、つまり <u>PS201</u> ね。*Q1*

6 **男性**：① Presenting Skills（「スキルのプレゼンテーション」）ではなくて実際には <u>Presentation Skills</u>（「プレゼンテーションのスキル」）*Q2* だったけど、講座コードは正しいね。

7 **女性**：① そうだった。② 次は講座の開始日ね。③ <u>今日が7月22日で、2日間の講座だったから、開始日は</u> *Q3* …、オーケー、わかった。

8 **男性**：① そこは簡単な箇所だったね。② さて今度はコメントだ。

- -

9 **女性**：①「講義と休憩の時間」から始めましょう。② どちらもかなり標準的に思えたけれど。③ <u>10時開始で午前中の講義が2時間、昼食休憩が1時間、それから午後にさらに2時間講義。</u>*Q4* ④ 私はそれで満足しているわ。

10 **男性**：① そう？ ② 僕はもっと早く終わるほうがよかったな。③ 朝9時開始で昼食休憩が30分だけでよかったと思うよ。④ そうすれば1時間半早く終えることができて、浮いた時間でノートをまとめられただろう。

11 **女性**：① それは思いつかなかった。② わかったわ。それを提案しましょう。③ コメントの欄には、「<u>開始・終了をもっと早く</u>」*Q5* と書いて。

12 **男性**：① よし、そこは「開始・終了をもっと早く」だね。② 次は「よかった点は？」だよ。③ 僕は、教授がいろいろなことをよく知っていると思った。④ 僕たちの長所を引き出す方法をよく心得た方だったね。

13 **女性**：① 私たちの短所を見つけて、改善するにはどうすればよいかも教えてくださったし。② 配布資料もよかったわ。

14 **男性**：① 同感だね。② 「精力的な講師と良い配布資料」 *Q6/7* と記入しよう。

15 **女性**：① 了解。では、「精力的な講師と良い配布資料」ね。② さて次は「改善点」よ。③ 私は、備品が大いに改善の余地ありだと思ったわ。④ スピーカーがよく聞こえなかったし、マイクもずっと音が割れてた。

16 **男性**：① 僕は用意されていた昼食が気に入らなかった。② 冷めたビュッフェ式ランチは食べたくないよ。③ でも全部書くスペースはないから、君の指摘点だけを書こう。

17 **女性**：① そうしましょう。② 「備品の質」 *Q8* と書いておくわ。③ 次の項目は「受講料」ね。

18 **男性**：① 僕は、ただの週末講座にしては少し高めだと思う。

19 **女性**：① そう？ ② 私は安いと思ったわ。③ 去年同じような講座に行ったけど、もっと高かったもの。

20 **男性**：① そうか。記入するスペースは１つしかないから、あいだを取って、それほど高くないとしようか？

21 **女性**：①「それほど高くない」ね。 *Q9* ② そうね、それでいいと思うわ。③ 最後に、何かほかに書いておくことある？

22 **男性**：① うん、１つあるよ。② 車いすに乗った女性が建物内を移動するのに苦労していたんだ。③ スロープ設置を検討することも可能かと思うよ。

23 **女性**：① 良い考えね。②「身体障害者向けのアクセス用スロープ」 *Q10* と書くことにするわ。③ これで終わり。④ あとはポストに入れるだけよ。

● 設問訳・正解・解説 ●

設問 1～10：書式用紙完成問題

下の書式用紙を完成させなさい。

各設問にたいして、３語と数字１つ以内、または３語以内か数字１つで答えなさい。

評価用紙

科目コード：**1** PS201

講座名：**2** プレゼンテーションのスキル

開催日：**3** 7月21日から7月22日まで

開始時間：10:00　　　　　終了時間：**4** 3:00

講座について	コメント
講義と休憩の時間	**5** 開始・終了をもっと早く
講座に関して気に入った点は？	**6** 精力的な講師と**7** 良い配布資料
改善点	**8** 備品の質
料金	**9** それほど高くない
その他	身体障害者のための**10** アクセス用スロープ

---

1 正解 PS201

発言 **5** の2・3文目で女性が 'The course was Presenting Skills, and it was in room 201. To make the course code, I think they just put the initials and numbers together – so that's PS 201.' と言っていることから、科目コードは講座名の頭文字（PとS）と教室番号（201）の組み合わせであるとわかる。女性は講座名を勘違いしていて後で直されているが、頭文字は同じ 'PS'。

2 正解 Presentation Skills

発言 **5** の2文目で女性が講座名を 'Presenting Skills' だと言っているが、直後の発言 **6** で男性が、正しい講座名は 'Presentation Skills' だと訂正している。

3 正解 July 21(st)

発言 **7** の3文目で女性が 'It's July 22nd today, and it's been a two-day course'（今日は22日で、2日間の講座だった）と言っているので、開始日は21日ということになる。

4 正解 3.00 (pm / p.m.) / 3:00 (pm / p.m.) / 3 [three] o'clock / 15.00 / 15:00

発言 9 の 3 文目で女性が実際のスケジュールを振り返っている。そこで 'We started at ten a.m., the morning lecture lasted two hours, we had an hour's break for lunch, and then we had another two-hour session in the afternoon.'（10 時開始で午前中の講義が 2 時間、昼食休憩が 1 時間、それから午後にさらに 2 時間講義）と言っているので、計算すると終了は午後 3 時だったことがわかる。

5 正解 start and finish

発言 9 で女性は妥当なスケジュールだと言っているが、発言 10 の男性の「開始を 9 時にして終了も早いほうがよかった」という意見を聞いた後の女性の発言 11 がポイント。「評価用紙のコメント欄に 'Start and finish earlier'（開始・終了をもっと早く）と書いて」と言っている。

6 正解 dynamic teacher

発言 14 の 2 文目で、'Dynamic teacher and good handouts'（「精力的な講師と良い配布資料」）と、表に書き込むべき言葉がはっきり言われている。

7 正解 good handouts

発言 14 の 2 文目に、設問 6 の答えと並んで設問 7 の答えが出ている。設問 6 の解説を参照のこと。

8 正解 quality of equipment

「改善点」を記入するにあたり、発言 15・16 でスピーカーやマイク、用意された昼食などが出てくるが、項目のスペースの関係上、結局は発言 15 で女性の指摘した点だけを書くことになる。発言 17 の 2 文目ではっきり言われている 3 語を聞き落とさないように。

9 **正解** reasonable

発言 18・19 で女性と男性との料金に関する意見は一致していないが、男性が発言 20 で 'shall we compromise and say it's reasonable?'（あいだを取って、それほど高くないとしようか？）と提案した言葉に、女性が発言 21 の1文目で聞き返して確認している。

10 **正解** access ramps

発言 22 の2・3文目で男性が指摘した問題点について、賛同した女性が発言 23 の2文目で 'I'll put "Access ramps for the disabled".'（「身体障害者向けのアクセス用スロープ」と書く）と言っているので、このキーワードを書き取る。スロープ（通路）は複数形にするのが自然。記入の際は ramps とすること。

Questions 1–10

Complete the notes below with words from the text.

Write **NO MORE THAN TWO WORDS AND/OR A NUMBER** *for each answer.*

Dealing with rubbish at home

1 Use the w .... h .... of options:

2 .... (greatest impact)

3 ....

recycling   (least impact)

Can get more use out of **4** .... by sharing with siblings.

Two recyclable materials are **5** .... and **6** ....

After it leaves the home

Means of disposal	Problems
Sorting at a materials recovery centre	Large staff needed as process is **7** ....
Incineration	Dioxin sent into the air can damage the **8** ....
Landfill	**Lengthy decomposition:** Banana skins 2–6 months Tin cans 50–100 years Plastic bottles **9** .... years Glass bottles **10** .... years

Exercise 04　解答解説

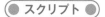 スクリプト

Narrator: *IELTS Listening Practice Test 1, Section 4.*
You will hear a talk about different ways of dealing with household waste. First, you have some time to look at questions 1–10.

Now listen carefully and answer questions 1–10.

1 ① After decades of throwing away rubbish without too much thought, households in the industrialised world are changing their habits and thinking harder about what they discard. ② The aim of good household waste management is to extract the maximum benefit from products while generating the minimum amount of waste. ③ With this in mind, households would do well to consider what is known as the 'waste hierarchy' **Q1** of options. ④ Ah, it looks like I spelled 'hierarchy' wrong on the board – it should be H-I-E-R-A-R-C-H-Y, sorry! ⑤ In order of environmental impact, these options can be described as reduction, reuse and recycling. ⑥ That is to say, reduction has the greatest impact, **Q2** then reuse, **Q3** and recycling has the smallest impact.

2 ① The first category – reduction – can itself be divided into two types: source reduction and end-user reduction. ② Source reduction applies to the manufacturing process, and cuts waste through changes in technology and the use of raw materials. ③ End-user reduction is something we can all put into practice in our everyday lives. ④ We can reduce our waste imprint in common-sense ways by turning off lights and taking shorter showers, and we can also be more proactive by recycling the cut grass in our garden through composting, using low-flow toilets, and keeping the thermostats on low. ⑤ Recently, sharing a car with others, known as car-pooling, has become a popular way to save on petrol.

3 ① Reuse can make a big impact on the amount we throw away. ② We can reuse items by holding garage sales, <u>making clothes last longer by sharing them among brothers and sisters</u> *Q4* as hand-me-downs, and repairing bicycles instead of throwing them away. ③ Recycling is different from reuse in that discarded waste is separated into materials that may be used in new products. ④ The basic recycling process can begin at home, and recyclable materials include many kinds of <u>glass, paper, metal, plastic and electronics.</u> *Q5/6*

----

4 ① So there is a lot that households can do to cut down on the amount that they throw away, but in the end every household generates waste, and after it leaves the home, one of three things will happen – it will be recycled at a materials recovery centre, incinerated or sent to a landfill. ② Materials recycling is by far the most eco-friendly process, but it does not always run smoothly. ③ Sometimes the workers find that different types of waste have been mixed up together. ④ This makes the sorting process very <u>labour-intensive,</u> *Q7* and the plants may need to hire large numbers of staff to cope with the work. ⑤ However, the other two means of waste disposal cause problems not only for the workers in the plants but also for the public at large.

5 ① Incineration involves burning waste at high temperatures to reduce its volume. ② The biggest concern of environmentalists about the incineration of waste is that it produces significant amounts of <u>dioxin, which can damage the human body</u> *Q8* when ingested, even at very low levels. ③ Fortunately, design improvements have meant that dioxin emissions are falling rapidly, and incineration plants are now thought to discharge far less dioxin into the atmosphere than do the chimneys of houses that burn coal or wood.

6 ① Incineration is the prevalent means of waste disposal in Germany and

Holland, but in the UK landfill is more common. ② Typically, in a landfill, the site is lined with clay and plastic to keep waste from escaping into the soil. ③ Earth is put on top of the landfill daily to reduce the smell. ④ Many adverse impacts may occur from landfill operations. ⑤ Damage can include putting a burden on the infrastructure, with heavy lorries clogging up small country roads on the way to the rural landfill sites; pollution of the local environment, as rainwater soaks through the site and then makes its way into the ground, thereby contaminating groundwater; and 'off-gassing', which refers to the generation of methane from rotting organic wastes such as discarded meat and vegetables. ⑥ Finally, landfills can be a hotbed of disease, as rats or flies carry sickness away from the site.

7 ① The length of time it takes for ordinary items to decompose in landfills is often surprising. ② Banana skins take from two to six months, and plastic carrier bags from ten to twenty months. ③ After this, the statistics get grimmer. ④ Tin cans can take from fifty to a hundred years to decompose, while plastic bottles take up to <u>four hundred and fifty years</u>. *Q9* ⑤ Glass bottles take <u>a whopping thousand years</u> *Q10* – that's one whole millennium – to break down.

8 ① Dealing with household waste is not as simple as it appears at first sight, but it's important for households to do what they can in order to reduce the impact on our planet. ② After all, we create the waste, so ultimately it's our responsibility to make sure it is dealt with properly.

Narrator: *That is the end of IELTS Listening Practice Test 1, Section 4. You now have half a minute to check your answers.*

You now have two and a half minutes to transfer your answers to the answer sheet.

You will find explanations of the answers and information to help you determine your score on page 110.

重要語句

1

- [ ] throw away 〔動〕～を捨てる、廃棄［処分］する = discard
- [ ] rubbish 〔名〕ごみ、廃棄物 =〈米〉trash
- [ ] waste 〔名〕無駄、浪費；ごみ、廃棄物；老廃物
- [ ] extract 〔動〕～を引き出す = pull out
- [ ] generate 〔動〕～を生み出す、発生させる
- [ ] do well to V 〔動・熟〕～するのがよい《しばしば would を伴って》
- [ ] hierarchy 〔名〕序列、順位；ヒエラルキー、位階制度；体系　発音注意
- [ ] option 〔名〕選択(肢)、方途；選択権
- [ ] impact 〔名〕影響(力)；衝撃
- [ ] reduction 〔名〕削減；減少　cf. reuse 再使用、recycling 再生利用

2

- [ ] source 〔名〕源、根源
- [ ] end-user 〔名〕最終消費者、末端使用者
- [ ] apply to 〔動〕～に適用する、用いる
- [ ] raw material 〔名〕原料、素材
- [ ] put into practice 〔動・熟〕～を実行する
- [ ] imprint 〔名〕(永続的な) 影響；印；痕跡
- [ ] proactive 〔形〕先を見越して行動する、積極的な
- [ ] compost 〔動〕～を堆肥にする
- [ ] low-flow 〔形〕低水量の、節水型の
- [ ] thermostat 〔名〕サーモスタット、温度自動調節器
- [ ] car-pooling 〔名〕カープーリング《近隣住民が交代で運転を務め、相乗りして通勤・通学するという自動車の共用方式》
- [ ] petrol 〔名〕ガソリン =〈米〉gas、gasoline

3

- [ ] hand-me-down 〔名〕おさがり［中古］の服
- [ ] electronics 〔名〕電子機器《複数扱い》；電子工学《単数扱い》

4

- [ ] incinerate 〔動〕～を焼却する《通例受身で》
- [ ] landfill 〔名〕埋立てによるごみ処理；ごみ埋立地

☐ eco-friendly	〔形〕	環境に優しい、環境に配慮した
☐ labour-intensive	〔形〕	人手が多くかかる；労働集約型の《資本に比べて生産に投入される労働力の割合が大きいこと》　cf. capital-intensive 資本集約型の
☐ plant	〔名〕	工場施設、プラント
☐ hire	〔動〕	～を雇う = employ [⇔ dismiss、fire 解雇する]
☐ cope with	〔動〕	～をうまく対処する、処理する = deal with
☐ disposal	〔名〕	処理、処分
☐ at large	〔形〕	一般的の、全般の

5

☐ involve	〔動〕	～を必要とする、～を伴う
☐ dioxin	〔名〕	ダイオキシン《有害な化学物質で、塩素を含んだごみなどの不完全燃焼により生成され、大気中に拡散する》
☐ ingest	〔動〕	～を摂取する；～を吸い込む　cf. digest 消化する
☐ emission	〔名〕	放出 = discharge
☐ chimney	〔名〕	(建物などの)煙突　cf. smokestack (工場・機関車・汽船などの大きな) 煙突
☐ coal	〔名〕	石炭

6

☐ prevalent	〔形〕	普及している、よく見られる
☐ line	〔動〕	～に裏打ちする、～の内側を覆う
☐ soil	〔名〕	土、土壌；土地
☐ earth	〔名〕	土、土壌；[the ～] 大地、陸地；[(the) 時に E-] 地球
☐ adverse	〔形〕	有害な、不利な
☐ operation	〔名〕	作業；実施；運転、操作；手術；作戦
☐ put a burden on	〔動〕	～に負担をかける　*burden〔名〕重荷；荷物；義務、重任
☐ infrastructure	〔名〕	インフラ《水道・電気・道路・鉄道・通信などの社会生活や産業の基礎となる公共的な設備》；基幹施設
☐ lorry	〔名〕	貨物自動車、トラック = 〈米〉truck
☐ clog (up)	〔動〕	～の動きを妨げる、～を詰まらせる = block

□ soak	〔動〕染みとおる、浸透する
□ contaminate	〔動〕~を汚染する；~を害する、堕落させる
□ groundwater	〔名〕地下水
□ off-gas	〔動〕（有毒な）ガスを排出する
□ methane	〔名〕メタン《炭化水素の一種で、燃料として都市ガスや発電所などで使用される》 **発音注意**
□ rotting	〔形〕腐りかけている
□ hotbed	〔名〕温床《通例よくないことの。発酵した堆肥の出す熱などで温めた苗床の意から》

7

□ decompose	〔動〕~を分解する
□ grim	〔形〕厳しい、深刻な、暗然とさせる；厳格な、冷酷な = stern
□ whopping	〔形〕途方もない〔副〕非常に
□ millennium	〔名〕ミレニアム、1,000年間
□ break down	〔動〕分解する

8

□ at first sight	〔副・熟〕一目で；一見したところでは
□ after all	〔副・熟〕結局；やはり
□ ultimately	〔副〕最終的に、最後に（は）= eventually、finally

問題文について

家庭ごみの処理に関する講義。さまざまな例とともに、家庭でできる無駄の削減方法や、廃棄された後の問題点などがあげられる。

● 全文訳 ●

1 ① 深く考えずにごみを何十年も捨て続けた後、先進工業社会の家庭は自分たちの習慣を変え、自分が捨てる物についてもっと真剣に考えるようになってきています。② しっかりした家庭ごみ管理の目的は、製品から最大の利益を引き出し、その一方で発生するごみを最小限に抑えることです。③ このことを念頭に置けば、〔省資源のための〕選択肢の優先順位に関する「廃棄物を削減するための序列」(waste hierarchy) *Q1* として知られているものをじゅうぶんに考慮するのがよい

でしょう。④ あっ、黒板に書いた「序列」(hierarchy) の綴りが間違っているようですね。正しくは H、I、E、R、A、R、C、H、Y です、失礼！ ⑤ その選択肢は、環境への影響効果順に、「削減」「再使用」「リサイクル」と呼んで分類することができます。⑥ つまり削減が一番影響効果が大きく、**Q2** その次が再使用、**Q3** そしてリサイクルは一番影響効果が小さいということです。

2 ① 最初のカテゴリー、削減ですが、これは２種類に分けられます。すなわち、発生源における資源消費の抑制と最終使用者における資源消費の抑制です。② 発生源における資源消費の抑制とは、製造過程に適用するもので、技術や原材料使用の変更によって無駄を削減します。③ 最終使用者における資源消費の抑制は、私たちすべてが日常生活で実践できるものです。④ 照明を消すとかシャワーの時間を短くするなどの常識的な方法で、無駄は削減できます。より積極的な行動として、庭で刈った芝を堆肥にしてリサイクルしたり、節水型トイレを使ったり、サーモスタットの設定温度を低めにしておくこともできます。⑤ 最近では、カープーリングの名で知られる他人との自動車の相乗りも、ガソリンを節約するための一般的な方法になってきました。

3 ① 再使用は、私たちが捨てるごみの量に大きな影響を与えうるものです。② ガレージセールを開いたり、兄弟姉妹の間でおさがりとして衣服を長くもたせるように共有したり、**Q4** 自転車を捨てずに修理することで、ものを再利用できます。③ リサイクルは再利用とは違います。リサイクルの場合は、捨てられたごみが材料ごとに分けられた後で、また新たな製品の原材料として使われる可能性があります。④ リサイクルの基本過程は、家庭で始まっていると言えるでしょう。リサイクル可能な素材には、多くの種類のガラス、紙、金属、プラスチック、電子回路や装置 **Q5/6** があります。

----

4 ① このように、捨てる量を減らすために家庭ができることはたくさんありますが、結局はどの家庭もごみを生み出しているのです。そして家を離れた後、ごみは次の３つのうちのいずれかの道をたどります。資源回収施設でリサイクルされるか、焼却されるか、埋立地に送られるかです。② 原材料のリサイクルが、３つのうちで何よりも環境に優しい方法ですが、つねに円滑に事が運ぶとは限りません。③ ときには作業員が異なる種類のごみが混ざっていることに気づくこともあります。④ この場合、分別に非常に多くの人手を要し、**Q7** 処理施設はその分別作業に当たる人員を多数雇う必要が生じるかもしれません。⑤ しかしほかの２

つのごみ処理方法は、工場内の作業員にとってだけでなく、広く一般の人々にも問題を引き起こしてしまうのです。

5 ① 焼却は、体積を減らすためにごみを高温で燃やすことを必要とします。② ごみの焼却への環境保護主義者の最大の懸念は、それが顕著な量のダイオキシンを発生させるという不安に関係しています。ダイオキシンは吸い込んでしまうと、たとえ非常に低いレベルだとしても、人体に害を及ぼす可能性があります。*Q8* ③ 幸いにも、設計改良によってダイオキシンの排出量は急速に減りつつあり、現在、焼却場が大気中に放出しているダイオキシンの量は、石炭や薪を燃やす家庭の煙突から出る量よりもはるかに少ないと考えられています。

6 ① 焼却は、ドイツやオランダでは普及したごみ処理の方法ですが、イギリスでは埋立てのほうがより一般的です。② 通常、埋立地では、用地が粘土とプラスチックで覆われていて、ごみの土壌への流出を防いでいます。③ 臭いを軽減するため、埋立地の上には土が毎日被せられます。④ 埋立て処理からは、多くの悪影響が起こる可能性があります。⑤ 損害の中には、田舎の埋立地へ向かう途中で、重量トラックが狭い田舎の道路を塞いでしまうといったインフラにかかる負担や、埋立地から浸みだした雨水が地中に流れ込み地下水を汚染するといった、地元への環境汚染があります。また、「オフガス」と呼ばれる、捨てられた肉や野菜などの有機ごみの腐敗によって発生するメタンガスの問題もあります。⑥ そして最後にもう1つ、ごみ埋立地は病気の温床になる可能性があります。ネズミやハエが埋立地から病気を外へと運んでしまうのです。

7 ① 一般的なごみが埋立地で分解するのに必要な時間の長さには、しばしば驚かされます。② バナナの皮は2か月から半年、プラスチックの買い物袋は10か月から1年8か月かかります。③ これ以降、統計はより深刻なものとなります。④ ブリキ製の缶は分解するのに50年から100年、ペットボトルでは450年 *Q9* も必要となります。⑤ ガラスびんに至っては、1,000年 *Q10* という途方もない期間、つまりまるまるミレニアムが分解には必要となるのです。

8 ① 家庭ごみの取り扱いは、初めに思うほど単純ではありませんが、各世帯が地球への影響を減らすために、自分たちにできることをすることが大切です。② 結局のところ、ごみを出しているのは私たちなのですから、最終的にその処理が適切に行われるように気を配るのは私たちの責任なのです。

設問 1〜10：メモ完成問題

問題文の語句を使って下のメモを完成させなさい。

各設問にたいして、2 語と数字 1 つ以内、または 2 語以内か数字 1 つで答えなさい。

家庭でのごみ処理

選択肢の優先順位に関する **1** <u>廃棄物を削減するための序列</u>を使う：

    2 <u>削減</u>   （最大の影響効果）

    3 <u>再使用</u>

    リサイクル（最小の影響効果）

きょうだいと共有することで、**4** <u>衣服</u>の寿命を延ばすことが可能

リサイクル可能な 2 つの素材は **5・6** <u>ガラス、紙、金属、プラスチック、</u>
<u>電子回路や装置</u>（いずれか 2 つ）

家庭を離れた後	
処理方法	**問題点**
資源回収施設での分別	過程が **7** <u>労働集約的</u>なので、多数の人員が必要
焼却	大気中に放出されるダイオキシンが **8** <u>人体</u>に害を及ぼしうる
埋立て	**長期間を要する分解：** バナナの皮　2 か月から半年 ブリキ缶　50 年から 100 年 ペットボトル　**9** <u>450</u> 年 ガラスびん　**10** <u>1,000</u> 年

---

1 〔正解〕 (w)aste (h)ierarchy

段落 1 の 2 文目に 'household waste management'（家庭のごみ管理）という

表現が登場し、これ以降、家庭でのごみ処理について話している。この設問で問われている表現は、同段落 3 文目の 'households would do well to consider what is known as the "waste hierarchy" of options'（廃棄物を削減するための序列［waste hierarchy］として知られているものをじゅうぶんに考慮するのがよいだろう）にある。2 語の書き出しがそれぞれ w と h であることのほか、スペリングについては 4 文目の 'it should be H-I-E-R-A-R-C-H-Y' と、'hierarchy' の綴りを訂正する発言を答えのヒントとして活かしたい。

2 　正解　 reduction

段落 1 の 5・6 文目に、'In order of environmental impact, these options can be described as reduction, reuse and recycling. That is to say, reduction has the greatest impact, then reuse, and recycling has the smallest impact.'（環境への影響効果順に、「削減(リダクション)」「再使用(リユース)」「リサイクル」と呼んで分類することができる。つまり削減が一番影響効果が大きく、その次が再使用、そしてリサイクルは一番影響効果が小さい）とあるので、ここの答えは 'reduction'（削減）。

3 　正解　 reuse

設問番号 2・3 の下に書かれた 'recycling (least impact)'（リサイクル［最小の影響効果］）が答えの手がかりとなっていることに気づく必要がある。設問 2 の解説で示したように、段落 1 の 6 文目に 'reduction has the greatest impact, then reuse, and recycling has the smallest impact' とあり、「影響効果が一番大きいのが 'reduction'」（前問 2 の答え）で、「一番効果が小さいのが 'recycling'」（これが設問番号の下に示された手がかり）であることがわかる。したがって、答えは 'reuse'（再使用）ということになる。

4 　正解　 clothes

設問の 'get more use out of'（～をもっと有効に使う）の意味をしっかり読み取ることが鍵で、ものの使い途や寿命に関する話を聞き逃さないこと。段落 3 の 2 文目で、ものを捨てないで再使用する方法がいくつか話されている。この設

問に関係するのはきょうだいと共有するものについてなので、'making clothes last longer by sharing them among brothers and sisters'（兄弟姉妹の間で衣服を長くもたせるように共有する）という箇所が答えとなる。

5・6 **正解** glass / paper / metal / plastic / electronics　※いずれか2つ

段落 **3** の4文目後半で 'recyclable materials include many kinds of glass, paper, metal, plastic and electronics'（リサイクル可能な素材には、多くの種類のガラス、紙、金属、プラスチック、電子回路や装置がある）と言われているので、この中から2つ選んで書く。

7 **正解** labour-intensive

メモの中にある 'materials recovery centre'（資源回収センター）、'sorting'（分別）、'Large staff'（人手）がキーワード。段落 **4** の2文目で 'Materials recycling is by far the most eco-friendly process, but it does not always run smoothly.'（原材料のリサイクルが、3つのうちで何よりも環境に優しい方法だが、つねに円滑に事が運ぶとは限らない）と言われた後が、この方法の問題点。設問の答えに該当する箇所は、4文目の 'This makes the sorting process very labour-intensive, and the plants may need to hire large numbers of staff to cope with the work.'（この場合、分別に非常に多くの人手を要し、処理施設はその分別作業に当たる人員を多数雇う必要が生じるかもしれない）にある。設問内の接続詞 'as' が、ここでは「理由」を表す接続詞として使われている点に注意。

8 **正解** human body

'incineration'（焼却）、'dioxin'（ダイオキシン）、'damage'（被害）の3語の聞き取りが鍵。段落 **5** の冒頭で incineration が出てくるので、続く話をよく注意して聞き取ること。段落 **5** の2文目に、'significant amounts of dioxin, which can damage the human body' とあり、焼却の問題点として発生するダイオキシンの人体への影響が明確に話されている。

9 正解 450

見出し語の 'Lengthy decomposition' (長期間にわたる分解) の意味がわかって
聞いていれば、段落 7 の 1 文目で 'The *length* of time it takes for ordinary
items to *decompose* ...' と聞いて、即座に神経を集中させることができる。段
落 7 の 4 文目で、'plastic bottles take up to four hundred and fifty years'
(ペットボトルの分解には 450 年かかる) と言っている。これより前に、'plastic
carrier bags'(プラスチックの買い物袋) の話も出てくるので、初めの 'plastic'
に反応して勘違いしないように。

10 正解 1,000 / a [one] thousand

段落 7 の 5 文目で、'Glass bottles take a whopping thousand years – that's
one whole millennium – to break down.' (ガラスびんの分解には 1,000 年という
途方もない時間がかかる) と言っている。'whopping thousand years' と形容詞
をつけて表現されているので、'thousand' が聞き取りづらいかもしれないが、
その次の 'that's one whole millennium' (まるまるミレニアム) という言い換
え表現を答えの手がかりとして活かしたい。

Track-15

Questions 1–10

Complete the diagram below.

Write **NO MORE THAN THREE WORDS AND/OR A NUMBER** for each answer.

DIAGRAM OF A LAWN MOWER

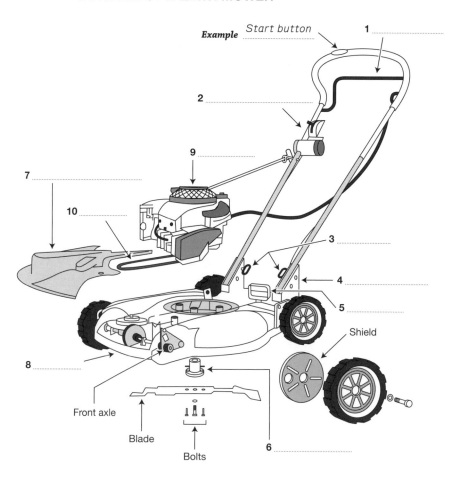

Example Start button

1 ....

2 ....

9 ....

7 ....

10 ....

3 ....

4 ....

5 ....

Shield

8 ....

Front axle

Blade

Bolts

6 ....

NO TEST MATERIAL ON THIS PAGE

Exercise 05　解答解説

Track-15

● スクリプト ●

Narrator: *IELTS Listening Practice Test 2, Section 1.*

You will hear a customer talking to a shop assistant about a problem she is having with her lawn mower. First, you have some time to look at questions 1–5.

- -

You will see that there is an example that has been done for you. On this occasion only, the conversation relating to this will be played first.

1　**Assistant**: ① Hello, may I help you?

2　**Customer**: ① Uh, yes. ② I bought this lawn mower from your store recently but I've encountered a couple of problems. ③ The machine has speeded up and the blade isn't cutting the grass so well.

3　**Assistant**: ① You say that the machine has speeded up. ② Could you show me how you've been operating it?

4　**Customer**: ① Of course. ② When I want to start the engine I push <u>the start button, which is located on the handlebar</u>. ***Example***

Narrator: *The customer mentions that the 'start button' is located on the handlebar, so 'start button' has been written in the space.*

Now we shall begin. You should answer the questions as you listen, because you will not hear the recording a second time. Listen carefully and answer questions 1–5.

1 **Assistant**: ① Hello, may I help you?

2 **Customer**: ① Uh, yes. ② I bought this lawn mower from your store recently but I've encountered a couple of problems. ③ The machine has speeded up and the blade isn't cutting the grass so well.

3 **Assistant**: ① You say that the machine has speeded up. ② Could you show me how you've been operating it?

4 **Customer**: ① Of course. ② When I want to start the engine I push <u>the start button, which is located on the handlebar</u>. *Example*

5 **Customer**: ① At the same time, I pull up <u>this horizontal bar just below the handlebar – it's like a second handlebar – until it comes level with the actual handlebar</u>.

6 **Assistant**: ① <u>We call that the clutch lever</u>. *Q1*

7 **Customer**: ① Okay, so I lift the clutch lever and hold it against the handlebar, and the lawn mower moves forward. ② That's all I do. ③ It's not rocket science.

8 **Assistant**: ① So far so good. ② Did you happen to adjust the speed control?

9 **Customer**: ① I'm not sure. ② Where is that exactly?

10 **Assistant**: ① <u>If you stand behind the handlebar and look down, the speed control is the small lever on the right</u>. *Q2*

11 **Customer**: ① Oh, so that's what it is! ② I might have moved it up and down a little just to find out what it did, but I think I put it back in its original position.

12 **Assistant**: ① Well, perhaps you knocked it accidentally because it seems to have been moved forward from the default position, which would make the mower move faster. ② I'll just return it to the default position. ③ Your mower should move at its original speed now.

13 **Customer**: ① Thanks a lot!

14 **Assistant**: ① Don't mention it. ② Now, what was the second problem?

15 **Customer**: ① The mower cut the grass really closely at first, but now it hardly seems to cut it at all.

16 **Assistant**: ① I see. ② Have you moved any of the controls located down towards the lower end of the handlebar frame?

17 Customer: ① Yes, well the handlebar was so low that it was giving me backache, so I tried adjusting one of those pins down there where the bottom of the handlebar fixes to the mower's frame.

18 Assistant: ① <u>Oh, yes, we call those 'hitch pins'</u>. *Q3* ② They're used for adjusting the handlebar height. ③ Hitch pins are a special kind of secure pin. ④ Once they're pushed in properly you know they won't come out easily. ⑤ <u>The pins fit into what we call the 'back frame'</u>. *Q4*

19 Customer: ① Okay, so I pulled out hitch pins on the back frame and adjusted the handlebar, then pushed the pins back in.

20 Assistant: ① You certainly did that correctly. ② Did you happen to pull that square handle in the middle of the back frame?

21 Customer: ① Yes, I did. ② At first, I thought that was how I was supposed to adjust the handlebar, so I pulled it and it clicked. ③ Actually, it didn't affect the handlebar at all. ④ That was when I realised that I needed to adjust the handlebar using the pins.

22 Assistant: ① Now I see your problem. ② <u>That handle is for adjusting cutting height</u>. ③ <u>We call it the height adjuster</u>. *Q5* ④ By pulling the height adjuster handle, you raised the height of the cutting blade so it wouldn't cut the grass so short. ⑤ That's why you think the lawn mower isn't cutting well. ⑥ Let me lower it for you.

23 Customer: ① Thank you. ② So that's what I did! ③ Well, I'm glad you sorted that out for me.

24 Assistant: ① No problem.

Narrator: *Before you hear the rest of the conversation, you have some time to look at questions 6–10.*

Now listen and answer questions 6–10.

25 Assistant: ① Is there anything else I can help you with?

26 Customer: ① Well, since I'm here, can I ask you for a quick explanation of the parts that make up this lawn mower in case I ever have to open it up?

27 **Assistant**: ① Of course. ② First, let's turn the mower on its side so we can get a good look. ③ At the bottom you can see the bolts that hold the blade in place. ④ You might want to undo them to take the blade off and clean it once a year or so. ⑤ Above the blade you have the blade adapter. *Q6* ⑥ Now let's set the mower upright. ⑦ The plastic cover at the front is known as the front deck cover. *Q7*

28 **Customer**: ① Front deck! ② Like on a ship!

29 **Assistant**: ① Yes, it is a strange name! ② You can remove the front deck cover by sliding it off. ③ That gives you access to the mower deck – that's the name for the casing below the front deck cover. *Q8*

30 **Customer**: ① I see. ② Now how about the engine?

31 **Assistant**: ① It's a small engine positioned in the middle of the machine. ② We call it the Eco 14a. *Q9*

32 **Customer**: ① The fourteen-A or the forty-A?

33 **Assistant**: ① The first one. ② Finally, since the cover is off, you can see a belt, which we call the V-belt. *Q10* ③ It drives the wheels and makes the lawn mower go forward to cut your grass.

34 **Customer**: ① Sorry, my hearing's not so good. ② Did you say 'V-belt' or 'B-belt'?

35 **Assistant**: ① 'V-belt'.

36 **Customer**: ① Thank you so much. ② With that explanation, I should be able to handle the next problem myself!

Narrator: *That is the end of IELTS Listening Practice Test 2, Section 1. You now have half a minute to check your answers.*

You now have two and a half minutes to transfer your answers to the answer sheet.

You will find explanations of the answers and information to help you determine your score on page 124.

2

□ lawn mower 　〔名〕芝刈り機《lawnmower、mower とも》　cf. mow
　　　　　　　　　〔動〕〜を刈る

□ blade 　　　　〔名〕（道具・機械などの）刃；（プロペラなどの）羽根

□ grass 　　　　〔名〕芝、芝草；〔通常 the 〜〕芝生、芝地、草地

5

□ horizontal 　〔形〕水平の、横方向［左右］の［⇔ vertical 垂直の、上
　　　　　　　　　下方向の］；地平［水平］線と平行の

□ come level with 〔動・熟〕〜と同じ高さになる；（程度・水準などが）〜
　　　　　　　　　と並ぶ、同等で

6

□ clutch 　　　〔名〕クラッチ《発進・停止・変速時に、軸と軸の間で
　　　　　　　　　動力を伝達・遮断する装置》

7

□ rocket science 〔名〕（比喩的に、理解の）非常に難しい［難解な］こと、
　　　　　　　　　難問《通例、'It's not rocket science.'（そんなに
　　　　　　　　　難しいことではない）のように否定文で使われ
　　　　　　　　　る》；ロケット工学

8

□ So far(,) so good. 〔熟〕ここまでは順調だ　*so far〔副〕今までのところ
　　　　　　　　　では

□ Did you happen to〜? 〔熟〕もしかして、〜しましたか？《人にものをたずね
　　　　　　　　　たり依頼する場合の丁寧な表現》　*happen to do
　　　　　　　　　〔熟〕偶然〜する

□ adjust 　　　　〔動〕〜を調節する；〜を適合させる

12

□ knock 　　　　〔動〕〜にぶつかる、〜をたたく

□ default 　　　〔形〕標準的な；初期設定の

14

□ Don't mention it. 〔熟〕どういたしまして《お礼・詫びなどにたいする応
　　　　　　　　　答として》

16
□ frame 〔名〕台枠、枠；骨組み、躯体、構造

17
□ backache 〔名〕腰痛；背中の痛み

18
□ hitch pin 〔名〕ヒッチピン *hitch〔名〕連結；連結器

20
□ adjuster 〔名〕調節するもの［装置］

21
□ click 〔動〕カチッと動く［鳴る］
□ affect 〔動〕～に影響を与える

23
□ sort out 〔動〕（問題など）を解決する；整理する

26
□ in case 〔副・接〕～の場合に備えて＝just in case

27
□ bolt 〔名〕ボルト；リベット、締め釘　cf. nut ナット、留めねじ
□ undo 〔動〕～を外す、ゆるめる；～を取り消す
□ You might want to V 〔熟〕～したほうがいいかもしれない《助言するときなどの婉曲的な表現》
□ adapter 〔名〕アダプター《形状や大きさ、規格などの異なる器具を接続するための補助具》

29
□ slide off 〔動〕～をスライドさせて外す

□ casing 〔名〕覆い、ケーシング；外枠、扉枠

30
□ wheel 〔名〕車輪；（歯車の）輪；[the ～]（自動車などの）ハンドル、（比喩的に）運転、操縦

問題文について

以前芝刈り機を買った店にやって来た客と、店員との会話。2つの問題への対

処法のほか、機能や個々のパーツの名称が説明される。

● 全文訳 ●

1 **店員**：① いらっしゃいませ。おうかがいしましょうか。

2 **客**：① あ、お願いします。② この間こちらのお店でこの芝刈り機を買ったのですが、2、3問題があるのです。③ 速度がはやくなってしまって、それに刃もきちんと芝を刈ってくれないのです。

3 **店員**：① 速度がはやくなってしまったということですね。② どのように操作していらっしゃるか見せてもらえますか？

4 **客**：① もちろん。② エンジンをかけるときは<u>スタートボタン</u>を押しています。<u>ハンドルについているものです。</u>*Example*

5 **客**：① <u>それと、このハンドルバーのすぐ下にある水平のバーを、もう1つハンドルがあるように見えますが、それを本物のハンドルバーと水平になるところまで上へ動かします。</u>

6 **店員**：① <u>クラッチレバーのことですね。</u>*Q1*

7 **客**：① なるほど。そしてクラッチレバーを引き上げて、ハンドルバーと合わせて握ります。すると、芝刈り機は前へ動きます。② やっているのはこれだけです。③ ロケット工学なんかと違って、ずっと単純ですよね。

8 **店員**：① ここまでは問題ありませんね。② もしかして速度制御装置をいじったりしましたか。

9 **客**：① よくわかりません。② どの部分のことでしょうか。

10 **店員**：① <u>ハンドルバーの後ろに立って下を見るとしますと、右側の小さなレバーが速度制御レバーになっています。</u>*Q2*

11 **客**：① ああ、まさにこれですね！② 何をするレバーなのかと思って少し上下に動かしたかもしれません。でも、元の位置に戻したと思います。

12 **店員**：① それなら、ひょっとすると、うっかりそれに当たって動かしてしまったのかもしれません。初めに設定されていた位置から前の方に動かされたようなのです。その場合、芝刈り機の動きが速くなります。② 元の位置に戻しますね。③ これで元々設定されている速さで動くはずです。

13 **客**：① 本当にありがとうございます！

14 **店員**：① いえいえ。② もう1つの問題は何でしたか。

15 **客**：① 最初は本当にきちんと芝が刈れていたのですが、今はほとんど刈って

いるように思えないのです。

16 店員：① なるほど。 ② ハンドルフレームの下の端の近くにある制御装置のどれかを動かしたりしましたか。

17 客：① はい、ええと、ハンドルバーの位置がとても低くて、腰が痛かったので、これらピンの1本を調整しようとしました。ハンドルバーの一番下の部分を芝刈り機のフレームに固定しているところにありますが。

18 店員：① ああ、そうですね。私たちは「ヒッチピン」と呼んでいます。*Q3* ②ハンドルバーの高さを調整するために使います。③ ヒッチピンは特殊な固定用のピンです。④ いったん正しく差し込まれたら、なかなか簡単には抜けません。⑤ ピンが差し込まれるのは「バックフレーム」と呼ばれるものです。*Q4*

19 客：① なるほど。それで、バックフレームのヒッチピンを抜いて、ハンドルバーを調整しました。そしてその後、ピンを刺しなおしました。

20 店員：① ここの操作も問題ありませんね。② バックフレームの真ん中あたりにあるその四角のハンドルを引いたりしましたか？

21 客：① はい。② 最初は、ハンドルバーの調整をするのにそうする必要があると思ったのです。ですから、引いてみました。そのときにカチッと音がしました。③ ところが、特にハンドルバーには何も変化はありませんでした。④それで、ピンを使ってハンドルを調整しないといけないことに気づいたのです。

22 店員：① なるほど、問題はわかりました。② そのハンドルは刈る高さを調整するものです。③ 高低調整ハンドルと呼んでいます。*Q5* ④ このハンドルを引いたので、刈り刃の高さを上げてしまったのです。それで、あまり短く切ることができなかったわけです。⑤ そのせいで、芝刈り機がちゃんと刈ってくれないと思われたのでしょう。⑥ 高さを下げますね。

23 客：① ありがとうございます。② そういうことだったのですね。③ 解決していただいてうれしいです。

24 店員：① どういたしまして。

----

25 店員：① 他に何かご不明な点はありますか？

26 客：① ああ、せっかく来たので、万が一分解しなければいけない場合に備えて、この芝刈り機の部品を簡単に説明してもらえますか。

27 店員：① もちろんいいですよ。② まず、見やすいように芝刈り機を横に倒してみましょう。③ 一番下には刃を固定しているボルトが見えますね。④ 1年に1

回程度、ボルトをとって刃を外し、掃除した方がいいかもしれません。⑤ <u>刃の上にあるのが、刃の取り付けアダプターです。</u> *Q6* ⑥ 今度は立ててみましょう。<u>正面のプラスチックのカバーはフロントデッキカバーとして知られています。</u> *Q7*

28 **客**：① フロントデッキ！ ② 船みたいですね。

29 **店員**：① はい、変わった名前ですよね！ ② フロントデッキカバーはスライドさせて取り外すことができます。③ そうすると、<u>本体デッキがあります。カバーの下にあるケーシングの名前です。</u> *Q8*

30 **客**：① なるほど。② エンジンはどうなっていますか。

31 **店員**：① <u>機械の真ん中に小型エンジンが配置されています。</u>② <u>Eco 14a と呼んでいます。</u> *Q9*

32 **客**：① 14a ですか。それとも 40a ですか。

33 **店員**：① 初めのほうです。② 最後に、カバーをとっているので、<u>「V ベルト」と呼ばれるベルトが見えると思います。</u> *Q10* 車輪を動かして、それで芝刈り機が前身して芝を刈っていきます。

34 **客**：① 聞き返してすみません。②「V ベルト」とおっしゃいましたか。それとも、「B ベルト」でしたか。

35 **店員**：①「V ベルト」です。

36 **客**：① どうもありがとうございます。② 説明していただいたので、今度問題があっても自分で解決できるはずです！

● 設問訳・正解・解説 ●

設問 1〜10：図解完成問題

下の図解を完成させなさい。

各設問にたいして、3 語と数字 1 つ以内、または 3 語以内か数字 1 つで答えなさい。

芝刈り機の図解

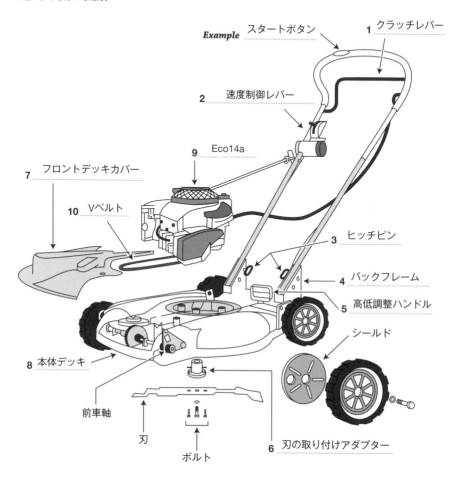

Example ……… スタートボタン
1 ……… クラッチレバー
2 ……… 速度制御レバー
9 ……… Eco14a
7 ……… フロントデッキカバー
10 ……… Vベルト
3 ……… ヒッチピン
4 ……… バックフレーム
5 ……… 高低調整ハンドル
シールド
8 ……… 本体デッキ
前車軸
刃
ボルト
6 ……… 刃の取り付けアダプター

1 　**正解**　clutch lever

発言 **5** で客がハンドルバーの下にある 'horizontal bar' について言及しており、それが店員の発言 **6** で 'that' によって受けつがれている。その箇所に 'We call that the clutch lever.' と説明がある。

2 正解 speed control

店員の発言10で 'If you stand behind the handlebar and look down' とあるので、視点の位置は「ハンドルバーの後ろに立った状態」にあることに注意。すぐ後に続く 'the speed control is the small lever on the right' (速度制御は右側の小さなレバー) という説明が解答の根拠となる。

3 正解 hitch pins

発言17で客が 'one of those pins down there where the bottom of the handlebar fixes to the mower's frame' について話しており、それを店員が発言18で 'we call those "hitch pins"' (私たちは「ヒッチピン」と呼んでいます) と言っている。指示語が話のつながりに重要な役割を果たすことは意識しておきたい。

4 正解 back frame

設問3の答えとなる 'hitch pins' に関連する説明として、店員が発言18で 'The pins fit into what we call the "back frame".' (ピンが差し込まれるのは「バックフレーム」と呼ばれるもの) と話している。続く発言19、20でも 'back frame' と名前が出てくるので、ヒントとして活かしたい。

5 正解 height adjuster

まず、発言20の2文目、'Did you happen to pull that square handle in the middle of the back frame?' という店員の問いかけがパーツの位置を知る手がかりとなる。解く上では、設問4と同じように、代名詞の指す内容が重要である。店員の発言22の3文目に 'We call it the height adjuster.' とあり、この 'it' は2文目の 'That handle' を指している。'That handle' は客の発言21を受けて使われている。

6 正解 blade adapter

店員の発言27の3文目で、図解で示された 'Bolts' (ボルト) と 'Blade' (刃)

について説明されている。続く 5 文目に 'Above the blade you have the blade adapter.' と出てくる。この 'Above the blade' から位置関係をきちんとおさえられるかが重要である。

7 **正解** front deck [front-deck] cover

店員の発言 **27** の 7 文目、'The plastic cover at the front is known as the front deck cover.' が正解の根拠。'at the front'（正面の）と 'known as'（〜として知られている）の部分をおさえられたかどうかがポイント。

8 **正解** mower deck

店員の発言 **29** の 2 文目に 'You can remove the front deck cover by sliding it off.' とあり、それを 3 文目の 'That' が受けて、'That gives you access to the mower deck...' と話がつながっていく。ここの流れをスムーズに追えば正答を得ることができる。

9 **正解** Eco 14a [fourteen-a]

発言 **30** で客がエンジンについて質問をし、それについて発言 **31** の 1 文目で店員が 'It's a small engine positioned in the middle of the machine.'（機械の真ん中に小型エンジンが配置されている）と説明している。そして、2 文目に 'We call it the Eco 14a.' と続く。発言 **32** と発言 **33** のやりとりも慎重に聞き逃さないようにしたい。

10 **正解** V-belt

店員の発言 **33** の 2 文目に、'since the cover is off' とあり、その次に 'you can see... the V-belt' という発言が続く。理由を表す since は、話し手と聞き手にとって既知の事柄を表すときに使われる。ここでは「カバーを外した」というのはこれまでの話の流れでわかっていることであり、その後ろに「V-belt が見える」という聞き手（＝客）にとっての新しい情報が与えられるという形になっている。設問 9 と同様、発言 **34**・**35** のやりとりも正確におさえたい。

Track-16

Questions 1–4

*Choose the correct letter, **A**, **B** or **C**.*

1 City-dwelling children might not understand

   A the opportunities available during vacations.

   B the origins of common foods and drinks.

   C the difference between kayaking and rafting.

2 The courses offered by Country Challenge

   A are designed for teenagers.

   B include both indoor and outdoor activities.

   C focus on sports.

3 The guides who work at Country Challenge

   A have had to cope with several serious accidents.

   B are volunteers with knowledge of the outdoors.

   C hold certificates to give evidence of their training.

4 Alicia Weiss is

   A a veteran at Country Challenge.

   B a crocodile enthusiast.

   C a child who loves video games.

Questions 5 and 6

*Choose **TWO** letters, **A–E**.*

Which **TWO** pieces of information does the speaker give about Country Challenge's finances?

- **A** The government provides all the funding.
- **B** It costs more than other programmes.
- **C** Each centre charges a different price.
- **D** A discount is available through the website.
- **E** Local businesses help with some costs.

Questions 7–10

Complete the table below.

*Write **NO MORE THAN ONE WORD AND/OR A NUMBER** for each answer.*

Skillsplus		
What it is	**What it offers**	**Staff & students**
A private institution owned by a large 7 .... firm	Sport, music and 8 .... courses from beginner to advanced levels	Students from 9 .... countries globally learn from **10** .... staff who understand cultural differences

Exercise 06 解答解説

正解一覧

1	B	2	A	3	C	4	A

5・6 C、E ※解答順は自由　　**7** sportswear　　**8** dance

9 50 / fifty　　**10** multilingual

Track-16

● スクリプト ●

Narrator: *IELTS Listening Practice Test 2, Section 2.*
You will hear a talk about leisure activities for children to do during their summer break.
First, you have some time to look at questions 1–6.

- -

Now listen carefully and answer questions 1–6.

1 ① Okay, now that I've talked about the leisure activities that are available during term-time, I'd like to focus on what children can do in the long summer break. ② Urban children often grow up knowing little about the countryside, and it is quite common for city kids not to understand that milk comes from a cow and bread from wheat! **Q1** ③ I'd like to tell you about a scheme that can remedy this lack of knowledge by helping kids find out what the countryside has to offer during the holidays. ④ I'm talking about Country Challenge, an organisation set up in the 1980s to provide teenagers with the opportunity to experience the great outdoors **Q2** over a one- or two-week period. ⑤ The range of activities on offer is endless. ⑥ The kids can go kayaking, white-water rafting, pony trekking, mountain climbing, abseiling and orienteering, and can even learn to identify edible mushrooms in the woods. ⑦ Participating in a Country Challenge adventure helps children gain independence and make new friends while giving them the chance to try out activities they wouldn't get to do otherwise.

2 ① Parents will always have safety concerns, but Country Challenge adventures are overseen by fully qualified guides, **Q3** unlike school trips, which are supervised by teachers who are not required to hold any kind of licence. ② In more than thirty years of operation, only a few problems have occurred, and there have been no serious accidents. ③ The head of the programme, Alan Grimshaw, told me that last year a teenager fell out of her kayak as she was approaching a fast-flowing part of the river. ④ The guide reacted instantly to pull the teenager to safety as soon as she came up for air. ⑤ The incident might have looked dangerous to an untrained observer, but the guide was in control of the situation all the time.

3 ① Country Challenge now operates in six centres throughout the country. ② When I visited the programme earlier this year I got talking to Alicia Weiss, a guide who has been there since the early days. *Q4* ③ She told me that the tasks are less difficult than they used to be. ④ She said children today don't want to be 'Crocodile' Dundee – referring to an Australian comedy figure famous for wrestling crocodiles – and said the programmes reflect the fact that children from urban backgrounds exercise less than their parents did, and spend much of their time indoors surfing the net and playing video games. ⑤ The kids attending the Country Challenge programme will not be doing either of these things. ⑥ All the events take place outdoors and require a good deal of physical effort to complete.

4 ① Country Challenge is able to operate thanks to a government grant, and also raises funds from local businesses *Q5* to provide financial assistance to children from poorer households. ② The course is not free, but is much cheaper than any comparable private programme. ③ Each centre charges a slightly different fee *Q6* and offers different activities, so if you are interested in signing up your children to go on a course, check the websites for each centre first.

Narrator: *Before you hear the rest of the talk, you have some time to look at questions 7–10.*

- -

Now listen and answer questions 7–10.

5 ① If your kids would rather focus on honing their skills in one area than

taking a multi-activity outdoors holiday, you might want to sign up with Skillsplus, a private organisation owned by a major sportswear company. *Q7*
② Skillsplus provides residential sports coaching during the summer vacation.
③ This summer it is offering football, tennis, and golf for nine- to sixteen-year-olds. ④ After completing the course, children get a coaching certificate from the company. ⑤ Skillsplus also offers music and dance *Q8* courses, both traditional and modern, with levels of difficulty ranging from beginner to highly skilled. ⑥ The Skillsplus programmes attract applicants from around the world, and to date students from fifty countries *Q9* have attended.
⑦ The multilingual staff *Q10* are trained to be culturally sensitive, and the dining rooms cater to religious requirements. ⑧ One of the great strengths of Skillsplus is that it provides an atmosphere where like-minded children can learn about other nationalities as they study their chosen skill. ⑨ It should be noted, however, that Skillsplus is wholly private, and charges are by no means low.
⑩ Whatever you choose for your children this summer, I am sure they will benefit from doing something different from their normal routine.

Narrator: *That is the end of IELTS Listening Practice Test 2, Section 2. You now have half a minute to check your answers.*

You now have two and a half minutes to transfer your answers to the answer sheet.

You will find explanations of the answers and information to help you determine your score on page 138.

重要語句

1

☐ leisure	〔名〕余暇、自由時間 〔⇔ work 仕事、労働〕
☐ wheat	〔名〕小麦 cf. barley 麦、rye ライ麦
☐ scheme	〔名〕計画、案 = plan、project
☐ remedy	〔動〕～を改善する；～を救済する
☐ set up	〔動〕～を設立する；～を立ち上げる

☐ outdoors	〔名〕	[the ～] 野外、屋外《単数扱い》
☐ go kayak	〔動〕	カヤックをする　*kayak〔名〕カヤック《カヌーの一種》
☐ abseil	〔動〕	懸垂下降する《ザイルを用いて岸壁などから降りる技術。アプザイレンとも》=〈米〉rappel
☐ orienteer	〔動〕	オリエンテーリングに参加する《地図と方向磁石を頼りに、短時間で野外のいくつかの指定された箇所を回るスポーツ》
☐ edible	〔形〕	食べられる［⇔ inedible 食べられない］
☐ try out	〔動〕	～を試してみる
☐ otherwise	〔副〕	さもなければ、もしそうでなければ；他の場合では

2

☐ oversee	〔動〕	～を監督する、監視する = supervise
☐ qualified	〔形〕	資格のある、免許を有する
☐ instantly	〔副〕	すぐに、直ちに
☐ incident	〔名〕	(偶発的な) 出来事　cf. accident 不慮の事故
☐ untrained	〔形〕	訓練されていない
☐ observer	〔名〕	監視員［者］；観察者
☐ be in control of	〔動〕	～を支配［管理］している

3

☐ refer to	〔動〕	～を指して言う；～に言及する
☐ crocodile	〔名〕	クロコダイル《クロコダイル科に属する大型のワニ類の総称》；ワニ
☐ a good deal of	〔形〕	たくさんの～ = a great deal of

4

☐ thanks to	〔前〕	～のおかげで
☐ grant	〔名〕	補助金、助成金
☐ raise	〔動〕	(資金など) を集める、調達する
☐ comparable	〔形〕	同種の、類似の；比較できる
☐ charge	〔動〕	～を請求する
☐ sign up	〔動〕	～を登録する；～を申し込む

5

☐ hone	〔動〕	～に磨きをかける；～を砥石で研ぐ

□ residential	〔形〕	滞在を要する；宿泊設備のある
□ certificate	〔名〕	修了証；証明書
□ attract	〔動〕	～を引きつける
□ applicant	〔名〕	申込者、志願者 = candidate
□ to date	〔副〕	現在までのところ
□ sensitive	〔形〕	敏感な；慎重を要する
□ cater to	〔動〕	～の要求を満たす、～に応ずる
□ like-minded	〔形〕	同じ趣味［目的］の
□ nationality	〔名〕	国民(性)、国家；国籍
□ wholly	〔副〕	全く、全面的に = completely、totally
□ by no means	〔副〕	決して～ではない
□ benefit from	〔動〕	～で利益を得る
□ routine	〔名〕	日課；定期的に行われる決まりごと

問題文について ───────────────────────────●

　夏期休暇中の活動について提案するモノローグ。田舎でのアウトドア体験と、国際的な環境でのスポーツやダンス指導の受講という2つのプログラムが紹介される。

●　**全文訳**　●

1　① さて、ここまでは学期中に可能な余暇活動についてお話ししましたので、今度は長い夏休み中に子供たちができることに焦点を当てたいと思います。② 都会の子供たちは田舎についてほとんど知らずに成長することが多く、ミルクは乳牛から、パンは小麦から来ていることを理解していないことが当たり前になっています！ *Q1* ③ これから皆さんにお話ししたいのは、田舎にはどんなものがあるのか、子供たちが休暇中に見つけ出すのを手助けすることで、この知識の欠如を埋めることのできる1つの計画についてです。④ いま話しているのは、カントリーチャレンジという組織についてですが、これは10代の青少年に1、2週間にわたる素晴らしいアウトドア経験の機会を提供することを目的として、1980年代に設立されました。 *Q2* ⑤ 提供される活動の範囲は無限です。⑥ 子供たちはカヤック漕ぎ、急流下り、ポニー旅行、山登り、アプザイレン（懸垂下降）、オリエンテーリングに行くこともできますし、また森の中で食べられるキノコの見分け

方を学ぶことさえできるのです。⑦ カントリーチャレンジの冒険に参加すれば、子供たちが自立心を身に着け、新しい友だちを作る助けになりますし、それと同時に、参加しなければ経験できないような活動を試してみる機会も与えられるのです。

2 ① 親御さんにとってはつねに安全面がご心配でしょう。でもカントリーチャレンジの冒険プログラムは、じゅうぶんな資格を持った指導員（ガイド）が監督していますので、*Q3* 学校の旅行のように、何の資格も求められない教師が管理しているものとは違います。② 30 年以上にわたる活動の中で、ちょっとした問題が 2、3 件起きただけで、重大な事故は全くありません。③ プログラム責任者のアラン・グリムショーが話してくれたのですが、昨年ティーンエイジャーが 1 人、川の急流に近づいた際にカヤックから転落したそうです。④ 指導員は即座に対応して、その少女が息をしようとして水面に浮かびあがってきたところをすぐに引っぱり上げて救出しました。⑤ 訓練されていない人から見ると、この出来事は危険に思えたかもしれませんが、指導員は一部始終、状況を把握していました。

3 ① カントリーチャレンジは現在、国内の 6 つのセンターで活動しています。② 私は今年初めにこのプログラムを訪問した際、創設当時からの指導員、アリシア・ワイス *Q4* と話をしました。③ 彼女は、今は以前ほど難しい作業は課されていないと言っていました。④ 今の子供たちは、クロコダイルと格闘することで有名なオーストラリアのコメディ映画の主人公、'クロコダイル' ダンディーになりたがったりはしないそうです。都会育ちの子供たちは両親が子供だった頃に比べて運動しておらず、多くの時間を家の中でネットサーフィンやビデオゲームに費やしており、プログラムもこの事実を反映したものになっているとのことです。⑤ カントリーチャレンジのプログラムに参加する子供は、ネットサーフィン、ビデオゲームのどちらもすることはないでしょう。⑥ イベントはすべて屋外で行われ、（課題の）達成にかなりの体力を要するものばかりです。

4 ① カントリーチャレンジの運営は政府の補助金でまかなわれていて、また貧しい家庭の子供たちに対する経済的援助を提供するため、地元企業から資金を募ったりもしています。*Q5* ② コースは無料ではありませんが、似たような民間プログラムと比較するとはるかに低料金です。③ センターによって若干料金が異なり、活動内容も異なります *Q6* ので、もしお子さんのコース登録をお考えなら、まず各センターのウェブサイトをご確認ください。

5 ① もしもお子さんが複数の活動を行うアウトドア休暇よりも、1つの分野で技術を磨くことに集中したいのなら、スキルズプラスという大きなスポーツウェア会社が所有する民間の団体*Q7* に登録するのがよいかもしれません。② スキルズプラスは夏休み中に合宿制のスポーツの指導を提供しています。③ この夏は、9歳から16歳を対象にサッカー、テニス、ゴルフを開講しています。④ コース終了後には、子供たちには会社から指導修了証が授与されます。⑤ スキルズプラスはまた、伝統とモダンの両スタイルの音楽とダンス*Q8* のコースも開講しており、初心者から上級者まで異なるレベルに対応しています。⑥ スキルズプラスのプログラムは世界中から応募者を集め、これまでに50か国の学生*Q9* が参加してきました。⑦ マルチリンガルスタッフ*Q10* は、文化的な差異にたいして配慮が行き届くように教育されており、食堂は宗教的な要求事項にも応じています。⑧ スキルズプラスの大きな強みの1つは、他の国の人々について学びながら、同じ興味を持つ子供たちが自分の選んだ技術を学べる環境を提供していることです。⑨ しかし心に留めておいていただきたいのは、スキルズプラスは完全に民間運営の会社であり、料金は決して安くはないということです。⑩ この夏お子さんのために何を選ばれるにしても、普段の決まりきった生活とは違う何かをすることが子供たちのためになると、私は確信しております。

● 設問訳・正解・解説 ●

設問1～4：多肢選択問題
A、B、Cの中から答えを1つ選びなさい。

1 正解 B

都市に暮らす子供たちが理解していないかもしれないのは

  A 休暇中に得られる機会。

  B 日常的な食べ物や飲み物のもと。

  C カヤック漕ぎと急流下りの違い。

> 段落 1 の2文目で、'it is quite common for city kids not to understand that milk comes from a cow and bread from wheat'（ミルクは乳牛から、パンは小麦から来ていることを、都市の子供が理解していないこともよくある）と言われているので、Bが正解。

2 **正解** A

カントリーチャレンジで開講されるコースは

   A ティーンエイジャーを対象としている。

   B 室内とアウトドアの両方の活動を含む。

   C スポーツに重点をおいている。

段落 1 の 4 文目で、'Country Challenge, an organisation set up in the 1980s to provide teenagers with the opportunity to experience the great outdoors'（カントリーチャレンジという組織は、10 代の青少年にすばらしいアウトドア経験の機会を提供することを目的として 1980 年代に設立された）と説明されているので、A が正解。同文より、アウトドアの機会を提供するものだとわかるので、B は不可。また、段落 3 の 6 文目でも 'All the events take place outdoors'（イベントはすべて屋外で行われる）と補足されている。重点をおくのはアウトドア経験であり、スポーツではないので、C も不可。

3 **正解** C

カントリーチャレンジで働いている指導員たちは

   A いくつもの深刻な事故に対処しなければならなかった。

   B アウトドアの知識を持ったボランティアだ。

   C 訓練を受けた証拠となる資格を有している。

段落 2 の 1 文目で 'Country Challenge adventures are overseen by fully qualified guides' と説明されており、指導員はじゅうぶんな資格を持っているとわかるので、C が正解。知識のあるボランティアとは言われていないので、B は不可。続く 2 文目に 'only a few problems have occurred, and there have been no serious accidents'（ちょっとした問題が 2、3 件起きただけで、重大な事故は全くない）とあるので、A も不可。

4 **正解** A

アリシア・ワイスは

   A カントリーチャレンジの経験豊富な指導員である。

   B 大のワニ好きである。

C ビデオゲームが大好きな子供である。

> 段落 3 の 2 文目に 'Alicia Weiss, a guide who has been there since the early days' との発言があり、彼女が創設当時からのベテランの指導員だとわかるので、A が正解。

設問 5 と 6：多肢選択問題

A〜E の中から答えを 2 つ選びなさい。

話し手がカントリーチャレンジの財政的な基盤について話した 2 つの情報は、次のうちのどれとどれか？

    A 政府がすべての資金を提供している。

    B 他のプログラムより高額である。

    C センターごとに料金が異なる。

    D ウェブサイトを通じて割引が受けられる。

    E 地域の企業が費用のいくらかを援助している。

5・6 【正解】 **C、E** ※解答順は自由

> 設問の該当箇所は段落 4 にある。1 文目の 'Country Challenge is able to operate thanks to a government grant, and also raises funds from local businesses' から、地元企業から資金を募っていることがわかるので、E は正解。同文より、政府以外からも資金提供があると判断できるので、A は不可。続く 2 文目の 'The course is ... much cheaper than any comparable private programme.' から、似たような民間プログラムと比較すると低料金とわかるので、B も不可。3 文目の 'Each centre charges a slightly different fee and offers different activities, so if you are interested in signing up your children to go on a course, check the websites for each centre first.' から、センターごとの料金が異なるとわかるので、C は正解。割引についてはふれられていないので、D は不可。

設問 7〜10：表完成問題

下の表を完成させなさい。

各設問にたいして、1語と数字1つ以内、または1語以内か数字1つで答えなさい。

スキルズプラス		
組織について	**提供するプログラム**	**スタッフと学生**
民間の団体で大きな **7** スポーツウェア会社が所有している	初級から上級レベルのスポーツ、音楽、**8** ダンスコース	**9** 50 か国からの学生は、文化の違いを理解している **10** マルチリンガルスタッフから学ぶことができる

7 正解 sportswear

段落 5 の1文目の 'Skillsplus, a private organisation owned by a major sportswear company' から、スキルズプラスが「スポーツウェア」の会社が所有している民間団体であることがわかる。

8 正解 dance

段落 5 の5文目で、'Skillsplus also offers music and dance courses ... with levels of difficulty ranging from beginner to highly skilled.'（スキルズプラスはまた、音楽とダンスのコースも開講しており…初心者から上級者まで異なるレベルにも対応している）と説明されている。

9 正解 50 / fifty

段落 5 の6文目に、'students from fifty countries have attended'（50か国の学生が参加してきた）という説明がある。

10 正解 multilingual

段落 5 の 7 文目に、'The multilingual staff are trained to be culturally sensitive'（マルチリンガルスタッフは、差異にたいして配慮が行き届くように教育されている）との説明がある。

Track-17

Questions 1–3

*Choose **THREE** letters, **A–F**.*

What factors are named as key to the Industrial Revolution?

    A   an extensive canal network

    B   new machines that boosted output

    C   the rapid expansion of London

    D   the development of steam

    E   widespread use of a cheap fuel source

    F   the preceding agricultural revolution

Questions 4–10

Complete the notes below.

*Write **NO MORE THAN THREE WORDS AND/OR A NUMBER** for each answer.*

Places to visit		
Getting there	**Manchester** Buy train ticket – cheap if bought 7 days **4**	**Ironbridge** Take **7** .... trains
Why important	Centre of manufacturing Centre of **5** .... spinning Birth of railways	World's 1st **8** .... , built in 1779 Abraham **9** .... found a way to make iron cheaply
What to see	Museum of Science and Industry: · **6** .... of spinning machines & 1st train · Lowry paintings – factories & smoke	**10** .... amazing museums with exhibits from the Industrial Revolution up to the Victorian era

Exercise 07　解答解説

正解一覧

1・2・3	B、D、E　※解答順は自由	**4**	in advance
5	cotton	**6**	(working) models	**7**	local
8	iron bridge	**9**	Darby	**10**	10 / ten

Track-17

スクリプト

Narrator: *IELTS Listening Practice Test 2, Section 3.*

You will hear a professor and his students discussing places they can visit to help their study of industrial history. First, you have some time to look at questions 1–3.

Now listen carefully and answer questions 1–3.

1 **Professor**: ① Well, this is the last week of term. ② I know you've earned your break and deserve some rest and relaxation, but if any of you are in a mind to travel there are two places outside London that would repay a visit. ③ You could combine some leisurely sightseeing with research that will stand you in good stead when you come to write your dissertations on the history of industry. ④ London's a good place to study in, but the beginnings of industrial history lie elsewhere. ⑤ I'm going to recommend a little trip you can take that will put your studies into context. ⑥ Now, can you remind me about the three key areas of innovation during the eighteenth and nineteenth centuries that led to the Industrial Revolution? ⑦ Grace?

2 **Student 1**: ① Textiles was one, I think. ② <u>Machines like the 'Spinning Jenny' increased the output of the average cotton worker by a factor of around one thousand.</u> *Q1–3*

3 **Professor**: ① Yes, that's certainly one that springs to mind. ② Can you think of any others? ③ Jack?

4 **Student 2**: ① <u>Steam is another key area.</u> *Q1–3* ② James Watt transformed

152

the early simple steam engines into a source of rotary power, and Robert Stephenson became famous for creating the first commercial passenger train, known as 'Stephenson's Rocket'.

5 **Student 3**: ① The third one must be iron making. ② <u>The introduction of coke, which is much more efficient at producing heat than charcoal, led to the use of large blast furnaces, resulting in economies of scale</u>. *Q1–3*

Narrator: *Before you hear the rest of the conversation, you have some time to look at questions 4–10.*

- -

Now listen and answer questions 4–10.

6 **Professor**: ① I see you've all been studying hard! ② Now, to examine the first one, cotton spinning, and to see the place where the Industrial Revolution started, I would recommend visiting Manchester. ③ Manchester was the original industrial city, outstripping London during the Industrial Revolution to become the largest centre of manufacturing in the world. ④ As well as being the hub of the cotton trade, Manchester also saw the birth of the railways. ⑤ Stephenson's Rocket operated on the first railway line, which ran between Liverpool and Manchester. ⑥ Trains were considered dangerous, so a man holding up a red flag had to walk in front of it all the way!

7 **Student 2**: ① Professor, some of us are on pretty tight budgets. ② How much will it cost us to get there?

8 **Student 3**: ① I think I can answer that one. ② You can get a cheap train ticket if you buy it a week <u>in advance</u>. *Q4* ③ Don't walk into the station and buy a ticket just before you go – it'll cost you an arm and a leg. ④ Buy them online, and you can get from London to Manchester and back for just thirty pounds.

9 **Student 1**: ① I went on that journey last month for just twenty pounds return. ② It's called a 'super saver'.

10 **Professor**: ① Okay, so we've established that you can get to Manchester quite cheaply. ② Once you arrive at the station, you need to jump on a tram to go to the Museum of Science and Industry. ③ Admission is free, as it is at most museums in the UK. ④ This museum shows <u>the importance of Manchester as the centre of the world's cotton spinning industry,</u> *Q5* thanks to machines like the 'Spinning Jenny'. ⑤ The museum has a <u>working model of the 'Spinning Jenny', and another of Stephenson's Rocket.</u> *Q6* ⑥ You can also see a reproduction of one of the first railway stations, with mannequins in period costumes and original architectural details.

11 Student 2: ① Sounds great! ② Is there anywhere else in Manchester we should visit while we're there? ③ If we head to Manchester, is that the only place we should go?

12 Professor: ① The museum is the main place for anyone interested in the Industrial Revolution, but I'd also recommend The Lowry Centre for an artistic view of the same subject. ② L.S. Lowry painted scenes of industrial Manchester in the early twentieth century. ③ They are all about factories and matchstick men hurrying off to work in the smoky city. ④ They can provide a visual context to the machines you will see, because the Industrial Revolution brought with it a lot of pollution and hardship.

13 Student 2: ① Professor, you recommended that we should visit *two* places outside London.

14 Professor: ① Yes, I did. ② The second place involves a trip into the idyllic countryside. ③ Travelling from London, you'll need to take <u>local trains</u> *Q7* and make a few changes, but once you get there you'll be in for a treat. ④ Set amid rolling hills, you will see the quaint little village of Ironbridge. ⑤ As its name suggests, it has an iron bridge. ⑥ In fact, it is <u>the world's first iron bridge.</u> *Q8* ⑦ It was built over the River Severn in 1779, and it's a World Heritage site.

15 Student 3: ① So will we just be looking at a bridge?

16 Professor: ① Actually, I think the sight of the beautiful bridge spanning a deep river valley is enough to make the visit worthwhile all by itself, but no, there's much more than that. ② When you arrive in Ironbridge you'll think that nothing has ever happened there, but a couple of hundred years ago the place was a hive of industry. ③ It was in this area that the great ironmaster Abraham <u>Darby – that's D-A-R-B-Y</u> *Q9* – discovered the secret of forging iron with cheap and plentiful coke instead of expensive charcoal. ④ You should go to the

Ironbridge Gorge museums, a series of <u>ten amazing museums</u> *Q10* that take visitors on a journey from the start of the Industrial Revolution all the way through to the Victorian era.

17 Student 1: ① So is this just a recommended trip, or is it something we should do to further our studies?

18 Professor: ① It's simply a recommendation. ② Bear in mind that next term we'll be studying the beginnings of the Industrial Revolution, so it's valuable to get a full sense of perspective by seeing first-hand where it all started. ③ On a similar topic, recently I've been researching how the centre of textile manufacturing moved to South China. ④ I knew a lot of facts, but I didn't really sense the huge scale of the textile industry today until I got a chance to visit China and see the place for myself. ⑤ There's really no substitute for visiting the centre of action first-hand, whether you're researching the trends of today or how it all began.

Narrator: *That is the end of IELTS Listening Practice Test 2, Section 3. You now have half a minute to check your answers.*

You now have two and a half minutes to transfer your answers to the answer sheet.

You will find explanations of the answers and information to help you determine your score on page 152.

重要語句

1

☐ deserve	〔動〕〜を受けるに足る、〜に値する
☐ repay	〔動〕〜するだけの価値がある
☐ stand in good stead	〔動・熟〕〜に大いに役立つ
☐ dissertation	〔名〕(学術〔学位〕)論文《アメリカでは同義語 thesis に対して「博士論文」(doctoral dissertation) をさすことが多い》
☐ put in(to) context	〔動・熟〕〜を(個別にではなく関連する)背景の中でとらえる　*context〔名〕背景、状況;文脈
☐ remind	〔動〕〜に思い出させる;〜に気づかせる
☐ innovation	〔名〕革新、導入
☐ Industrial Revolution	〔名〕[the 〜] 産業革命《18 世紀後半〜19 世紀前半にかけてイギリスで起こった産業・社会・経済の大改革》

2

☐ textile	〔名〕〈複〉[-s] 織物業、繊維産業;〈単〉織物、繊維
☐ spinning	〔名〕紡績;糸紡ぎ

☐ output 〔名〕生産高 ＝ production

☐ by a factor of 〔副〕（増減の規模が）～倍だけ《数詞をともなって》

3

☐ spring [come] to mind 〔動〕（急に）頭に浮かぶ

4

☐ steam 〔名〕蒸気力；蒸気 ＝ vapour

☐ James Watt 〔名〕ジェイムズ・ワット《(1736–1819) スコットランドの機械技術者。蒸気機関を完成させた》

☐ transform 〔動〕～を一変させる；～を変形させる

☐ rotary 〔形〕回転式の、回転運動をする；回転動力を生み出す
cf. reciprocating 往復運動をする

☐ Robert Stephenson 〔名〕ロバート・スティーヴンソン《(1803–1859) 英国の鉄道・橋梁技術者。蒸気機関車の「ロケット号」を設計した》

☐ commercial 〔形〕商業の、商用の；営利目的の

☐ passenger train 〔名〕旅客列車

5

☐ coke 〔名〕コークス《石炭を高温炉で蒸し焼き（乾留）して得られる炭素の純度の高い固形燃料。「コークス」はドイツ語 *Koks* から》

☐ charcoal 〔名〕木炭 cf. coal 石炭

☐ blast furnace 〔名〕溶鉱炉 *blast〔名〕圧風；爆風 *furnace〔名〕炉、かまど

☐ economies of scale 〔名〕規模の経済《〈経済用語〉生産量の増加にともないコストが減少し、利益率が高まること》

6

☐ Manchester 〔名〕マンチェスター《イングランド北西部の都市》

☐ outstrip 〔動〕～を追い越す、～を上回る ＝ surpass、exceed

☐ hub 〔名〕（活動の）中心、中枢 [⇔ periphery 周辺]

☐ railway 〔名〕鉄道、鉄道事業；鉄道線路 ＝〈米〉railroad

7

☐ on a tight budget 〔形・副〕予算が乏しく、限られた予算で

8

- [ ] in advance 〔副〕前もって、あらかじめ
- [ ] cost an arm and leg 〔動・熟〕手が出ないほど高額な、法外な金がかかる

10

- [ ] establish 〔動〕～を確証する；～を立証する
- [ ] tram 〔名〕路面［市街］電車、トラム
- [ ] admission 〔名〕入場料；入場［入学］許可
- [ ] reproduction 〔名〕復刻、複製；再現 cf. replica 複製品、レプリカ
- [ ] period 〔形〕（家具・衣装・建築などが）ある時代の；時代物の

12

- [ ] L.S. Lowry 〔名〕ローレンス・スティーヴン・ラウリー《(1887–1976) 英国の画家。イギリス北部工業地帯の風景やそこに暮らす人々の日常生活を描いた》
- [ ] matchstick men 〔名〕マッチ棒（のように細長い）人間
- [ ] hurry off to 〔動〕急いで～に向かう
- [ ] smoky 〔形〕煙が立ちこめる；いぶしたような
- [ ] hardship 〔名〕困窮、辛苦 = privation、distress

14

- [ ] idyllic 〔形〕牧歌的な、のどかな；美しい
- [ ] be in for a treat 〔動〕楽しみを期待できる ＊treat〔名〕喜び［満足］を与える物、楽しみ
- [ ] amid 〔前〕～の真ん中に［で］
- [ ] World Heritage site 〔名〕世界遺産

16

- [ ] span 〔動〕（橋などが）～に架かる、～をまたぐ；～を架ける；～にわたる
- [ ] a hive of industry 〔名〕産業の中心地、多くの人が忙しく働いている場所 ＊hive〔名〕中心地；ミツバチの巣箱［群れ］
- [ ] Abraham Darby 〔名〕エイブラハム・ダービー《(1678–1717) 英国の製鉄業者。コークスを用いる製鉄法を開発した》
- [ ] forge 〔動〕（鉄などを）鍛える、鍛造［鍛錬］する
- [ ] plentiful 〔形〕豊富な、多くの ［⇔ scarce 不十分な、乏しい］
- [ ] gorge 〔名〕渓谷、峡谷 = ravine

☐ Victorian era 〔名〕[the ~] ビクトリア朝［時代］《1837 年から 1901
年までのビクトリア女王の治世》

17
☐ further 〔動〕〜を促進する

18
☐ a sense of perspective 〔名〕物事を全体的な視点に立って把握する力
*perspective〔名〕見方；遠近感、釣り合い；客観
性
☐ substitute 〔名〕代用品
☐ first-hand 〔形〕じかの cf. second-hand 間接の

問題文について

　学びを深めるための旅をすすめる教授と、講義を受けている生徒との会話。産
業革命にまつわる場所や、旅行手段などが話される。

● **全文訳** ●

1 教授：① さて、今学期の最終週です。② 皆さん頑張ってきましたから、休暇
中に休んでリラックスするのも結構だと思います。でも旅行するつもりの人がい
るのなら、訪問する価値のある場所がロンドンの外に 2 か所あります。③ ゆっく
り観光しながら、同時に、今後産業史についての学位論文を書くときに大いに役
立つ調査をすることも可能なのです。④ ロンドンは勉強するにはよいところです
が、産業史の始まりは別の場所にあります。⑤ 私は皆さんに、勉強内容を具体的
な脈絡の中で関連づけて考えられるような小旅行をおすすめしようと思います。
⑥ では、思い出してみましょう。産業革命につながった 18 世紀と 19 世紀の三大
革新分野は何でしたか？ ⑦ グレイス、どうですか？

2 学生1：① 1 つは織物業だったと思います。②「ジェニー紡績機」のような機
械が、平均的な綿紡績労働者の産出高を約 1,000 倍に増加させました。　*Q1-3*

3 教授：① そうです。それは確かにパッと頭に浮かびますね。② ほかに思いつ
きますか？ ③ ジャックはどうですか？

4 学生2：① もう 1 つの主要分野は蒸気機関です。*Q1-3* ② ジェイムズ・ワッ
トが初期の単純な蒸気エンジンを回転式動力源に転換し、ロバート・スティーヴ
ンソンは、スティーヴンソンのロケット号の名で知られる初の商業鉄道用の蒸気

159

機関車を作ったことで有名になりました。

5 **学生3**：① 3つ目は製鉄業だと思います。② 木炭よりもはるかに効率よく熱を作り出すことのできるコークスを導入したことが、大型溶鉱炉の使用につながり、その結果、規模の経済性をもたらしました。*Q1–3*

----

6 **教授**：① 皆さんがこれまでよく勉強してきたことがわかりますよ！ ② さて、最初の綿紡績を調査するため、そして産業革命が始まった場所を見るためにも、私がすすめるのはマンチェスター訪問です。③ マンチェスターはもともと産業都市で、産業革命中にロンドンを抜いて、世界最大の製造業中心地になりました。④ 綿業の中心地であると同時に、マンチェスターはまた鉄道発祥の地でもあります。⑤ スティーヴンソンのロケット号は、リバプール＝マンチェスター間を走行する初の路線を運行していました。⑥ 列車は危険だと考えられていたので、赤い旗を掲げた人がずっと前を歩かなければならなかったのです！

7 **学生2**：① 教授、私たちの中には予算的にかなり厳しい者もいます。② そこに行くにはどれくらい費用がかかるでしょうか。

8 **学生3**：① その質問なら私が答えられます。② 1週間前に *Q4* 購入すれば、格安列車の切符が手に入ります。③ 出かける直前に駅へ行って買っては駄目ですよ。それだとかなり高くつきます。④ 切符はインターネットで買ってください。そうすればロンドン＝マンチェスターの往復切符をわずか30ポンドで入手できます。

9 **学生1**：① 私は先月、たった20ポンドでその区間を旅行しました。②「超割」というものです。

10 **教授**：① そうですか。ではマンチェスターへはかなり安く行けることがはっきりしましたね。② 駅に着いたら、科学産業博物館行きの路面電車（トラム）にすぐ乗ってください。③ イギリスのほとんどの博物館と同じく、入館料は無料です。④ この博物館は、ジェニー紡績機のような機械の恩恵を受けた、綿紡績工業の中心地としてのマンチェスターの重要性 *Q5* を明らかにしています。⑤ 博物館の展示品には、ジェニー紡績機とスティーヴンソンのロケット号の実動模型 *Q6* があります。⑥ 初の鉄道駅舎の1つを、当時の服装をしたマネキン人形とともに、初の鉄道駅舎の1つが原物の建築細部にまで再現されたものを見ることもできます。

11 **学生2**：① それはすばらしいですね！ ② ほかにマンチェスターで訪れるべき場所はありますか？ ③ もしマンチェスターに行ったとして、見るべきところは博物館だけなのでしょうか？

12 **教授**：① 産業革命に興味がある人にとっては博物館が中心ですが、同じテーマの芸術的観点を知るにはラウリー・センターもおすすめです。② L・S・ラウリーは、20世紀初期の工業都市マンチェスターの情景を描いた画家です。③その絵はどれも工場や、煙が立ちこめる都市で仕事へと急ぐマッチ棒のように痩せた人々を描いたものです。④ こうした描写は、皆さんが見学する機械とのつながりを視覚的に理解させてくれるでしょう。産業革命は、多くの汚染や苦難ももたらしていたのですから。

13 **学生2**：① 教授、先ほど私たちに、ロンドンの外の「2か所」を訪問すべきだとおっしゃいましたよね。

14 **教授**：① そうですね、確かに言いました。② 2か所目は、のどかな田舎への旅を伴うものです。③ ロンドンから旅立ったら、各駅列車 *Q7* に乗って、2、3回乗り換えをする必要があるのですが、そこに着けばきっと楽しめますよ。④ ゆるやかに起伏する丘陵地の中にある、アイアンブリッジという古風で趣のある小さな村を目にするでしょう。⑤ 名前が示すように、この村には鉄の橋があります。⑥ 実は、それが世界最初の鉄製の橋 *Q8* なのです。⑦ 1779年にセヴァーン川に架けられ、今では世界遺産になっています。

15 **学生3**：① では橋をただ見るだけなのですか？

16 **教授**：① 実のところ、美しい橋が深い渓谷に架かっている光景を見るためだけでも、訪れる価値はあると思いますが、いや、それだけではないのです。② アイアンブリッジに到着したら、これまで何事も起きていない場所だと思うことでしょう。でも200年ほど前には、そこは産業の中心地だったのです。③ この場所こそ、あの偉大な製鉄業者エイブラハム・ダービー、綴りはD、A、R、B、Y *Q9* ですが、彼が、高価な木炭の代わりに安価で豊富なコークスを使って鉄を鍛える秘訣を発見した場所なのです。④ ［橋を見終えたら、］アイアンブリッジ渓谷博物館に行かなければなりません。これは10館からなる *Q10* 見事な博物館群で、一巡すれば、産業革命の始まりからビクトリア時代までのすべての展示品を見ることができます。

17 **学生1**：① これは単なるおすすめの旅なのですか、それとも今後の研究のためにしておくべきものなのでしょうか？

18 **教授**：① ただすすめているだけですよ。② 来学期は産業革命の始まりを学ぶのですから、その発祥地をじかに見て、物事の全体像を多角的に把握することが価値があるのだということを覚えておいてください。③ 同様の話題として、最

近私は、織物製造業の中心地がいかにして中国南部に移ったのかを調査しています。④ 多くの事実を知ってはいても、中国を訪問してその場所を自分の目で見る機会を得るまでは、今日の織物産業の規模の巨大さについて、本当の意味で感じ取ってはいませんでした。⑤ 調査するのが今日の動向にしろ、その起源にしろ、その現場を実際に訪問することは、本当に何ものにも代えがたいものなのです。

● 設問訳・正解・解説 ●

設問 1～3：多肢選択問題

A～F の中から答えを 3 つ選びなさい。

産業革命の重要な要因としてあげられているものは何か？

A 広範囲にわたる運河網

B 生産量を高めた新しい機械

C ロンドンの急速な拡大

D 蒸気機関の発達

E 安価な燃料源の普及

F 先行する農業革命

1・2・3 正解 **B、D、E** ※解答順は自由

発言 2 ～ 5 の間で、産業革命をもたらした三大分野として、織物、蒸気機関、鉄があげられている。B に関する情報は発言 2 に、'Textiles was one ... Machines like the "Spinning Jenny" increased the output of the average cotton worker by a factor of around one thousand.' (1 つは織物で…「ジェニー紡績機」のような機械が、平均的な綿紡績労働者の産出高を約 1000 倍増加させた) とある。D に関する情報は発言 4 の 1 文目に、'Steam is another key area.' (もう 1 つの主要分野は蒸気機関) とある。E に関する情報は発言 5 の 1・2 文目に、'The third one must be iron making. The introduction of coke ... led to the use of large blast furnaces, resulting in economies of scale.' (3 つ目は製鉄業だと思う。コークスの導入が、大型溶鉱炉の使用につながり、その結果、規模の経済性をもたらした) とある。A、C、F についてはふれられていない。

設問 4〜10：メモ完成問題

下のメモを完成させなさい。

各設問にたいして、3語以内か数字1つ、または3語以内と数字1つで答えなさい。

訪問場所		
行き方	**マンチェスター** 鉄道の切符を購入——7日 **4** 前に購入すれば格安	**アイアンブリッジ** **27** 各駅列車を利用
重要性	製造業の中心地 機械化された **5** 綿紡績の中心地 鉄道の発祥地	世界初の **8** 鉄橋、1779年に建設 エイブラハム・**9** ダービーが安価に鉄を製造する方法を発見した
みどころ	科学産業博物館 ・紡績機と初の鉄道駅舎の 　**6**（実動）模型 ・ラウリーの絵画——工場と煙	産業革命からビクトリア時代までの展示品を所蔵する **10** 10 のすばらしい博物館

4 　**正解**　in advance

発言 8 の2文目で、'You can get a cheap train ticket if you buy it a week in advance.'（1週間前に購入すれば、格安列車の切符が手に入る）と話されている。本文では 'a week'、設問では '7 days' と表現が微妙に変えられている点に注意。

5 　**正解**　cotton

発言 10 の4文目に、'the importance of Manchester as the centre of the world's cotton spinning industry'（綿紡績工業の中心地としてのマンチェスターの重要性）とある。

6 **正解** (working) models

発言10の5文目で、'The museum has a working model of the "Spinning Jenny", and another of Stephenson's Rocket.'（ジェニー紡績機とスティーヴンソンのロケット号の実動模型が博物館にある）と話されている。2つのものの模型なので、答えは複数形にすること。

7 **正解** local

発言14の3文目に 'take local trains'（各駅停車の列車に乗って）とある。

8 **正解** iron bridge

発言14の6文目に 'it is the world's first iron bridge'（それが世界最初の鉄製の橋）とある。

9 **正解** Darby

発言16の3文目の 'the great ironmaster Abraham Darby – that's D-A-R-B-Y – discovered the secret of forging iron with cheap and plentiful coke'で、エイブラハム・ダービーの名前の綴りを聞き取っていれば答えられる。

10 **正解** 10 / ten

発言16の4文目に、'the Ironbridge Gorge museums, a series of ten amazing museums'（アイアンブリッジ渓谷博物館…10館からなる見事な博物館群）とある。

Track-18

Questions 1–10

Complete the table below.

Write **NO MORE THAN THREE WORDS AND/OR A NUMBER** for each answer.

Scale of problem and careers in treatment for drug abuse	
Problem	• Last year **1** .... people needed help but just over **2** .... % got it • 25% with mental illness also suffer from **3** ....
Addiction counsellors	• Work with patient to analyse problem & keeps patient **4** .... about new treatments • Need at least a bachelor's degree, but many have a **5** ....
Psychologists / psychiatrists	• Help deal with **6** .... issues
Social workers	• Focus on addicts' safety / welfare • Help those who cannot provide for themselves – addicts often switch jobs, although **7** .... % do some kind of work
8	• Urban Care Centre: Send a letter and CV. UCC will carry out **9** .... on each candidate • Newark Recovery House: Provides multidisciplinary programmes • City Humanitarian Centre: Offers **10** .... , counselling & treatment

第2章

Exercise

08

NO TEST MATERIAL ON THIS PAGE

正解一覧

1	30,000,000 / 30 [thirty] million	**2**	10 / ten
3	substance abuse	**4**	up to date / up-to-date
5	master's degree	**6**	mental health
7	75 / seventy-five	**8**	internships
9	background check(s)	**10**	emergency housing

Track-18

 ● スクリプト ●

Narrator: *IELTS Listening Practice Test 2, Section 4.*
You will hear a talk about career opportunities in the field of drug addiction. First, you have some time to look at questions 1–10.

- -

Now listen carefully and answer questions 1–10.

1 ① Hello, and I'd like to say how happy I am that so many of you have turned out today. ② Some people may think that drug abusers are a lost cause, but statistics tell us that the majority, with care and treatment, can kick the habit and look forward to living normal lives. ③ The field of drug abuse treatment is a rewarding career choice, and working in this field will make a huge difference to the lives of millions of people.

2 ① According to the Substance Abuse Survey on Drug Use, more than <u>thirty million</u> **Q1** people required treatment for drug or alcohol abuse last year, but only three and a half million people, or a little over <u>ten per cent of the total</u>, **Q2** received care at a specialised facility. ② Meanwhile a related study on mental health reported that as many as a quarter of all adults with serious mental illnesses also suffered from <u>substance abuse</u>, **Q3** including cocaine, cannabis and alcohol. ③ While these are worrying figures, I am happy to say that the number of treatment facilities is growing and the field is booming with opportunities for compassionate, caring individuals. ④ The first step is to evaluate how you want to help people suffering from drug dependence. ⑤ Evaluating your skill set and interests will help you make the best career decision.

3 ① The most common career in drug abuse work, and the one I'd like to focus on today, is that of the addiction counsellor. ② Addiction counsellors are professionals who work with children, teens and adults suffering from drug abuse problems and other addictions, such as gambling. ③ They cooperate with the patient to analyse the addiction, point out the associated behaviours and implement a plan of recovery. ④ Addiction counsellors make sure that the patient and the patient's family remain up to date *Q4* on treatments and progress, and educate people about life after treatment. ⑤ They also arrange treatment at other facilities if needed. ⑥ The main focus of an addiction counsellor is the patient's recovery.

4 ① The minimum qualification to become an addiction counsellor is a bachelor's degree in social work or psychology, but many who go into the counselling field will have a master's degree. *Q5* ② Some may even get a PhD. ③ Talking with an academic adviser is a good way to understand exactly what may be needed for the area that you are interested in. ④ Addiction counsellors work in a variety of environments including hospitals, residential treatment facilities and outpatient offices.

- -

5 ① Next, psychiatrists and psychologists work with drug abuse victims to treat the problems of mental health *Q6* that often accompany this condition. ② Although mental health is their primary focus, psychiatrists and psychologists in this field are also experts in the various symptoms produced by different kinds of substance abuse.

6 ① A further career option that is more involved with organising care and educating is that of social worker. ② Social workers are interested in the safety and welfare of the addict as well as any dependants that the addict may have. ③ According to the National Institute on Drug Abuse, around three-quarters *Q7* of drug users are employed, but many change jobs frequently or get fired due to

their drug use. ④ This makes it difficult for the drug users to provide for themselves. ⑤ Social workers also deal with problems that arise, such as pregnancies or children that need to be housed and cared for while their parents are in rehabilitation. ⑥ It can be a stressful career, but many feel that the help they can give makes it worthwhile.

7 ① Now that I've given you an overview of the career opportunities, I'd like to draw your attention to a few of the internships **Q8** available in your local area. ② The first is offered at the Urban Care Centre. ③ This organisation provides a range of treatment options for withdrawal from alcohol, heroin, cocaine and other substances. ④ The interns selected must be able to commit to a set schedule of hours negotiated according to UCC's needs and the interns' availability. ⑤ To apply for this post, you need to send a letter of interest and a CV. ⑥ All applicants will have to go through a background check. **Q9** ⑦ The second internship is offered by the Newark Recovery House, a private, non-profit organisation that treats the mental health and lifestyle issues associated with drug addiction through multidisciplinary programmes. ⑧ This organisation is looking for second-year college students to work from ten to twenty hours a week. ⑨ Four internships per term are available. ⑩ The third, by the City Humanitarian Centre, provides emergency housing, **Q10** counselling and treatment. ⑪ Its mission is to help economically disadvantaged citizens to move towards a self-sufficient life, free of public assistance. ⑫ Anyone who is interested in working in the addiction field is eligible. ⑬ These three posts are just a small sample of the intern opportunities that are available in this expanding and highly promising field.

Narrator: *That is the end of IELTS Listening Practice Test 2, Section 4. You now have half a minute to check your answers.*

You now have two and a half minutes to transfer your answers to the answer sheet.

You will find explanations of the answers and information to help you determine your score on page 168.

重要語句

1

☐ turn out	〔動〕	（催しなどに）出る、集まる；～になる
☐ drug	〔名〕	薬物、麻薬、ドラッグ
☐ abuser	〔名〕	（酒・薬の）乱用者、中毒者
☐ lost cause	〔名〕	見込みのないもの［人］
☐ statistics	〔名〕	統計（データ）《複数扱い》；統計学《単数扱い》
☐ treatment	〔名〕	治療、手当、処置；取り扱い
☐ kick the habit	〔動・熟〕	（麻薬・煙草などの悪い）習慣をやめる
☐ rewarding	〔形〕	価値のある、甲斐のある；有益な
☐ make a difference	〔動〕	影響する、相違を生じる、重要である

2

☐ substance abuse	〔名〕	薬物乱用　*substance〔名〕薬物；物質
☐ specialised	〔形〕	専門の；特化した
☐ facility	〔名〕	施設、設備；場所、建物；機能
☐ meanwhile	〔副〕	一方では、同時に
☐ cocaine	〔名〕	コカイン《コカの葉から得られる中毒性の高い薬物》
☐ cannabis	〔名〕	大麻《麻の葉や花から作られた幻覚剤の総称》；麻
☐ figure	〔名〕	数値、数字
☐ boom	〔動〕	急激に発展する、活気づく
☐ compassionate	〔形〕	同情的な、思いやりのある
☐ caring	〔形〕	面倒見のよい、気遣う［⇔ cruel 冷酷な、非情な］
☐ evaluate	〔動〕	～を評価する；～の価値を検討する ＝ assess、judge
☐ suffer	〔動〕	苦しむ；病む、患う
☐ dependence	〔名〕	依存(症)；頼ること

3

☐ addiction	〔名〕	嗜癖、中毒、依存(症)
☐ cooperate with	〔動〕	～と協力する、協同する
☐ analyse	〔動〕	～を分析する；～を分解する
☐ point out	〔動〕	～を指摘する；～を指し示す
☐ implement	〔動〕	（計画・法律などの決定事項を）～を実行する、実施する
☐ up to date	〔形〕	最新の情報を含んだ；最新の

171

4

☐ social work 〔名〕ソーシャルワーク、社会（福祉）事業《貧困や家庭の問題を抱える地域住民への支援やアドバイスを行う仕事》

☐ outpatient 〔名〕外来患者　cf. inpatient 入院患者

5

☐ psychiatrist 〔名〕精神科医　cf. psychologist 心理学者、psychoanalyst 精神分析医

6

☐ welfare 〔名〕福利、幸福な生活；社会福祉、生活保護；福祉事業

☐ dependant 〔名〕扶養家族 ＝〈米〉dependent

☐ provide for oneself 〔動・熟〕自活する、独り立ちする

☐ pregnancy 〔名〕妊娠

☐ rehabilitation 〔名〕社会復帰のための治療、リハビリテーション；更正

7

☐ withdrawal 〔名〕離脱(期間)、（薬物などの）使用中止；禁断症状；撤回、取り消し

☐ heroin 〔名〕ヘロイン《モルヒネから得られる中毒性の強い麻薬》

☐ negotiate 〔動〕交渉する；話し合う

☐ availability 〔名〕利用できること；可能性

☐ CV 〔名〕履歴書《'curriculum vitae' の略。大文字で表記》 ＝〈米〉resume

☐ background check 〔名〕身元調査、経歴調査

☐ non-profit 〔形〕非営利の、非営利的な

☐ multidisciplinary 〔形〕多くの専門分野・職種が総合的にかかわる、集学的な；多くの学問領域にわたる、学際的な ［＜ multi-〔接頭〕多くの ＋ discipline 学問分野］《各分野の専門家がそれぞれの学問領域の独立性を維持したまま特定の問題に協力してあたる形をいう》cf. interdisciplinary 学際的な《各分野の専門家が知識や情報を交換しながら、全体として問題に対処する形をいう》

☐ disadvantaged 〔形〕（社会的・経済的・身体的に）恵まれない、不利な立場にある、ハンディキャップのある ＝ deprived

□ self-sufficient　　　　〔形〕（経済的に）自立した、自給自足の

□ free of　　　　　　　〔形〕〜のない；〜を免れた

□ eligible　　　　　　　〔形〕資格のある、適格の；（結婚相手として）適した、望ましい

□ promising　　　　　　〔形〕将来有望な、見込みのある

問題文について ●

　学生向けに、薬物中毒などの問題に対処する職業を紹介するモノローグ。各職業とその概要、また、インターンシップを提供する施設の特色などがあげられる。

● 全文訳 ●

1 ① こんにちは。今日はこんなにも多くの方にお越しいただいて、大変うれしく思います。② 麻薬乱用者というと、治る見込みのないものだと考える方もおられるかもしれませんが、統計によれば、大多数は看護や治療があれば常用をきっぱりやめられ、普通の生活を送ることを期待するものなのです。③ 麻薬乱用の治療という分野は、やりがいのある職業選択であり、この分野で働くことは何百万人もの人生を大きく変えることになるでしょう。

2 ①「麻薬使用に関する薬物乱用調査」によると、昨年 3,000 万 Q1 人以上の人が、麻薬やアルコール乱用に対する治療を必要としていましたが、専門施設で看護を受けたのは 350 万人、つまり全体の 10 パーセント Q2 強だけでした。② 一方、精神衛生に関連したある研究によると、深刻な精神疾患を抱える成人の 4 分の 1 もが、コカイン、大麻、アルコールといった薬物乱用 Q3 にも苦しんでいるのです。③ 気がかりな数値ですが、治療施設の数は増えつつあり、この分野が活気づいていることで、心の優しい思いやりのある人たちにとっての機会も増えているということをお伝えします。④ 初めの第一歩は、薬物依存で苦しむ人たちをどのように助けたいか、それを自分で見極めることです。⑤ 自分がもっている一連のスキルや関心を評価検討することが、最適なキャリアを決める助けになることでしょう。

3 ① 薬物乱用に関係する分野の仕事のうちもっとも一般的で、また私が今日焦点を当ててお話ししたい職業は 中 毒 カウンセラーです。② 中毒カウンセラーとは、薬物乱用の問題やギャンブルなどのほかの依存症で苦しむ子供、十代の青少年、成人を対象に働く専門家です。③ 患者と一緒にその依存症を分析し、関連

した行動を指摘し、回復計画を実行します。④ 中毒カウンセラーは、患者とその家族に治療や経過に関する最新情報 **Q4** を必ず知らせ、治療後の生活についての助言も行います。⑤ また必要があれば、他の施設での治療を手配します。⑥ 中毒カウンセラーが一番重点を置くのは、患者の回復なのです。

4 ① 中毒カウンセラーになるための最低限の資格としては、ソーシャルワーク学か心理学での学士号が必要ですが、カウンセリング分野に進む人の多くは、修士号 **Q5** を取ることになるでしょう。② 博士号を取得する人もいるかもしれません。③ 自分が興味のある分野では何が必要なものであるかを正確に理解するには、履修指導員（アカデミック・アドバイザー）と話して決めるのがよいやり方でしょう。④ 中毒カウンセラーの職場環境は、病院、滞在型治療施設、外来患者診療所などさまざまです。

----

5 ① 次に、精神科医と心理学者は、薬物乱用者を対象に、この病気にしばしばともなう心の健康 **Q6** 問題を治療するために仕事をします。② 心の健康が彼らの最大の関心事ではありますが、この分野における精神科医と心理学者は、さまざまな薬物中毒から引き起こされる種々の症状の専門家でもあるのです。

6 ① さらなる職業選択の１つとして、看護の体系化や教育によりかかわりをもつ仕事はソーシャルワーカーの仕事です。② ソーシャルワーカーが関心を持つのは、常習者とその扶養家族の安全と福祉です。③ 国立薬物乱用研究所によると、麻薬使用者の約４分の３ **Q7** は雇用されていますが、麻薬使用のせいで仕事を頻繁に変えたり、解雇されたりする人が多いのです。④ このことが、麻薬使用者の自活を難しくしています。⑤ ソーシャルワーカーはまた、持ち上がるさまざまな問題にも対処します。たとえば妊娠や、親が社会復帰のための治療を受けている間に子供に住居を提供したり、面倒を見たりもするのです。⑥ ストレスの多い仕事かもしれませんが、多くの人は、人助けができることに価値を見出しています。

7 ① 就職の機会について概要を述べてきましたので、今度は、皆さんの地元で可能なインターンシップ **Q8** を２、３取り上げたいと思います。② １つ目は、アーバン・ケア・センター（UCC）で設けられているものです。③ この組織は、アルコール、ヘロイン、コカイン、その他の薬物から離脱するためのさまざまな治療を提供しています。④ 選抜された実習生は、UCC のニーズや実習生の都合に応じて取り決められた規定の勤務時間に対して、責任を持って義務を果たすことができなければなりません。⑤ この職に応募するには、関心表明書と履歴書を送付する必要があります。⑥ 応募者全員が、身元調査 **Q9** を受けなければならない

でしょう。⑦ 2つ目は、ニューアーク・リカバリー・ハウスで行われているもの
です。ここは、民間の非営利団体で、麻薬中毒に関連する精神衛生と生活スタイ
ルの問題を、総合的なプログラムを通じて治療しています。⑧ この組織では、1
週間に10時間から20時間勤務可能な大学2年生を募集中です。⑨ 学期ごとに
4つのインターンシップに参加できます。⑩ 3つ目は、シティ・ヒューマニタリ
アン・センター（市立人道センター）で、緊急時の保護施設 *Q10* やカウンセリン
グ、治療を提供しています。⑪ この組織の任務は、経済的に恵まれない市民を助
けて、公による生活保護に頼ることなく経済的に自立した生活へと向かわせるこ
とです。⑫ 中毒の救済に関する現場で働くことに関心がある人なら、だれでも応
募可能です。⑬ この3つの職は、急成長しつつあり、将来非常に有望なこの分野
で可能な実習訓練機会のうちの、ほんの一部にすぎません。

● 設問訳・正解・解説 ●

設問1〜10：表完成問題
下の表を完成させなさい。
各設問にたいして、3語と数字1語以内、あるいは3語以内か数字1語で答えな
さい。

薬物乱用治療の問題と仕事	
問題	・昨年は、**1** 3,000万人が助けを必要としていたが、わずかに **2** 10 パーセント強しか助けを得られなかった ・精神疾患を抱える25パーセントが、また**3** 薬物中毒にも苦しんでいる
中毒カウンセラー	・患者と一緒に問題を分析し、新しい治療法について患者に **4** 最新情報を知らせる。 ・少なくとも学士号が必要だが、多くの人は **5** 修士号をもっている
心理学者／精神科医	・**6** 心の健康の問題に対処することを助ける

ソーシャル ワーカー	・常用者の安全 / 福祉に重点を置く ・自活できない人たちを助ける——麻薬常用者の **7** <u>75</u> パーセントは何らかの仕事を持っているが、頻繁に職を変えている
8 <u>インターンシップ</u>	・アーバン・ケア・センター：関心表明書と履歴書を送付。UCC は志願者の **9** <u>身元調査</u>を行う ・ニューアーク・リカバリー・ハウス：学際的（多様な分野の専門家が独自性を保ちながら並行して診療、治療にあたる）プログラムを提供 ・市立人道センター：**10** <u>緊急時の保護施設</u>、カウンセリングと治療を提供

1 【正解】 30,000,000 / 30 [thirty] million

段落 2 の 1 文目で、'more than thirty million people required treatment for drug or alcohol abuse last year' と、昨年に薬物やアルコール治療を必要とした人数が話されている。'million' を複数形にしないように注意。また、手がかりとなる 'last year' が答えの数字の後に現れるので、聞き落とさないように。

2 【正解】 10 / ten

同じく段落 2 の 1 文目で、'only three and a half million people, or a little over ten per cent of the total, received care' とあり、実際に「治療を受けたのは 10 パーセント強」とわかる。設問の空所に続くのが '%' なので、人数が問われているのではない点に気をつけよう。'or' 以下は、分数で示された直前の 'three and a half million people' の言い換えである。

3 【正解】 substance abuse

段落 2 の 2 文目に、'as many as a quarter of all adults with serious mental illnesses also suffered from substance abuse' と、設問の答えに該当する情報

がある。本文では 'a quarter of' と分数を使って「4分の1」と言っているが、表では '25%' とされている点に注意。

4 正解 up to date / up-to-date

段落 3 の4文目にある、'remain up to date on treatments' が設問の答えの該当箇所。本文では 'remain ... on' だったものが、表では 'keep ... about' に変えられている。それぞれ同じ意味で使えることを確認しておこう。

5 正解 master's degree

段落 4 の1文目で、最低限の資格として学士号が必要という表現があるが、'many who go into the counselling field will have a master's degree'（カウンセリング分野に進む人の多くは修士号を取るだろう）と補足されている。書く際には、'master's' と所有格の形にすること。アポストロフィー (') を忘れないように。

6 正解 mental health

段落 5 の1文目に、'psychiatrists and psychologists work with drug abuse victims to treat the problems of mental health that often accompany this condition'（精神科医と心理学者は、薬物乱用者を対象に、この病気にしばしばともなう心の問題を治療する）と設問の答えに該当する情報がある。

7 正解 75 / seventy-five

段落 6 の3文目に、'around three-quarters of drug users are employed' とあり、この情報をもとに答えるが、完成させる表の中ではパーセント表記にしなければならないので、「4分の3」を '75' か 'seventy-five' に置き換える。

8 正解 internships

段落 7 の 1 文目で、'a few of the internships available in your local area' （地元で可能なインターンシップ）と言われたのち、表の右欄の 'Urban Care Centre'（アーバン・ケア・センター）や 'Newark Recovery House'（ニューアーク・リカバリー・ハウス）などについての説明があることから、空所に入れる語句は 'internships' が適切と判断できる。

9 正解 background check(s)

UCC について、段落 7 の 6 文目に、'All applicants will have to go through a background check.'（応募者全員が身元調査を受けなければならない）とある。本文で使われている 'applicant'（応募者）が表では 'candidate'（志願者）に変わっている。人事分野では 'applicants' の中で採用可能な候補者として残された人を 'candidate(s)' と呼ぶことがあるが、原文では 'all applicants' となっているから、ここではこの区別はされていないことになる。

10 正解 emergency housing

段落 7 の 10 文目に、市立人道センターが提供するものとして 'emergency housing, counselling and treatment'（緊急時の保護施設やカウンセリング、治療）があげられている。表内の空所後に 'counselling & treatment' と続いている点をヒントにして解答を導き出したい。

Track-19

Questions 1–8

Complete the notes below.

*Write **NO MORE THAN TWO WORDS** for each answer.*

Exchange programme accommodation		
	Homestay	**Hall of Residence**
Equipment	Host family provides bedroom with [***Example***] *basic furniture* for the guest: bed, desk, chair & **1** _____	Own room (can add extra **5** _____ or table) but **6** _____ is shared
Food	Provided by family	Prepare own
Price	More expensive	Cheaper
Upside	Have **2** _____ in the garden & make friends in the community	Won't annoy host family by making **7** _____ phone calls
Possible downside	Need to follow rules Need to help out with the **3** _____	Can get noisy & people might take stuff from the **8** _____
Comments	Good idea to buy a small **4** _____ that's not too dear	Can make friends while cooking in the kitchen

Questions 9 and 10

*Choose **TWO** letters, **A–E**.*

What **TWO** reasons does the student give for the choice she makes?

A   She likes to cook in the evenings.

B   She wants to socialise with other students.

C   She wants to see the local sights.

D   She needs to focus on studying.

E   She would like a luxurious room.

第2章

Exercise

09

Exercise 09 解答解説

Track-19

 スクリプト

Narrator: *IELTS Listening Practice Test 3, Section 1.*

You will hear a student talking with her adviser about an exchange programme. First, you have some time to look at questions 1–8.

- -

You will see that there is an example that has been done for you. On this occasion only, the conversation relating to this will be played first.

1 **Student**: ① I've been accepted on a summer exchange programme at Sutton University, and I'd like to ask you some questions about accommodation.

2 **University Adviser**: ① Certainly, that's what I'm here for. ② What would you like to know?

3 **Student**: ① Well, first of all, could you tell me what a homestay generally involves?

4 **Adviser**: ① Sure. ② Homestay students stay with a family from the host country and are treated as part of that family. ③ They're provided with their own bedroom equipped with <u>basic furniture. *Example*</u>

Narrator: *The adviser tells the student that she will have a bedroom with 'basic furniture', so 'basic furniture' has been written in the space.*

Now we shall begin. You should answer the questions as you listen, because you will not hear the recording a second time. Listen carefully and answer questions 1–8.

1 **Student**: ① I've been accepted on a summer exchange programme at Sutton University, and I'd like to ask you some questions about accommodation.

2 **University Adviser**: ① Certainly, that's what I'm here for. ② What would you like to know?

3 **Student**: ① Well, first of all, could you tell me what a homestay generally involves?

4 **Adviser**: ① Sure. ② Homestay students stay with a family from the host country and are treated as part of that family. ③ They're provided with their own bedroom equipped with basic furniture. *Example*

5 **Adviser**: ① You will have a bed, desk, chair, and closet space, *Q1* and receive two to three meals a day, depending on the programme. ② We can guarantee that the accommodation offered to students is clean and of a good standard.

6 **Student**: ① Is it much more expensive than staying in a dorm?

7 **Adviser**: ① It is significantly more expensive, but when you factor in the benefits of having food provided and becoming part of the host family's life, it's worth the extra cost. ② What makes homestays special is the experience of living with hosts who are eager to share their way of life. ③ You'll be involved in day-to-day activities and introduced to friends and neighbours. ④ You can take part in family activities like barbecues in the garden *Q2* and go on trips to local tourist attractions. ⑤ You'll become part of the community.

8 **Student**: ① That sounds great, but how can I be sure my host family will be friendly? ② I've heard some stories about a family that didn't allow anyone to talk during dinner, and another that just sat in front of the TV every night and paid no attention to the student. ③ I'm afraid I might get stuck with a family like that.

9 **Adviser**: ① Don't worry, that's not going to happen. ② We visit our host families regularly to make sure that they are treating the students well. ③ The family may have some house rules, but they must be reasonable ones.

10 **Student**: ① So in that case, I should be able to get along with the host family. ② So far, it sounds great. ③ Oh, but am I expected to help with the household chores? ④ You see, my mum has done pretty much everything for me so far, and I'm not very good at cooking.

11 **Adviser**: ① Don't worry, the host family won't expect you to cook. ② It's true that many host families do expect visitors to help with the household chores, *Q3* but they tend to be easy tasks, like washing the dishes after dinner or vacuuming occasionally.

12 **Student**: ① That's okay, as long as they don't take time away from my studies. ② Do you think it would be a good idea to buy some kind of present for them?

13 **Adviser**: ① It would be nice to bring a small gift, *Q4* especially if it's something unusual that can't be found in the host family's country. ② You shouldn't get anything too expensive, though. ③ That could be embarrassing for the host family and make it difficult for them to accept.

14 **Student**: ① I see. ② I have another question: How far away would I be from the university? ③ I'd prefer not to spend too much time commuting or pay for an expensive bus pass.

15 **Adviser**: ① All our homestay families live within three miles of the university, so there shouldn't be too much travelling.

16 **Student**: ① That's excellent! ② The homestay system sounds great. ③ Now how about halls of residence? ④ By the way, is a hall the same as a dormitory? ⑤ I get confused with the terminology.

17 **Customer**: ① Yes, halls of residence and dorms are pretty much the same thing.

18 **Student**: ① I see. ② So being cheaper is one advantage of a hall, but are there any others?

19 **Adviser**: ① In a hall of residence, you would have your own room, which would be equipped with basic furniture, but you can add any extra items you like, such as another chair *Q5* or table. ② The kitchens tend to be shared. *Q6* ③ Also, you wouldn't have to worry about going to bed late, making late-night phone calls, *Q7* or other behaviour that might annoy the members of a host family.

20 **Student**: ① Tell me more about the shared kitchens. ② Would I have to cook for myself?

21 **Adviser**: ① You seem to be worried about that! ② You should take it as an opportunity to learn some basic cooking skills. ③ Who knows, you might end up enjoying it! ④ The great thing about kitchens is that all the students gather there, so they're good places to socialise. ⑤ The problem is that not everyone does their share of dish-washing, and you might find that people take your stuff from the fridge. *Q8*

22 **Student**: ① Are there any other problems?

23 **Adviser**: ① The biggest downside is noise. ② Despite regulations about not playing music late at night, the fact is that you have a large group of young people inhabiting the same hall, and sometimes the rooms can get a little rowdy.

Narrator: *Before you hear the rest of the conversation, you have some time to look at questions 9 and 10.*

Now listen and answer questions 9 and 10.

24 **Student**: ① Hmm ... Homestays and halls of residence both have good and bad points. ② It's difficult to decide.

25 **Adviser**: ① I'm sure it is. ② Ultimately, the type of accommodation you go for depends on what you want out of it.

26 **Student**: ① Basically, I'm here to study rather than make friends, so I need to prioritise peace and quiet. *Q9/10* ② Money is an issue, though.

27 **Adviser**: ① I think you'll find that your host family would treat you here and there, and would probably pay for everything when they take you on trips. ② They're not required to do so, but they often like to help out. ③ So it might not be as expensive as you think.

28 **Student**: ① That's good news, and I definitely want to do some sightseeing. *Q9/10* ② In that case, I think I'll go with the quiet option over the noisy one!

Narrator: *That is the end of IELTS Lestening Practice Test 3, Section 1. You now have half a minute to check your answers.*

You now have two and a half minutes to transfer your answers to the answer sheet.

You will find explanations of the answers and information to help you determine your score on page 182.

重要語句

1

☐ accommodation 〔名〕宿泊施設［設備］、宿《単数形；〈米〉は複数形》；(居住・仕事などのための) 場所、部屋

4

☐ host 〔名〕開催者［地］；主人(役)；宿主［⇔ guest 客；宿泊人］

☐ equip 〔動〕〜に備え付ける、配備する = furnish

5

☐ depend on 〔動〕〜による、〜次第である；〜を信頼する、よりどころとする

☐ guarantee 〔動〕〜を保証する、約束する

6

☐ dorm 〔名〕寄宿舎、学生寮《*dorm*itory の略語》=〈英〉hall of residence

7

☐ significantly 〔副〕著しく、かなり = notably、remarkably

☐ factor in (to) 〔動〕(条件・状況などに関して) 〜を考慮に入れる

☐ eager 〔形〕しきりに〜したがって；熱望して［⇔ apathetic 無関心な、やる気のない］

☐ day-to-day 〔形〕日々の、毎日の

☐ take part in 〔動〕〜に参加する = participate in

☐ community 〔名〕地域の人々［住民］、地域社会、共同体；[the 〜] 社会

8

☐ allow 〔動〕〜を許す、許可する［⇔ forbid 〜を禁止する］

☐ get [be] stuck with 〔動〕〜を押しつけられる、〜を背負い込む、〜で身動きがとれない《面倒や困難にあった場合などに使われる表現》

186

`10`
- [ ] in that case 〔副〕（もし）そうなら、その場合は
- [ ] get along with 〔動〕～と仲良くやっていく＝〈英〉get on with

`11`
- [ ] household chores 〔名〕（こまごまとした）家事、家庭の雑用《単数形の chore は「退屈な仕事」の意》
- [ ] vacuum 〔動〕掃除機をかける ―〔名〕真空（空間）
- [ ] occasionally 〔副〕ときどき《sometimes より低い頻度を表す》

`13`
- [ ] embarrassing 〔形〕当惑［気まずい思い］をさせるような

`14`
- [ ] commute 〔動〕（車や電車などで）通学［通勤］する

`16`
- [ ] get confused 〔動〕混乱する、こんがらかる、まごつく
- [ ] terminology 〔名〕専門用語

`18`
- [ ] advantage 〔名〕有利な点、長所、強み

`19`
- [ ] annoy 〔動〕～をいらいらさせる、悩ませる＝irritate

`21`
- [ ] gather 〔動〕寄り集まる
- [ ] socialise 〔動〕社交的に活動する；交際する、付き合う；社会化する
- [ ] stuff 〔名〕（漠然とした）物、こと
- [ ] fridge 〔名〕冷蔵庫《refrigerator の略語》

`23`
- [ ] downside 〔名〕マイナス面、欠点［⇔ upside 利点］
- [ ] regulations 〔名〕規則、規定《この意味では通例複数形》
- [ ] inhabit 〔動〕～に居住する、（野生動物などが）～に生息する
- [ ] rowdy 〔形〕騒々しい、騒ぎたてる

`26`
- [ ] prioritise 〔動〕～を優先させる
- [ ] peace and quiet 〔名〕静けさ、静穏

| □ issue | 〔名〕問題、論点 |
| □ ...(,) though | 〔副〕~だけれど = however《文中・文尾で。ここでは接続詞ではなく副詞として用いられている》 |

27

| □ here and there | 〔副〕ときどき(は) = sometimes；あちこちで、あらゆる場所で |
| □ help out | 〔動〕(当座の費用などを) 補う；手を貸す；助け出す |

28

| □ go with | 〔動〕~に決める、~でいく = accept、choose |

問題文について ●

　大学の交換プログラムに参加予定の学生とアドバイザーとの会話。ホームステイと寮の違いやメリット、デメリットなどがあげられる。

● 全文訳 ●

1　**学生**：①サットン大学の夏期交換プログラムへの参加が認められたので、宿泊施設について伺いたいのですが。

2　**アドバイザー**：① 承知しました。そのために私はここにいるのですから。② どういったことでしょうか？

3　**学生**：① まず初めに、ホームステイ全般について教えていただけますか？

4　**アドバイザー**：① もちろんです。② ホームステイをする学生は、滞在国の家族と一緒に暮らし、その家族の一員として扱われます。③ 学生は家族から、基本的な家具の備わったベッドルーム **Example** を提供されます。

5　**アドバイザー**：①ベッド、机、椅子、収納スペース **Q1** が与えられ、プログラムによって1日2食もしくは3食の食事が出されます。② 学生に提供される宿泊設備が、清潔で質のよいものであることは保証します。

6　**学生**：① 寮(ドーム)に入るより、もっと高いのですか？

7　**アドバイザー**：① 確かにずっと高いですが、食事付きであることやホストファミリーとの生活に加わることを考慮すれば、余分に費用を払うだけの価値はあります。② ホームステイが特別なのは、生き方を分かち合うことに熱心なホストファミリーの人たちと一緒に生活するという経験です。③ 日々の活動にも加わるでしょうし、友人や隣人たちに紹介されることもあるでしょう。④ 庭でのバー

ベキュー**Q2**のような家族の活動に参加したり、地元の観光名所に旅行したりすることもできます。⑤ あなたはその地域社会の一員になることでしょう。

8 学生：① それはすばらしいですね。でも自分のホストファミリーが付き合いやすい人かどうかなんてわかるのでしょうか？ ② 夕食中に誰にも会話を許さない家族や、毎晩テレビの前に座っているばかりで学生に全く注意を払わない家族がいたという話を聞いたことがあります。③ 自分がそういう家族にあたってしまわないか不安です。

9 アドバイザー：① 心配いりません。そんなことは起こりませんよ。② 私たちは定期的にホストファミリーを訪問して、学生たちを大事に扱っていることを確かめています。③ 何かその家のしきたりがあるかもしれませんが、それはきっと納得できる無理のないものです。

10 学生：① それなら、私はホストファミリーとうまくやっていけるはずです。② ここまでのところ、よさそうに思えますね。③ あ、でも、家事のお手伝いをすることは期待されているのでしょうか？ ④ 実は、今まで母がほとんど何でも私のためにしてくれていたので、私は料理があまり得意ではないのです。

11 アドバイザー：① 大丈夫ですよ、ホストファミリーがあなたに料理するように求めることはありません。② 確かに、滞在客に家事**Q3**の手伝いを期待するホストファミリーは多いですが、でもどちらかというと夕食後の皿洗いや部屋にときどき掃除機をかけるといったような簡単なものでしょう。

12 学生：① それなら大丈夫です、勉強する時間がなくならないかぎりは。② 家族に何かプレゼントを持っていくというのは良い考えだと思われますか？

13 アドバイザー：① ちょっとした贈り物**Q4**を持っていくのは良い考えでしょう。とくにホストファミリーの国では見つけられないようなめずらしいものがいいですね。② でも高すぎるものは避けるべきです。③ 家族が気まずい思いをすることになって、受け取りづらくなる可能性がありますから。

14 学生：① わかりました。② もう1つ伺いたいのですが、大学からはどれくらい離れているのでしょうか？ ③ 通学に時間がかかりすぎたり、高いバス代を払ったりするのは避けたいのですが。

15 アドバイザー：① 私たちのホストファミリーは皆、大学から3マイル以内の場所に住んでいますから、通学に時間がかかりすぎることはないはずです。

16 学生：① それはよかった！ ② ホームステイのシステムはいいですね。③ では寮（hall of residence）はどうですか？ ④ ところで、ホールはドーミトリー

（dormitory）と同じなのでしょうか？⑤ 用語に混乱します。

17 **アドバイザー**：① はい、ホールとドーミトリーはほとんど同じものです。

18 **学生**：① わかりました。② それで、費用がそれほどかからないことが寮の1つの長所ですが、ほかにもありますか？

19 **アドバイザー**：① 寮では、ベッドと基本的な家具が備わった自分の部屋を持つことになりますが、そこにもう1つ別の椅子 _Q5_ やテーブルなど好みの家具を足すことができます。② キッチンは共同のところが多いです。_Q6_ ③ それに夜更かししたり、夜遅くに電話を _Q7_ かけたり、その他ホームステイだったらホストファミリーの家族に迷惑をかけるかもしれない行動についても、寮であれば心配する必要はありません。

20 **学生**：① 共同キッチンについてもっと聞かせてください。② 自分で作らなければならないのでしょうか？

21 **アドバイザー**：① そこが心配のようですね！② 基本的な料理の技術を学べる機会だと思えばいいのです。③ ひょっとすると、最後には好きになっているかもしれませんよ！④ キッチンの最大の利点は、学生たちが集まって、よい社交の場になるということです。⑤ 問題点は、皿洗いをさぼる人がいたり、冷蔵庫からあなたのものがとられたりすることがある _Q8_ ことですね。

22 **学生**：① ほかに問題点はありますか？

23 **アドバイザー**：①一番大きなマイナス面は騒音です。② 夜遅くに音楽を流してはいけないという規則はあるのですが、実際のところは、大勢の若者が同じ建物内にいるので、ときどき部屋が騒がしくなることもあります。

----

24 **学生**：① うーん…。ホームステイと寮のどちらも長所と短所がありますね。② 決めるのが難しいです。

25 **アドバイザー**：① そうでしょうね。② 最終的には、どちらの宿泊施設にするかは、あなたが何が嫌かによります。

26 **学生**：① もともと、ここに来たのは友人を作るためではなく勉強のためですから、静かであることを優先する必要があります。_Q9/10_ ② 費用は問題ですが。

27 **アドバイザー**：① おそらくホストファミリーがときどきご馳走してくれるでしょうし、一緒に旅行するときにはみんな払ってくれると思います。② 彼らにそうする義務はないのですが、助けてくれることが多いです。③ ですから、あなたが想像するほど費用はかからないかもしれませんよ。

28 学生：① それは良いことを聞きました。<u>私は絶対に観光はしたいのです。</u>

Q9/10 ② そういうことなら、騒々しいのよりは静かなほうにしたいと思います！

● 設問訳・正解・解説 ●

設問1〜8：メモ完成問題

下のメモを完成させなさい。

各設問にたいして、2単語以内で答えなさい。

交換プログラムの宿泊設備		
	ホームステイ	**寮**（ホール）
設備	ホストファミリーが下宿人に（例）<u>基本的な</u>家具の付いたベッドルームを提供：ベッド、机、椅子、1 <u>収納スペース</u>	1人部屋（5 <u>椅子</u>やテーブルを追加可能）だが、6 <u>キッチン</u>は共用
食事	<u>賄い</u>（まかない）	自炊
費用	寮より高い	ホームステイより安い
長所	庭で2 <u>バーベキュー</u>をしたり、地域で友人を作ったりできる	7 <u>深夜の</u>電話をかけてもホームステイの場合のように迷惑をかけることはない
考えられる短所	家族のルールに従う必要性3 <u>家事</u>の手伝いもする必要あり	寮内が騒がしい可能性があり、8 <u>冷蔵庫</u>のものをとられることもあるかもしれない
備考	あまり高すぎないちょっとした4 <u>贈り物</u>は名案	キッチンで料理しながら友人を作ることができる

1 正解 closet space

ホームステイの場合の個室の 'Equipment'（備品）の内容は、発言 4 の 3 文目 'They're provided with their own bedroom equipped with basic furniture.'（学生は家族から、基本的な家具の備わったベッドルームを提供されます）の後が聞き取れていれば解ける。続く発言 5 の 1 文目で、'You will have a bed, desk, chair, and closet space' と、ベッド、机、椅子とあわせて個室の設備についてふれられている。

2 正解 barbecues

メモの項目 'Upside' が「上側」ではなく、「良い点」(positive aspect) の意味であることを理解できていることが前提。勘のよい人なら、発言 7 の冒頭の 'It is significantly more expensive, but ...'（確かにずっと高いですが、しかし…）を聞いただけで、続く話の内容に集中できるだろう。発言 7 の 4 文目で、'You can take part in family activities like barbecues in the garden'（庭でのバーベキューのような家族の集まりに参加できる）と話されている。長所なので、'when you factor in the benefits' や 'worth the extra cost' といった、答えの手がかりとなる言葉を聞き落とさないように。

3 正解 household chores

'downside' は 'upside' の反意語で「良くない点」(negative aspect) の意味である。発言 10 の 3 文目に 'Oh, but am I expected to help with the household chores?' とあるので、それ以後の話のやりとりを聞き取ればよい。発言 11 の 2 文目で、'many host families do expect visitors to help with the household chores' とあり、家事の手伝いが求められることがわかる。日常的な雑用や家事を表す場合には、'chores' と複数形で用いられることに注意。

4 正解 gift

'good idea' の聞き取りが鍵。発言 12 の 2 文目で学生が、'Do you think it would be a good idea to buy some kind of present for them?' とたずねたの

に対し、アドバイザーが発言13の1文目で 'It would be nice to bring a small gift'（ちょっとした贈り物を持っていくのは良い考え）と答えている。

5 **正解** chair

発言19の1文目で寮（ホール）の部屋について、'you can add any extra items you like, such as another chair or table.'（自分の部屋に椅子やテーブルなど好みの家具を足すことができる）との説明がある。

6 **正解** kitchen

発言19の2文目で、'The kitchens tend to be shared.' と、共用キッチンについて話されている。空所の後が 'is' となっているので、答えは単数形で書くこと。'share' という語は問題文に何回か出てくるが、項目が 'Equipment'（設備）であることを忘れないように。

7 **正解** late-night

'phone calls'（電話）が手がかり。発言19の3文目に、'you wouldn't have to worry about ... making late-night phone calls ... that might annoy the members of a host family'（夜遅くに電話をかけたり、…ホストファミリーの家族に迷惑をかけるかもしれない行動についても、寮であれば心配する必要はない）とあり、深夜の電話についてふれられている。空所部分は限定用法といって名詞の前に置かれてその名詞を修飾する形容詞なので、書く際にハイフンを忘れないように気をつけよう。

8 **正解** fridge / refrigerator

発言21の5文目に、'you might find that people take your stuff from the fridge' とあり、勝手に冷蔵庫内のものが使われる可能性があることがわかる。実際に 'downside' という語が出てくるのは発言23の1文目であるが、そこでふれているのは「騒音」のことだけである。したがって、発言21の5文目初めの 'The problem is that ...'（問題点は、…）を聞いて、'problem' が

'downside' の言い換え表現であることに気づかなければ、答える機会を失ってしまう。

設問 9 と 10：多肢選択問題

A〜E の中から答えを 2 つ選びなさい。

（宿泊先を）選ぶにあたり、学生があげた 2 つの理由はどれとどれか？

- **A** 毎晩料理をするのが好きだ。
- **B** 他の生徒たちと付き合いたい。
- **C** 地元を観光したい。
- **D** 勉強に集中する必要がある。
- **E** 豪華な部屋が希望。

9・10 〔正解〕　C、D　※解答順は自由

発言 26 〜 28 のやりとりから、この学生が最終的に選んだのはホームステイ。発言 26 の 1 文目に、'I need to prioritise peace and quiet' とあり、友だちを作る機会よりも勉強に適した静かな環境を優先していることがわかるので、B は不可で D が正解。発言 28 の 1 文目で 'I definitely want to do some sightseeing' と言っていることから、観光も判断材料になっていることが明らかなので、もう 1 つの正解は C。A と E についてはふれられていない。

Track-20

Questions 1–3

*Choose **THREE** letters, **A–G**.*

What **THREE** problems does the lecturer mention about mobile devices and social networks?

- **A** Texting during lectures is annoying.
- **B** Using a mobile device can be rude.
- **C** Partners stop speaking to each other.
- **D** We begin to think others have more fun.
- **E** Accidents happen easily when texting.
- **F** We boast too much on social websites.
- **G** They tend to make us unhappy.

Questions 4–8

*Choose the correct letter, **A, B** or **C**.*

4 The term 'social networking' is contradictory because

- **A** it's easier to talk face-to-face.
- **B** the friends we make are not real.
- **C** it can make us less sociable.

5 'Phubbing' is undesirable because

- **A** you are ignoring the people around you.
- **B** students tend to do it during lectures.
- **C** it makes people spend too long in restaurants.

6 The lecturer gives an example of how social networking

   A can make a partner angry.

   B helps communication between friends.

   C makes it easy to check sports results.

7 According to the lecturer, social networking sites can lead to

   A an increase in the number of true friends.

   B more travelling to sightseeing spots.

   C worry that others are having more fun.

8 Having more face-to-face contact with other people tends to

   A lead to uncomfortable situations.

   B increase our happiness.

   C reduce our computer abilities.

Questions 9 and 10

*Choose **TWO** letters, **A–E**.*

What does the lecturer advise the students to do?

   A Treat social networks more light-heartedly.

   B Take photographs for friends to enjoy.

   C Tell everyone about their achievements.

   D Contact genuine friends only.

   E Brush up on their communication skills

Exercise 10　解答解説

Track-20

● スクリプト ●

Narrator: *IELTS Listening Practice Test 3, Section 2.*
You will hear a talk about various aspects of social networking. First, you have some time to look at questions 1–8.

Now listen carefully and answer questions 1–8.

1 ① Now before we begin the lecture, I'd like you all to put away your mobile devices. ② Are you okay with that? ③ Or do you suddenly feel vulnerable because you've lost your instant access to the world, or because you have nothing to hide behind? ④ To tell you the truth, as a lecturer, I feel a little bit threatened by the sight of a class of students tapping away on their tablets and phones. ⑤ Today, I'd like to consider three points about the overuse of mobile devices and social networks. ⑥ First, that by constantly texting and referring to mobile devices we are actively putting up barriers between ourselves and the people around us. ⑦ It can become a form of rudeness. ***Q1–3*** ⑧ Second, that too much social networking can leave us feeling miserable. ⑨ Investigations have shown that it is associated with negative emotions such as jealousy, isolation and depression. ***Q1–3*** ⑩ And finally, that social media creates the illusion that we are missing out on all the fun that other people are having. ***Q1–3*** ⑪ In short, we have the paradox that so-called social networking, which seems to have taken over the world, can be an antisocial trend ***Q4*** that is bad for our

198

mental health.

2 ① To get back to the first point, <u>the phenomenon of getting so absorbed in our mobile devices that we ignore others has led to a new expression – 'phubbing', or 'phone snubbing'</u>. *Q5* ② Most of us have been guilty of this at some time. ③ I even know of someone who responded to a Facebook update from his wife, who was sitting in the same room, rather than talk to her in the usual way! ④ Well, I'm sure that was an exception, but when you're with friends in a restaurant, constant texting and accessing of websites can be a turn-off. ⑤ You may say you just have to check your email, but what you're really saying is, 'My email is more interesting than you are.' ⑥ And of course, you can miss key parts of the conversation. ⑦ <u>What if your partner tells you they love you for the first time only to find you can't hear because you're checking the football results?</u> ⑧ <u>You'll get a furious reaction that you won't be able to switch off!</u> *Q6*

3 ① A more persuasive argument for turning down the social networking volume is that, far from enhancing users' lives, social networking actually makes people unhappy. ② Users see pictures of their friends on the beach and think, 'If they're having such a great time, why aren't I?' ③ They tend to forget that the smiling pictures are dramatised versions of their friend's lives, and do not present the whole story. ④ <u>People tend to boast that they are having a better time than they really are, causing the viewers to fall prey to FOMO, or Fear of Missing Out</u>. *Q7* ⑤ They see stars leading glamorous lives but cannot join in. ⑥ So close and yet so far! ⑦ Young teenagers are especially likely to succumb to FOMO.

4 ① In contrast to the negative effects of social networking, a positive correlation has been found between the amount of direct social contact a volunteer has and his or her happiness. ② <u>Studies have shown that the more we interact with real people, the happier we become</u>. *Q8* ③ The inescapable conclusion is that, far from enhancing our sense of well-being, social networking sites reduce it.

Narrator: *Before you hear the rest of the talk, you have some time to look at questions 9 and 10.*

Now listen and answer questions 9 and 10.

5 ① So is it better to avoid social networking sites forever, and put away those mobile devices for good? ② Not necessarily. ③ The sites can still be fun as long as you view them realistically. ④ <u>Reduce your list of friends until it includes only those people you know to be real friends.</u> ***Q9/10*** ⑤ Eliminate the random people. ⑥ <u>Don't take the whole social networking business too seriously, and you can continue to enjoy it.</u> ***Q9/10*** ⑦ So now I'll leave it to your conscience whether or not you use your devices in subsequent lectures. ⑧ For your own good, you may prefer to leave them switched off at home, and to work on getting a real life, as opposed to a virtual one.

Narrator: *That is the end of IELTS Listening Practice Test 3, Section 2. You now have half a minute to check your answers.*

You now have two and a half minutes to transfer your answers to the answer sheet.

You will find explanations of the answers and information to help you determine your score on page 198.

重要語句

1

☐ put away	〔動〕～をしまう、片づける
☐ mobile device	〔名〕携帯機器、モバイル装置
☐ vulnerable	〔形〕無防備な；傷つきやすい、弱い［⇔ guarded、protected 守られている］
☐ threatened	〔形〕脅威を受けて、脅かされて；絶滅の危機に瀕した
☐ tap (away) on	〔動〕～を（軽く）たたく
☐ tablet	〔名〕タブレット(型端末)；錠剤；板
☐ text (message)	〔動〕(携帯電話で) メールを書いて送る
☐ refer to	〔動〕～を参照する；～を照会する；～を言及する
☐ put up	〔動〕～を築く；～を建てる

☐ barrier	〔名〕障壁、妨げ；柵、境界（線）
☐ rudeness	〔名〕失礼、無作法
☐ miserable	〔形〕惨めな、情けない、不幸な
☐ jealousy	〔名〕嫉妬、やきもち ＝ envy
☐ isolation	〔名〕孤立、孤独；隔離
☐ depression	〔名〕憂鬱、うつ病、落ち込み；不景気
☐ illusion	〔名〕幻想、錯覚
☐ miss out	〔動〕（楽しみなどを）逃す、経験しそこなう《進行形で使われることが多い》；〜を入れ忘れる
☐ paradox	〔名〕矛盾；逆説、パラドックス
☐ social networking	〔名〕ソーシャルネットワーキング《コミュニティ型ウェブサイトを利用して参加者同士が交流すること》
☐ antisocial	〔形〕反社会的な；非社交的な

2

☐ snubbing	〔名〕鼻であしらうこと、無視すること；撥ねつけること
☐ guilty	〔形〕罪の意識がある、後ろめたい；有罪の［⇔ innocent 無邪気な；無実の］
☐ turn-off	〔名〕うんざりさせること、気持ちをそぐもの《口語的表現》［⇔ turn-on ぞくぞくさせるもの］
☐ furious	〔形〕怒り狂った ＝ very angry；猛烈な［⇔ calm 穏やかな；冷静な］

3

☐ persuasive	〔形〕説得力のある
☐ enhance	〔動〕〜を高める、増す ＝ increase
☐ dramatise	〔動〕〜をドラマ化する、脚色する
☐ boast	〔動〕〜を自慢する、鼻にかける
☐ fall [be] prey to	〔動〕〜のえじき［犠牲］になる　*prey〔名〕犠牲(者)；獲物
☐ glamorous	〔形〕魅力的な、華やかな《glam*ou*rous と綴ると誤字とされる可能性がある》［← glamour 華麗、魅力］
☐ succumb to	〔動〕〜に屈服する、負ける ＝ yield　**発音注意**

4

☐ in contrast to [with]	〔前・熟〕〜とは対照的に；〜と比べて

☐ correlation	〔名〕相関関係	
☐ inescapable	〔形〕不可避の、逃げられない、必然的な [⇔ avoidable 避けられる]	
☐ well-being	〔名〕幸福、満足のいく状態	

5

☐ for good	〔副〕永久に、これを最後に、これ [それ] っきり = permanently	
☐ eliminate	〔動〕～を除く、削除する	
☐ conscience	〔名〕良心、分別	
☐ subsequent	〔形〕続いて起こる、この [その] 後の、次の = following	
☐ as opposed to	〔前・熟〕～に対立するものとして(の)；～よりむしろ = rather than	

問題文について ────────────────────────●

　携帯機器の使用に関して注意を促すモノローグ。携帯メールやソーシャルネットワーキングの利用によって、対人関係や自分の精神面にどのような影響が及ぶかが話される。

● **全文訳** ●

1　① 講義を始める前に、皆さんにはすべての携帯機器をしまってもらいたいと思います。② それでも大丈夫でしょうか？ ③ それとも世界と瞬時につながる手段を失ったり、隠れ蓑がなくなったりしたことで、突然心細く感じているでしょうか？ ④ 実を言うと、講師としては、クラスの学生がタブレット端末や携帯電話のキーボードをたたいている光景を見て少し脅威に感じています。⑤ 今日は、携帯機器とソーシャルネットワークの濫用についての3つの問題を考えてみたいと思います。⑥ まず1つ目は、たえず携帯メールを打ったり、携帯画面を見たりすることで、私たちは、積極的に自分と周囲の人との間に壁を築いているということです。⑦ これは一種の無礼にあたるでしょう。***Q1-3*** ⑧ 2つ目は、過度のソーシャルネットワーキングは、私たちを惨めな気分にさせることがあるということです。⑨ 調査を通じてわかったことは、それが嫉妬、孤立、憂鬱といった否定的な感情と結びついているということです。***Q1-3*** ⑩ そして最後の問題は、それらソーシャルメディアが、自分だけが他人が楽しんでいるすべての楽しみから取り

残されているという幻想を生み出しているということです。**Q1-3** ⑪ 要するに私たちは、世界中に勢力を広げたかにみえる、いわゆるソーシャルネットワーキングが、精神衛生上よくない、反社会的な流れになりうる **Q4** という矛盾を抱えているのです。

2 ① 最初のポイントに戻ると、私たちが他者を無視して、これほどまでに携帯機器に夢中になっているという現象から新語が生まれました。'phubbing'、つまり 'phone snubbing'（電話中の他人無視）です。**Q5** ② これに関しては、私たちのほとんどが身におぼえがあるでしょう。③ 私の知り合いで、同じ部屋にいる妻に普通に話しかけずに、彼女が更新したフェイスブックに返答するという人さえいます！ ④ まあ、もちろんこれは例外だとは思いますが。しかし皆さんが友人とレストランにいるときに、たえずメールをしたり、ウェブサイトにアクセスしたりすることは相手をしらけさせる不愉快な行為になりうるのです。⑤ メールを確認する必要があるだけだと言うかもしれませんが、でも実際には「あなたよりもメールのほうが面白い」と相手に言っているのと同じことなのです。⑥ そしてもちろん、会話の重要な部分を聞き逃す可能性もあります。⑦ もし仮にあなたの付き合っている相手が初めて愛を告白したときに、あなたがサッカーの試合結果を確認していたため告白を聞いていなかったとしたら？ ⑧ スイッチを切ることのできない激しい怒りを引き起こすことになるでしょう！ **Q6**

3 ① ソーシャルネットワーキングの量を減らすことに賛成する、より説得力のある議論は、ソーシャルネットワーキングは利用者の生活を向上させるどころか、実際は人々を不幸にさせるというものです。② 浜辺にいる友人の写真を見て、「あの人たちがあんなに楽しい時間を過ごしているのに、なぜ私は違うのか？」と思う人もいます。③ そういう人たちは、微笑んでいる写真は友人の生活を劇的に脚色したものなのであって、それがすべてではないということを忘れがちです。④ 人は、実際以上に楽しい時間を過ごしていると自慢しがちで、それが見る人たちを FOMO、つまり Fear of Missing Out（自分だけが取り残されているという不安）の犠牲にさせるのです。**Q7** ⑤ 魅力的な生活をしているスターたちを見ても、そこに加わることはできません。⑥ こんなに近く見えて、あまりに遠いのです。⑦ 若いティーンエージャーたちは、特に FOMO に陥りやすい傾向があります。

4 ① ソーシャルネットワーキングの負の影響とは対照的に、社会との直接的な接触の量と幸福感との間には正の相関関係が見つかっています。② 私たちは現実

の人々とかかわりをもてばもつほど、より幸せになるということを研究が示しているのです。**Q8** ③ そこから必然的に導き出される結論は、ソーシャルネットワーキングサイトは、私たちの幸福感を高めるどころか、むしろ減退させているということです。

---

5 ① それでは、今後ずっとソーシャルネットワーキングサイトを避けて、携帯機器は永遠にしまっておいたほうがよいのでしょうか？ ② 必ずしもそうではありません。③ そのサイトは、あなたが現実的な目をもって見ているかぎり、依然として楽しめるものです。④ 友だちリストを、本当の友人だとあなたがわかっている人だけになるまで減らしてください。**Q9/10** ⑤ その場かぎりの人は削除するのです。⑥ ソーシャルネットワーキングでのことを何でも深刻に受け止めすぎてはいけません。そうすれば引き続きそれを楽しむことは可能でしょう。**Q9/10** ⑦ さて、これから始める講義中にそういった機器を使うかどうかは、皆さんの良心に任せます。⑧ 皆さんが、自分自身のために、それらの機器は電源を切って自宅に置いておいて、擬似的な生活の対極にある現実の生活を手に入れるように努力し続けるほうがよいかもしれません。

● 設問訳・正解・解説 ●

設問 1〜3：多肢選択問題

A〜G の中から答えを 3 つ選びなさい。

講師が述べた携帯機器とソーシャルネットワークの 3 つの問題はどれか？

- **A** 講義中にメールを打つのは迷惑である。
- **B** モバイル機器の使用が無礼になりうる。
- **C** パートナー同士が会話をしなくなる。
- **D** 他人が自分より楽しんでいると思いはじめる。
- **E** メールを打っているときに事故を起こしやすい。
- **F** ソーシャルネットワーキングサイト上で私たちは自慢しすぎる。
- **G** それらは私たちを不満な気持ちにさせがちである。

1・2・3 正解 B、D、G ※解答順は自由

問われているのは「携帯機器とソーシャルネットワークに関する 3 つの問題

点」なので、段落 1 の 5 文目、'Today, I'd like to consider *three points about the overuse of mobile devices and social networks.*' 以下を聞き取ればよい。段落 1 の 6・7 文目に、'constantly texting and referring to mobile devices ... It can become a form of rudeness.' とあり、たえず携帯電話を打ったり見たりするのは無礼な行為だと考えているのがわかるので、B は正解。続く 8・9 文目で 'too much social networking can leave us feeling miserable ... it is associated with negative emotions such as jealousy, isolation and depression'（過度のソーシャルネットワーキングは、私たちを惨めな気分にさせることがある…それは、嫉妬、孤立、憂鬱といった否定的な感情に結びつく）と言われており、悲しい気分になることがあるとわかるので、G も正解とわかる。また、10 文目の 'the illusion that we are missing out on all the fun that other people are having' で、自分が他人の楽しみを逃しているという、ソーシャルメディアによってもたらされる思い違いについて説明されているので、D も正解。

設問 4～8：多肢選択問題
A、B、C の中から答えを選びなさい。

4 正解 C

「ソーシャルネットワーキング」という用語が矛盾している理由は、

A 面と向かって話すほうが簡単であるから。
B 私たちの作る友だちは本物ではないから。
C 人を社交的でなくさせるから。

段落 1 の 11 文目に、'the paradox that so-called social networking ... can be an antisocial trend'（いわゆるソーシャルネットワーキングと呼ばれているものが傍若無人な反社会的な流れとなりうるという矛盾）とある。したがって、これを言い換えた C が正解。鍵は、'contradictory' が 'paradox'、'social' + 'contradictory' が 'antisocial' の言い換え表現であることを理解できるかどうか。

5 正解 **A**

'Phubbing' が好ましくない理由は

A 周囲の人を無視しているから。

B 学生たちが講義中にそれをしがちだから。

C レストランで客を長居させるから。

段落 **2** の1文目で、'phubbing' という新しい言葉をもたらした背景に、'the phenomenon of getting so absorbed in our mobile devices that we ignore others has led to a new expression'（私たちが他者を無視して、これほどまでに携帯機器に夢中になっているという現象から新語が生まれた）という現象があると説明されているので、A が正解と判断できる。

6 正解 **A**

講師が例をあげて説明しているのは、ソーシャルネットワーキングがいかに

A 相手（パートナー）を怒らせうるか。

B 友人同士のコミュニケーションを助けるか。

C スポーツの試合結果を簡単に確認させるか。

段落 **2** の7・8文目で、目の前にいる相手の言葉に集中していないことで 'You'll get a furious reaction'（憤慨させる）と言われているので、A が正解。

7 正解 **C**

講師によると、ソーシャルネットワーキングサイトがもたらすのは

A 親友の数が増えること。

B 観光地へもっと旅行するようになること。

C 他の人たちはもっと楽しんでいるという不安。

段落 **3** の4文目に、'People tend to boast that they are having a better time than they really are, causing the viewers to fall prey to FOMO, or Fear of Missing Out.' とあり、ソーシャルネットワーク上で参加者が実際以上に自慢しがちなことが、見る人たちに「自分だけが取り残されているという不安」を呼び起こすと言われているので、C が正解。

8 **正解** **B**

他人と面と向かって接触する機会を増やすことで起こる傾向にあることは

    A 居心地の悪い状況へとつながること。

    B 私たちの幸福を増すこと。

    C 私たちのコンピューター能力を低下させること。

段落 4 の 2 文目に、'Studies have shown that the more we interact with real people, the happier we become.' とあり、現実の人間とかかわりをもてばもつほど (つまり面と向かっての接触が増えるほど) 幸せになると述べられているので、B が正解。段落 2 の 3 文目に 'Facebook' が出てくるが、混乱しないように。ウェブ上に公開された 'Facebook' の 'face' は「顔写真」のことであって、'face-to-face' のように現実に「顔を向き合って」いるわけではない。

設問 9 と 10：多肢選択問題

A～E の中から答えを 2 つ選びなさい。

講師から学生へのアドバイスは何か？

    A ソーシャルネットワークともっと気楽に付き合う。

    B 友だちを楽しませるために写真を撮る。

    C 皆に自分が成し遂げたことを話す。

    D 本当の友だちとだけ連絡する。

    E コミュニケーション能力を磨く。

9・10 **正解** **A、D** ※解答順は自由

段落 5 の 4 文目に、'Reduce your list of friends until it includes only those people you know to be real friends.' とあり、ネット上の友だちリストを本当の友人だけにすることが提案されている。続く 6 文目に、'Don't take the whole social networking business too seriously'（ソーシャルネットワーキングでのことはすべて、深刻に受け止めてはいけません）とあるので、これら 2 つの発言から A、D が正しいと判断できる。他の選択肢についてはふれられていない。

Track-21

Questions 1–6

Complete the table below.

Write NO MORE THAN THREE WORDS AND/OR A NUMBER for each answer.

Course name	Gibson Desert	Reef and Rainforest
Features	Examines the desert's **1** .... life & Aboriginal **2**	Examines the world's largest **3** .... & the wide range of **4** .... in the Wet Tropics.
Number of credits	**5**	**6** ....

Questions 7–10

Choose the correct letter, A, B or C.

7 How are Aboriginals involved in the Reef and Rainforest programme?

    A They teach part of the course.

    B The students visit their villages.

    C Their paintings are studied.

8 What does the platypus project involve?

    A snorkelling in Tasmania

    B checking predator activity

    C observing diving habits

9 Why does the student choose the Reef and Rainforest programme?

    A He needs extra credits to graduate.

    B It relates to his undergraduate degree.

    C He is interested in native cultures.

10 When is the deadline to apply for the programme?

    A March

    B September

    C November

第2章

Exercise

11

Exercise 11 解答解説

Track-21

● スクリプト ●

Narrator: *IELTS Listening Practice Test 3, Section 3.*

You will hear a conversation between a student and an adviser about a study trip. First, you have some time to look at questions 1–6.

Now listen carefully and answer questions 1–6.

1 **Adviser**: ① Now I understand you're interested in ecology, and you'd like to study in Australia for a while. ② Have you been looking at the prospectuses I gave you?

2 **Bill**: ① Yes, and I've found one that looks ideal for me.

3 **Adviser**: ① Are you thinking of the Gibson Desert course in the New South Wales region? ② It has a strong focus on the desert's flora and fauna – meaning its plant and animal *Q1* life. ③ This course also looks at Aboriginal culture *Q2* in some depth. ④ It's a very popular course.

4 **Bill**: ① That one does look interesting, but the Reef and Rainforest programme interests me even more. ② It's got two modules: one studies the Great Barrier Reef – the world's largest coral reef *Q3* – and the other takes in the Wet Tropics bioregion.

5 **Adviser**: ① Could you tell me why you prefer it to the other one?

6 **Bill**: ① I'm interested in marine ecosystems, and I find coral reefs especially fascinating. ② The Wet Tropics also appeals due to its huge variety of ecosystems, **Q4** both freshwater and saltwater.

7 **Adviser**: ① Well in that case, the Reef and Rainforest programme would be perfect for you.

8 **Bill**: ① Do you know how many credits I can earn from this programme?

9 **Adviser**: ① Let me see. ② The month-long programmes earn ten undergraduate credits and the semester-long programmes earn <u>sixteen credits</u>. ③ The Gibson Desert course lasts for four weeks, so that would give you <u>the smaller number of credits</u>. **Q5** ④ The Reef and Rainforest course lasts for a whole semester, so you'd get <u>the maximum number</u> **Q6** for that course.

10 **Bill**: ① That's good news!

Narrator: *Before you hear the rest of the conversation, you have some time to look at questions 7–10.*

- -

Now listen and answer questions 7–10.

11 **Bill**: ① Could you tell me how the course is structured?

12 **Adviser**: ① Certainly. ② The programme is a mixture of seminars taught by scientists and local experts, including Aborigines, and field trips.

13 **Bill**: ① So I'll be learning from Aboriginal specialists? ② I thought the Aboriginal culture aspect was part of the Gibson Desert course, not the Reef and Rainforest course.

14 **Adviser**: ① <u>What happens is that the Reef and Rainforest programme involves Aboriginal guides teaching classes</u> **Q7** in which they share their knowledge of the local environment while the Gibson Desert course involves studying Aboriginal culture itself. ② The Gibson Desert programme looks at Aboriginal art as an abstract representation of landscape, and students discuss problems facing the survival of Aboriginal culture.

15 **Bill**: ① Could you give me an example of a field trip for the Reef and Rainforest programme?

16 **Adviser**: ① Sure. ② One ongoing programme studies the platypus, an unusual-looking creature that lives in wetlands on the east coast of Australia and

Tasmania. ③ The study involves monitoring platypus activity by recording diving patterns at various points along a river. *Q8* ④ This kind of data is very useful to determine the activities of an increasingly rare mammal. ⑤ The study also investigates the effect of a changing landscape on the platypus and other aquatic creatures.

17 **Bill**: ① That sounds cool – I'd like to be involved in that! ② What other activities take place?

18 **Adviser**: ① You'll take a trip to the Great Barrier Reef to gain an in-depth understanding of coral reef ecosystems; you'll go snorkelling to observe the reef and the fish that inhabit it; and you'll become proficient at identifying major coral groups and reef fish families. ② Later, you will use the data you collect to write a scientific report as part of your coursework.

19 **Bill**: ① That sounds not only fun but useful as well.

20 **Adviser**: ① You'll love it! ② You'll be able to see marine turtles, flying fish, stingrays, octopuses and the occasional moray eel – be careful of those!

21 **Bill**: ① Since this course will definitely help me with my degree, I'd like to go for it. ② Basically I'm hoping to specialise in marine ecosystems, so the Reef and Rainforest programme is directly relevant. *Q9* ③ Am I eligible, and if so, when is the deadline?

22 **Adviser**: ① You need to have completed at least one year of college-level coursework – which, of course, you have – and achieved good grades. ② The application deadline for the next course – that is, the spring programme – is March the thirtieth. *Q10*

23 **Bill**: ① March? ② Isn't that a bit late to be applying for a spring programme?

24 **Adviser**: ① Not at all. ② Australia's spring lasts from September to November, so if anything it's a little early!

25 **Bill**: ① Well, thanks for your help. ② You've really turned me on to this course.

26 **Adviser**: ① Good luck with your application!

Narrator: *That is the end of IELTS Listening Practice Test 3, Section 3. You now have half a minute to check your answers.*

You now have two and a half minutes to transfer your answers to the answer sheet.

You will find explanations of the answers and information to help you determine your score on page 210.

重要語句

1

☐ ecology 〔名〕生態学；生態

☐ prospectus 〔名〕（学校・企業などの）案内書；要覧、便覧

3

☐ region 〔名〕地域；地帯；範囲、領域

☐ flora 〔名〕（ある地域・時代・環境に生息する［した］）植物相；植物群

☐ fauna 〔名〕（ある地域・時代・環境に生息する［した］）動物相；動物群

☐ Aboriginal 〔形〕アボリジニ［オーストラリア先住民］の

4

☐ reef 〔名〕礁《浅い海底の岩やサンゴによる隆起部》

☐ rainforest 〔名〕熱帯雨林《熱帯の多雨地域に発達する森林》

☐ Great Barrier Reef 〔名〕［the ～］グレートバリアリーフ《オーストラリア北東部に位置するクイーンズランド海岸沿いのサンゴ礁》

☐ coral reef 〔名〕サンゴ礁

☐ tropics 〔名〕［the ～］熱帯地方《Wet Tropics はクイーンズランド北部にある湿潤熱帯地域を指す》

☐ bioregion 〔名〕生態学的地域、バイオリージョン《政治や行政による人為的な区分にたいして、動植物相の違いなどの自然環境の特徴によって区分けされた地域》

6

☐ ecosystem 〔名〕生態系

☐ freshwater 〔形〕淡水の、真水の；淡水域の

☐ saltwater 〔形〕塩水の、海水の；海水域の

8

□ credit 〔名〕(履修)単位 = unit

12

□ field trip 〔名〕見学(旅行)、現地調査旅行

14

□ abstract 〔形〕抽象的な〔⇔ concrete 具象的な、具体的な〕

□ representation 〔名〕表現、描写;表象

16

□ ongoing 〔形〕継続中の;進行中の

□ platypus 〔名〕カモノハシ = duckbilled platypus

□ creature 〔名〕生き物、動物;人間;創造物

□ Tasmania 〔名〕タスマニア島;タスマニア州《オーストラリア南東部のタスマニア本島と隣接する小島からなる》 発音注意

□ monitor 〔動〕~を観測する、監視する = observe

□ diving 〔名〕潜水、潜り;飛び込み、ダイビング

□ determine 〔動〕~を判断する、決定する

□ mammal 〔名〕哺乳動物、哺乳類

□ aquatic 〔形〕水生の;水中の cf. terrestrial 陸生の、陸上の

18

□ in-depth 〔形〕詳細な;徹底的な〔< in-〔接頭〕~へ + depth〔名〕深み〕

□ go snorkelling 〔動〕シュノーケリングに行く *snorkel〔動〕シュノーケルを使って泳ぐ《日本語はドイツ語 Schnorchel から》 発音注意

□ proficient 〔形〕熟練した、堪能な = skilled、skilful

□ coursework 〔名〕コースワーク《カリキュラムに沿った教科学習。講義やセミナーなど》 cf. research 研究

20

□ marine turtle 〔名〕ウミガメ = sea turtle《海産のカメの総称》

□ flying fish 〔名〕トビウオ

□ stingray 〔名〕アカエイ科、ヒラタエイ科のエイの一種 =〈豪・米〉stingaree

□ octopus	〔名〕タコ	
□ moray eel	〔名〕ウツボ	

21

□ relevant	〔形〕関連性のある；相当する
□ deadline	〔名〕締め切り期限 = (time) limit

23

□ apply	〔動〕志願する、出願する；〜を適用する、応用する

24

□ if anything	〔副〕どちらかといえば、それどころかむしろ

25

□ turn on (to)	〔動〕…に〜への興味を起こさせる〔関心をもたせる〕

問題文について ───────────────────────────────────────●

　オーストラリアへ留学を希望する学生と、アドバイザーとの会話。2つのプログラムの内容について、具体的な例をあげながら説明される。

●　**全文訳**　●

1　アドバイザー：① では、生態学に関心があって、少しの間オーストラリアで勉強したいと思っているのですね。② お渡しした案内書はもうごらんになっていますか？

2　ビル：① はい。私にとって理想的だと思えるものを1つ見つけました。

3　アドバイザー：① ニューサウスウェールズ地区の「ギブソン砂漠」講座を検討されているのでしょうか？ ② 砂漠の動植物相──植物と動物 **Q1** の生物相のことですが──これに重点を置いた講座です。③ アボリジニ文化についてもある程度の調査を行います。**Q2** ④ 非常に人気の高い講座です。

4　ビル：① それも面白そうなのですが、「礁(しょう)と熱帯雨林」のプログラムのほうに、もっと興味があります。② 2つのモジュール（大学履修単位）があって、1つは世界最大のサンゴ礁 **Q3** であるグレートバリアリーフについて、もう1つは湿潤熱帯地方の生態学的地域(バイオリージョン)について学ぶというものです。

5　アドバイザー：① なぜこちらのほうを好まれるのかを教えていただけますか？

6　ビル：① 海洋生態系に関心があって、サンゴ礁は特に魅力的なのです。② 湿

潤熱帯地方にも、淡水域と海水域のどちらにも、非常に多様な生態系がある **Q4** ので興味をひかれます。

7　アドバイザー：① それなら、「礁と熱帯雨林」のプログラムがあなたには最適でしょう。

8　ビル：① このプログラムで何単位取得できるかおわかりでしょうか？

9　アドバイザー：① ええと、そうですね。② 1か月間のプログラムでは学部の場合で 10 単位、1 学期間のプログラムは 16 単位です。③ ギブソン砂漠の講座は 4 週間のコースなので、単位数の少ないほう **Q5** です。④「礁と熱帯雨林」講座はまるまる 1 学期間続くので、最大数の単位 **Q6** が取れます。

10　ビル：① それはよかったです！

11　ビル：① その講座がどのような構成になっているのか教えていただけますか？

12　アドバイザー：① もちろんです。② プログラムは、科学者やアボリジニを含めた地元の専門家によるセミナーと、野外調査旅行がまじっています。

13　ビル：① ではアボリジニの専門家から学ぶことになるのですか？ ② アボリジニの文化は、「ギブソン砂漠」の講座で扱う内容であって、「礁と熱帯雨林」のものではないと思っていました。

14　アドバイザー：①「礁と熱帯雨林」のプログラムの方では、授業を受け持つアボリジニのガイド **Q7** がその地域の環境についての知識を教えてくれるのにたいして、「ギブソン砂漠」プログラムの方では、アボリジニの文化それ自体を勉強するのです。②「ギブソン砂漠」のプログラムでは、風景の抽象的表現としてのアボリジニ芸術について調査し、アボリジニ文化の存続という、それが直面する問題を学生たちで討論します。

15　ビル：①「礁と熱帯雨林」のプログラムでやる野外調査旅行の例をあげていただけますか？

16　アドバイザー：① わかりました。② いま継続中のプログラムは、カモノハシの研究で、カモノハシは、オーストラリア大陸の東海岸沿いとタスマニア島の湿地に生息する、変わった外見をした生物です。③ 研究では、川のさまざまな地点での潜水のパターンを記録することによって、カモノハシの行動の観察も行います。**Q8** ④ この種のデータは、次第に希少になりつつある哺乳類の活動を解明するのに、とても役に立つのです。⑤ この研究ではまた、景観の変化がカモノハシ

やその他の水生動物に与える影響も調査します。

17 ビル：① それは面白そうですね。私も参加してみたいです！ ② ほかにどのような活動があるのですか？

18 アドバイザー：① サンゴ礁の生態系を深く理解するため、グレートバリアリーフへ調査に行くことになります。サンゴ礁とそこに生息する魚を観察するために、シュノーケリングにも行きます。そうすれば主なサンゴ礁の群落や、礁の魚が何科のものかを見分けることが得意になるでしょう。② その後、コースワークの一環として、自分の集めたデータを使って学術報告を書くことになります。

19 ビル：① 楽しそうというだけでなく、とても役に立ちそうですね。

20 アドバイザー：① きっと気に入りますよ！ ② ウミガメ、トビウオ、アカエイ、タコ、そしてときにはウツボも見ることができます。でもウツボには気をつけてください！

21 ビル：① <u>この講座は確実に私の学位（取得）の助けになるでしょうから</u>、こちらに決めたいと思います。② そもそも、海洋生態系を専門にしたいと思っていて、<u>「礁と熱帯雨林」のプログラムは、それに直接関係している *Q9*</u> からです。③ 私に出願資格はあるのでしょうか、もしそうだとして、申し込み期限はいつなのでしょうか？

22 アドバイザー：① 最低1年間の大学レベルの<ruby>履修科目<rt>コースワーク</rt></ruby>をすでに終了している必要がありますが、これに関しては、もちろんあなたは大丈夫ですね。そして良い成績を収めていることです。② <u>次の講座、つまり春プログラムへの申し込み期限は3月30日です。</u>*Q10*

23 ビル：① 3月ですか？ ② 春プログラムへの申し込みには遅すぎませんか？

24 アドバイザー：① そんなことは全くありません。② オーストラリアの春は、9月から11月までですから、むしろ早いくらいですよ！

25 ビル：① いろいろと、ありがとうございました。② お話を聞いて、この講座にとても興味がわきました。

26 アドバイザー：① 申し込み手続き、頑張ってくださいね！

● 設問訳・正解・解説 ●

設問1～6：表完成問題

下の表を完成させなさい。

各設問にたいして、3語と数字1つ以内、または3語以内か数字1つで答えなさい。

講座名	ギブソン砂漠	礁と熱帯雨林
特徴	砂漠の **1** <u>植物と動物</u>の生物相と、アボリジニの **2** <u>文化</u>を調査する	世界最大の **3** <u>サンゴ礁</u>と、湿潤熱帯地方の多様な **4** <u>生態系</u>を調査する
単位数	**5** <u>10</u>	**6** <u>16</u>

1 正解 plant and animal

2 正解 culture

‘Gibson Desert’ という語句が出てくるのを聞き取る。この 2 つの設問の答えは発言 3 の 2・3 文目にあり、‘It has a strong focus on the desert's flora and fauna – meaning its *plant and animal* life. This course also looks at Aboriginal *culture*’ と話されている。設問 1 については空所の後に ‘life’ があるので、‘flora and fauna’（動植物）ではなく ‘plant and animal’（植物と動物の）と書き入れるのが適当。

3 正解 coral reef

‘Reef and Rainforest’ 講座の説明が現れるのは発言 4 以降。発言 4 の 2 文目で、‘one studies the Great Barrier Reef – the world's largest coral reef’ と、「世界最大の」という言葉とともに説明されている。

4 正解 ecosystems

‘Wet Tropics’ という語句は発言 4 の 2 文目に出てくるので、それ以後の話の内容をしっかり聞き取ること。発言 6 の 2 文目で、学生が「礁と熱帯雨林」のプログラムを好む理由として、‘The Wet Tropics also appeals due to its huge variety of ecosystems’ と言っており、湿潤熱帯地方には多様な種類の生態系があることがわかる。‘huge variety of’ が設問にある ‘wide range of’ の言い換えであることを理解していることが鍵。

5 正解 10 / ten

ここでは 'Gibson Desert' 講座の 'credit'（履修単位）が問題。発言 8 の 'how many credits I can earn from this programme' 以降のやりとりを聞き取る。まず、発言 9 の2文目に、'The month-long programmes earn ten undergraduate credits and the semester-long programmes earn sixteen credits' とあり、1か月間のプログラムでは学部相当で 10 単位、1 学期間のプログラムは 16 単位を取得できることが説明されている。直後の文で「ギブソン砂漠」講座は 'four weeks ... the smaller number of credits'（4 週間…少ないほうの単位）と言われており、得られるのは 10 単位とわかる。学生が発言 8 で質問しているのは 'Reef and Rainforest' 講座の 'credit' についてであるが、アドバイザーは先に 'Gibson Desert' 講座の単位数について答えているので、落ち着いて聞き取ること。

6 正解 16 / sixteen

発言 9 の4文目に、'The Reef and Rainforest course lasts for a whole semester, so you'd get the maximum number'（「礁と熱帯雨林」講座は 1 学期間続くので、最大数の単位を得られる）とあるので、こちらは 16 単位だと判断できる。設問 5 の解説を参照。

設問 7～10：多肢選択問題
A、B、C の中から答えを選びなさい。

7 正解 A

「礁と熱帯雨林」の講座にアボリジニの人たちはどう関わっているのか？

A 講座の一部を教えている。

B 学生が彼らの村を訪問する。

C 彼らの絵画が研究される。

発言 14 の1文目で、'the Reef and Rainforest programme involves Aboriginal guides teaching classes' と、「礁と熱帯雨林」の講座で授業を受け持つアボリジニのガイドについて話されているので、A が正解。B については

ふれられていない。C は発言 14 の 2 文目に 'The Gibson Desert programme looks at Aboriginal art' とあるように、「ギブソン砂漠」のプログラムの内容なので不可。

8　正解　C

カモノハシのプロジェクトには何が含まれているか？

  A　タスマニア島でのシュノーケリング

  B　捕食動物の活動

  C　水に潜る習性の観察

発言 16 の 2・3 文目に、'One ongoing programme studies the platypus ... The study involves monitoring platypus activity by recording diving patterns at various points along a river.' とあり、カモノハシのプロジェクトが「川のさまざまな地点での潜水のパターンを記録する」ものとわかるので、C が正解。A は発言 18 の 1 文目に 'you'll go snorkelling to observe the reef' とあるように、シュノーケリングはカモノハシではなく礁の観察を目的とするものなので不可。'platypus' の聞き取りが鍵になっている。意味がわからないと動揺しがちであるが、聞き取りにくい語ではないので、落ち着いて聞くことが大切。B についてはふれられていない。

9　正解　B

この学生はなぜ、「礁と熱帯雨林」のプログラムを選ぶのか？

  A　卒業のために追加の単位が必要。

  B　彼の学士号と関係している。

  C　土着の文化に興味がある。

学生は発言 21 の 1 文目で「礁と熱帯雨林」のプログラムを 'this course will definitely help me with my degree'（この講座は確実に私の学位取得の助けになる）と言っており、続く 2 文目で、'I'm hoping to specialise in marine ecosystems, so the Reef and Rainforest programme is directly relevant'（海洋生態系を専門にしたいと思っていて、「礁と熱帯雨林」のプログラムがそれに直接関係している）と説明しているので、B が正解。A、C についてはふれられていない。

10 正解 A

プログラムの出願期限はいつか？

    A 3 月

    B 9 月

    C 11 月

発言 22 の 2 文目で、'The application deadline ... is March the thirtieth.' と言われており、プログラムへの「申し込み期限は 3 月 30 日」とわかるので、A が正解。発言 24 では、「オーストリアの春は 9 月から 11 月まで」という説明も出てくるが、問われているのは季節ではなく、出願時期なので、混乱しないように。

Track-22

Questions 1–6

Complete the notes below.

Write **NO MORE THAN TWO WORDS AND/OR A NUMBER** *for each answer.*

Shackleton's expedition

Problems		His response		What happened	
	Pack ice **1** .... the ship.		He set out with his men to look for land.		They gave up due to terrible **2** ....
	They finally reached Elephant Island, which was **3**		Lack of food forced Shackleton to set sail for South Georgia with five men.		They landed, and marched over the mountains to the **4** ....
	Shackleton set out on a **5** .... vessel.		He tried to reach the island **6** .... times.		Finally he succeeded in rescuing everyone.

Questions 7–10

Which leadership qualities did Shackleton display in each of the following situations?

*Choose **FOUR** answers from the box and write the correct letter, **A**, **B** or **C**, next to questions 7–10.*

A   His ship became trapped in the ice.

B   He travelled with five men to South Georgia.

C   He gave up his own comfort for others.

---

7   finding new goals   ....

8   focus on morale   ....

9   inspiring loyalty   ....

10 resilience   ....

Exercise 12　解答解説

Track-22

スクリプト

Narrator: *IELTS Listening Practice Test 3, Section 4.*
You will hear a talk about a famous explorer. First, you have some time to look at questions 1–10.

- -

Now listen carefully and answer questions 1–10.

1 ① In today's class, I'd like to take a famous figure as a case study on leadership skills, and to suit this wintry weather I've chosen an inspiring person from the world of polar exploration. ② No tasks require greater presence of mind than guiding people over the ice, where a small error can mean instant death. ③ I had several figures to choose from. ④ One of the most famous is Roald Amundsen, whose organisational skills helped him lead the first expedition to reach the South Pole in the early years of the twentieth century. ⑤ Another is Sir Robert Scott, who raced Amundsen to the Pole but lost, and perished along with his team on the journey home despite making heroic efforts. ⑥ For me, though, the figure of Ernest Shackleton is the greatest example of all. ⑦ Many of you will have heard of him, but for those who haven't, let's review the facts.

2 ① In 1914, as the clouds of war began to drift over Europe, Shackleton's ship Endurance departed for the South Pole with a crew of twenty-seven. ② The aim was for six men to be dropped off on the Antarctic coast near the Weddell Sea, cross the Antarctic continent, and be picked up again by the Endurance on

224

the opposite coast. ③ Unfortunately, the Endurance became trapped in pack ice over the ocean, and the men decided to wait it out until the ice melted in the spring. ④ After several months of waiting, they witnessed pack ice <u>breaking up</u> *Q1* the ship, and the dream of crossing the Antarctic was at an end. ⑤ The crew then set out on foot in search of land, but had to abandon the attempt in the face of terrible <u>weather conditions</u>. *Q2* ⑥ They remained on the ice for six months, until it melted enough to launch the lifeboats rescued from the Endurance. ⑦ The men then set off for <u>uninhabited</u> *Q3* Elephant Island off the coast of Antarctica, which they finally reached after many mishaps.

3 ① The men were overjoyed to finally reach land, even if <u>it was uninhabited</u>, *Q3* but Shackleton realised that they had too little food to survive until the whaling ships arrived in the spring to rescue them. ② He picked five men to accompany him and left the remaining twenty-two on the ice as he sailed to <u>South Georgia, a tiny island in the Atlantic Ocean which had a whaling station</u>. ③ After sixteen days, <u>Shackleton and his men landed on an uninhabited part of the island, and had to march over mountains to reach the whaling station</u>. *Q4* ④ Finally, they reached civilisation. ⑤ Shackleton immediately set out in a <u>borrowed</u> *Q5* ship to rescue the men stranded on Elephant Island. ⑥ It took <u>four attempts</u> *Q6* to reach the island, but on finally landing, Shackleton was overjoyed to find that all the men were alive. ⑦ Throughout the hardships, not a single life was lost.

----

4 ① Shackleton displayed many great leadership qualities that are relevant for our times. ② One of these was his ability to <u>change his objectives</u> in line with changing conditions. ③ <u>As soon as he realised that the Endurance was stuck in the ice, he knew that the goal of the expedition was no longer to walk across the continent of Antarctica</u>. *Q7* ④ The new goal was to survive. ⑤ He never lost sight of that goal, and achieved it brilliantly. ⑥ This may seem an obvious objective to set, but it is often very hard for people to give up on their dreams.

5 ① You may be asking why this leadership quality displayed by a man who lived a century ago is so relevant for us today. ② Well, it's true that it is no longer 1914, and we are not facing a blizzard in the southern seas. ③ But we also live

in uncertain times – our economy is insecure, climate change is upon us, and terrorism is a menace. ④ In such circumstances, it becomes more important than ever to redefine our goals as new conditions come to the fore. ⑤ In today's business world, too, it is essential to change our objectives rapidly in response to new situations if we are going to succeed.

6 ① Another leadership quality that Shackleton displayed was concern for morale. ② Understanding that idleness can lead to depression, he kept his men active. ③ This is also one reason behind his decision to march across the ice once the ship sank. *Q8* ④ He pointed out: 'It would be, I considered, so much better for the men to feel that they were progressing – even if the progress was slow – towards land and safety, than simply to sit down and wait.' ⑤ En route to South Georgia, he made sure that the men got food and drink every four hours. ⑥ Once this routine was created, it gave the men something to look forward to. ⑦ He was always ready to sacrifice his own comfort for others, thus leading by example, and this inspired loyalty *Q9* in his men.

7 ① The final leadership quality, which Shackleton possessed in abundance, was resilience. ② He had a supreme ability to recover quickly from disappointments and move on with optimism. ③ Time and time again the conditions of the Antarctic turned against him, yet he would not accept defeat. ④ During the arduous trip to South Georgia, a lesser man would have given up a hundred times, but Shackleton's response was to shake off the gloom and move on. *Q10* ⑤ The worse things grew, the calmer and more determined Shackleton became.

8 ① So what can we learn from this? ② Whatever our field of endeavour, be it politician, businessman, or – dare I say it? – professor, we can all apply the same lessons of leadership. ③ The most important lesson Ernest Shackleton taught us is that leadership is not something we learn from books or in the classroom. ④ It comes from deep within us.

Narrator: *That is the end of IELTS Listening Practice Test 3, Section 4. You now have half a minute to check your answers.*

You now have two and a half minutes to transfer your answers to the answer sheet.

You will find explanations of the answers and information to help you determine your score on page 224.

重要語句

1

☐ figure 〔名〕人物；姿

☐ case study 〔名〕事例研究、ケーススタディ《個人や集団、文化などの個別単位について発達や行動を分析研究すること》

☐ wintry 〔形〕冬の；冬らしい；寒い

☐ inspiring 〔形〕鼓舞する、活気づける

☐ polar 〔形〕極(地)の；対極にある、正反対の cf. Arctic 北極の、Antarctic 南極の

☐ exploration 〔名〕探検；探求、調査

☐ presence of mind 〔名〕(大事・緊急時における) 落ち着き、冷静沈着、心の平静

☐ expedition 〔名〕遠征；遠征隊；(探検)旅行

☐ South Pole 〔名〕[the ~] 南極

☐ perish 〔動〕(不慮の事故・災害などで) 死ぬ；消滅する

☐ heroic 〔形〕勇敢な；英雄的な = brave、courageous

2

☐ drift 〔動〕漂う

☐ depart 〔動〕出発する

☐ crew 〔名〕乗組員、乗務員《集合名詞》

☐ Weddell Sea 〔名〕[the ~] ウェッデル海《南極大陸沿岸部、大西洋側の海域》

☐ be(come) trapped in 〔動〕~に閉じ込められる、陥る

☐ pack ice 〔名〕叢氷《浮氷が風に吹き寄せられて大きな塊となったもの》

☐ wait out 〔動〕(災難・不愉快な状況が) 過ぎるまで待つ、やり過ごす、静観する

☐ melt 〔動〕(氷・雪・金属などの固体が熱で) 溶ける

☐ witness	〔動〕	～を目撃する；～に立ち会う
☐ break up	〔動〕	～をばらばらにする、破壊する
☐ set out	〔動〕	踏み出す、出発する = set off
☐ abandon	〔動〕	(仕事・計画などを) 断念する、あきらめる；(人・場所などを) 捨てる、去る
☐ launch	〔動〕	(ボートなどを) 水面に下ろす、(ロケット・人工衛星などを) 打ち上げる、発射する；(事業・活動を) 開始する
☐ lifeboat	〔名〕	救命艇 [ボート]
☐ uninhabited	〔形〕	無人の、人の住んでいない
☐ mishap	〔名〕	(小さな) 災難；不幸な出来事

3

☐ overjoyed	〔形〕	大喜びして = delighted
☐ whaling ship	〔名〕	捕鯨船
☐ accompany	〔動〕	～に同行する、付き従う
☐ march	〔動〕	行進する、行軍する
☐ civilisation	〔名〕	文明社会；文明
☐ stranded	〔形〕	立ち往生した；乗り上げて動けない、座礁した
☐ attempt	〔名〕	試み、努力　—〔動〕 ～を試みる、企てる

4

☐ objective	〔名〕	目的、目標 = aim、goal
☐ in line with	〔前・熟〕	～と一致して、～に従って　cf. out of line with ～と一致しないで
☐ be stuck in	〔動〕	～にはまり込んで動けなくなる、立ち往生する cf. get stuck in 〔熟〕 (困難な仕事に) 本気になって取り組む

5

☐ blizzard	〔名〕	ブリザード、雪嵐（ゆきあらし）、猛吹雪、暴風雪
☐ uncertain	〔形〕	はっきりしない、確信がない
☐ insecure	〔形〕	不安定な；不確かな [⇔ secure 安全な；ゆるぎない]
☐ menace	〔名〕	脅威；危険《人・物事を指して使われる。threat より文語的》
☐ redefine	〔動〕	～を変更する；～を再検討する；～を定義しなおす

☐ come to the fore	〔動・熟〕（能力・問題などが）前面［表］に出てくる、目立ってくる；表舞台に出る、重要な役割を演じる

6

☐ morale	〔名〕（危機・難局にあたるときの）士気、意気込み、気力
☐ idleness	〔名〕無為、怠惰
☐ en route (to)	〔副〕（〜への）途中で ＝ on the way 発音注意
☐ sacrifice	〔動〕〜を犠牲にする、捧げる
☐ loyalty	〔名〕忠義、忠誠

7

☐ resilience	〔名〕立ち直る力、（精神的な）回復力、反発力；弾力(性)
☐ supreme	〔形〕絶大な、極度の；至高の、最高位の
☐ optimism	〔名〕楽観；楽天主義 ［⇔ pessimism 悲観；悲観主義］
☐ turn against	〔動〕〜に敵対する、反抗する、不利に働く
☐ lesser	〔形〕より劣った、より重要でない；より小さい［少ない］
☐ shake off	〔動〕〜を払いのける；〜を断ち切る、振り切る
☐ gloom	〔名〕絶望感；憂鬱；暗闇

8

☐ endeavour	〔名〕努力 ―〔動〕（〜しようと）努める

問題文について

探検家アーネスト・シャクルトンに関するモノローグ。南極を目指して出発したのち、幾多の困難を経て生還した彼が発揮した指導力について説明している。

全文訳

1 ① 今日の授業では、リーダーシップスキルの事例研究として有名人を取り上げたいと思います。この冬の天気に合わせて、極地探検の世界から手本として学ぶべき人物を選びました。② 小さなミスが即、死につながる可能性がある氷上で人を導くことほど、平常心を必要とする任務はほかにありません。③ 何人かの候補者がいました。④ 最も有名な人物の1人は、ロアール・アムンセンです。彼のものごとに巧みに対処する能力が、20世紀初頭に最初の遠征隊を率いて南極点に到達することに役立ちました。⑤ もう1人は、ロバート・スコット卿です。彼は［世界初の］南極点到達をめざしてアムンセンと競って敗れ、果敢な奮闘にもかかわらず、故郷に戻る航海の途中で、率いる隊員たちとともに亡くなりました。

⑥ しかし私にとっては、アーネスト・シャクルトンという人物こそが、最もすばらしい実例です。⑦ 皆さんの中には彼のことを聞いたことがある人も多いでしょうが、知らない人のために、事実をおさらいしましょう。

2 ① ヨーロッパに戦争の暗雲が漂いはじめていた 1914 年、シャクルトンの船、エンデュアランス号が 27 名の乗組員とともに南極点に向けて出発しました。② 遠征の目的は、6 名がウェッデル海近くの南極の海岸で船から降ろされ、南極大陸を横断し、反対側の海岸でエンデュアランス号にふたたび迎えてもらうというものでした。③ 残念ながら、エンデュアランス号は海上で叢氷（そうひょう）に阻まれて身動きが取れなくなり、男たちは春に氷が溶けるまで待つことにしました。④ 数か月待ち続けた後、彼らは叢氷が船を破壊している **Q1** のを目撃し、南極大陸横断の夢はついえました。⑤ 乗組員たちはその後、徒歩で陸地を探しに出ましたが、極度の悪天候 **Q2** に直面し、その試みを断念しなければなりませんでした。⑥ 彼らはそのまま氷上に留まり、6 か月経つと氷もじゅうぶんに溶けて、エンデュアランス号から運び出した救命ボートを水面に下ろすことが可能になりました。⑦ 男たちは次に南極海岸の沖合にある無人の **Q3** エレファント島に向けて出発し、多くの不運な出来事ののち、ようやくそこにたどり着いたのです。

3 ① 男たちは、たとえ無人島であっても、**Q3** ようやく陸地に到達できて大喜びしましたが、シャクルトンは、彼らがほとんど食料を持っておらず、春に捕鯨船が救出に来てくれるまで生き延びることはできないと気づきました。② 彼は同行させる 5 名を選び、捕鯨基地のある大西洋の小島、サウスジョージア島へとボートで向かうため、残りの 22 名は氷上に残しました。③ 16 日後、シャクルトンの一行はその島の無人の海岸に上陸しましたが、捕鯨基地にたどり着くために意を決して山々を越えて歩かなければなりませんでした。**Q4** ④ そしてついに、彼らは文明社会にたどり着きます。⑤ シャクルトンはすぐに、エレファント島に取り残されている男たちを救出するため、借りた **Q5** 船で出発しました。⑥ エレファント島への到達を 4 度試みて **Q6** ようやく上陸すると、シャクルトンは仲間が全員生きていることを知って歓喜しました。⑦ この苦難にみまわれた間に、1 人の命も失われることはなかったのです。

----

4 ① シャクルトンは、われわれの時代にも無縁ではない多くのすばらしいリーダーシップの特性を示しました。② その 1 つは、変化する状況に対応して目標を変更する彼の能力です。③ エンデュアランス号が氷の中で立ち往生していること

に気付くとすぐに、彼は、遠征の目標はもはや南極大陸を歩いて横断することではないと理解しました。**Q7** ④ 新たな目標は、生き延びることだったのです。⑤ 彼は決してその目標を見失うことなく、見事にそれを達成しました。⑥ これは当たり前の目標設定に思えるかもしれませんが、人にとって自分の夢を諦めるというのは、しばしばとても難しいものなのです。

⑤ ① 皆さんは、100 年も前に生きた人間によって示されたこのリーダーシップの特性が、なぜ今日のわれわれに関係あるのかと疑問に思っているかもしれませんね。② 確かにもう 1914 年ではありませんし、私たちが南の海で猛吹雪（ブリザード）に直面しているわけでもありません。③ しかし私たちも、不確実な時代を生きているのです。経済は不安定ですし、気候変動も起こっていますし、テロ行為も脅威の種です。④ このような状況では、新たな事態が表立ってきたときに自分たちの目標を見直すことが、これまで以上に重要になります。⑤ 今日のビジネス界でも、成功するためには、新しい状況に即座に反応して目的を変更することがきわめて重要なのです。

⑥ ① シャクルトンが示した他のリーダーシップの特性は、士気に対する配慮でした。② 何もしないでいることが抑鬱（よくうつ）の原因となりうる危険性を理解していたので、彼は部下を活動状態に置き続けました。③ これはまた、船が沈んだ後に徒歩で氷上を横断することを決意した理由の 1 つでもあるのです。**Q8** ④「私が考えたのは、たとえ遅々としたものであっても、陸地や安全なところに向かって前進していると彼らが感じる方が、ただ座して待つよりはるかによいだろう、ということでした」と彼は説明しました。⑤ サウスジョージア島へ向かう途中で、彼は乗組員たちが 4 時間ごとに食料と水を摂ることを確実にしました。⑥ いったん、この決まりができると、それは男たちに楽しみに待つものを与えました。⑦ 彼は、他者のために自身の快適さを犠牲にする準備がつねにできていて、みずから範を示して指導しました。そしてこれが、彼の部下たちの中に忠誠心を呼び起こしたのです。**Q9**

⑦ ① シャクルトンが豊富にもちあわせていた、最後のリーダーシップの特性は、立ち直る力でした。② 彼は絶望からすばやく立ち直り、前向きな気持ちでふたたび前に進んでいくことのできる非常に優れた能力をもっていました。③ 幾度となく、南極の状況は彼に敵対しましたが、彼は敗北を受け入れようとはしませんでした。④ サウスジョージア島への困難な航海中、意思の弱い人間だったら 100 回でも諦めたことでしょう。しかしシャクルトンの反応は、暗い気持ちを払いのけ

て前進するというものでした。**Q10** ⑤ 事態が悪化すればするほど、シャクルトン
はより冷静沈着に、より決然とした態度になったのです。

8 ① 私たちは、ここから何を学ぶことができるでしょうか？ ② 皆さんの努力
する分野が何であれ、政治家、実業家、あるいは、あえて言わせていただければ、
教授であれ、私たちは皆、同じリーダーシップの教訓を自分のものとして活かす
ことができるのです。③ アーネスト・シャクルトンが私たちに教えてくれた最も
重要な教訓は、リーダーシップは本や教室で学ぶものではないということです。
④ それは私たちの内面の奥深くから来るものなのです。

● 設問訳・正解・解説 ●

設問1〜6：メモ完成問題

下のメモを完成させなさい。

各設問にたいして、2語と数字1つ以内、または2語以内か数字1つで答えなさ
い。

シャクルトンの遠征					
問題	叢氷が船を **1** 壊し<u>た</u>。	**対応**	乗組員と共に陸地を探しに出かけた。	**結果**	ひどい悪 **2** <u>天候</u>のために断念した。
	ようやくエレファント島に到着するが、そこは **3** <u>無人</u>だった。		食料不足のため、シャクルトンは **5** 人の男たちと一緒に、サウスジョージア島へ向かわざるを得なかった。		上陸し、**4** 捕鯨基地へ向けて山々を越えて歩いた。
	シャクルトンは **5** <u>借りた</u>船に乗って、出発した。		彼は **6** <u>4</u>回、島への上陸を試みた。		ついに、全員を無事に救出した。

1 正解 broke up

'pack ice' は段落 2 の 3 文目に出てくるので、続く文の聞き取りが大切である。段落 2 の 4 文目に 'they witnessed pack ice breaking up the ship'（彼らは叢氷が船を破壊しているのを目撃した）とある。本文では 'breaking up' と分詞になっていた情報がここでは文の動詞になるので、過去形で書くこと。

2 正解 weather conditions

段落 2 の 5 文目に、'The crew then set out on foot in search of land, but had to abandon the attempt in the face of *terrible weather conditions.*'（乗組員たちはその後、徒歩で陸地を探しに出たが、極度の悪天候に直面し、その試みを断念しなければならなかった）との情報がある。この設問では、答えがそのままの形で現れるので、正しく聞き取れていれば問題ないが、'gave up' が '(had to) abandon'、'due to' が 'in the face of' のそれぞれ言い換え表現であることがわかっていれば、答えやすい。

3 正解 uninhabited

段落 2 の 7 文目の 'The men then set off for uninhabited Elephant Island off the coast of Antarctica'（男たちは次に南極海岸の沖合にある無人のエレファント島に向けて出発した）と、段落 3 の 1 文目の 'The men were overjoyed to finally reach land, even if it was uninhabited'（男たちは、たとえ無人島であっても、ようやく陸地に到達できて大喜びした）から、エレファント島が無人島とわかる。'uninhabited' のほかに 'Elephant Island' を修飾する形容詞は出てこないので、'it' が 'Elephant Island' を指していることさえしっかり聞き取れていれば、答えの選択に迷うおそれはない。

4 正解 whaling station

段落 3 の 3 文目の '*Shackleton and his men landed on an uninhabited part of the island, and had to march over mountains to reach the whaling station*' から、山々を越えて向かった場所が「捕鯨基地」とわかる。

5　**正解**　borrowed

> 段落 **3** の 5 文目に、'*Shackleton* immediately *set out* in a *borrowed ship* to rescue the men'（シャクルトンはすぐに、男たちを救出するため、借りた船で出発した）という情報がある。本文では 'ship' と言っているが、'vessel' に船（特に大型の）という意味があることを覚えておこう。

6　**正解**　4 / four

> 段落 **3** の 6 文目で、'It took four attempts to reach the island, but on finally landing'（エレファント島への到達を 4 度試みてようやく上陸すると）と言われている。'tried' が 'took attempts' の同意表現であること、'time(s)' が回数を数える場合の表現であることを理解しているかどうかが鍵になる。

設問 7～10：組み合わせ問題

以下の状況で、シャクルトンが示したリーダーシップの特性はどれか？

枠の中から答えを 4 つ選び、設問 7～10 の空所にあてはまるものを A、B、C で書きなさい。

A　彼の船が氷に閉じ込められた。

B　5 人の男たちとともにサウスジョージア島へ向かった。

C　他人のために自らの快適さを犠牲にした。

7　新しい目標設定　**正解**　A

> 「シャクルトンが示したリーダーシップ」については、発言 **4** 以下の話の内容を正しく聞き取れるかどうかが鍵である。'new goal' に関しては、発言 **4** の 2～4 文目に該当する情報がある。3 文目の 'As soon as he realised that the Endurance was stuck in the ice, he knew that the goal of the expedition was no longer to walk across the continent of Antarctica.'（エンデュアランス号が氷の中で立ち往生していることに気付くとすぐに、彼は、遠征の目標はもはや南極大陸を歩いて横断することではないと理解した）に続けて、'The new goal was to

survive.'（新たな目標は、生き延びることだった）と、すぐに目標を切り替えた
ことが語られている。

8 士気に対する配慮 　**正解** 　B

'morale' に関しては、発言 6 の 1～3 文目に該当する情報がある。2 文目の
'Understanding that idleness can lead to depression, he kept his men
active.'（何もしないでいることが抑鬱の原因となりうる危険性を理解していたので、
彼は部下を活動状態に置き続けた）という説明に続けて、'This is also one reason
behind his decision to march across the ice once the ship sank.'（これはまた、
船が沈んだ後に徒歩で氷上を横断することを決意した理由の 1 つでもある）と言わ
れている。

9 忠誠心の喚起 　**正解** 　C

'loyalty' に関しては、発言 6 の 7 文目に、'He was always ready to sacrifice
his own comfort for others, thus leading by example, and this inspired
loyalty in his men.'（彼は、他者のために自身の快適さを犠牲にする準備がつねに
できていて、みずから範を示して指導した。そしてこれが、彼の部下たちの中に忠誠
心を呼び起こした）とある。

10 立ち直る力 　**正解** 　B

'resilience' の意味の理解がないと、聞き取りはむずかしい。したがって、
「IELTS では、問題文の流れの順に設問に答えていく」という原則によること
になるだろう。発言 7 の 1～4 文目に該当する情報がある。2 文目で 'He had
a supreme ability to recover quickly from disappointments and move on
with optimism.'（彼は絶望からすばやく立ち直り、前向きな気持ちでふたたび前に
進んでいくことのできる非常に優れた能力をもっていた）と説明されたのち、4 文
目で 'During the arduous trip to South Georgia, a lesser man would have
given up a hundred times, but Shackleton's response was to shake off the
gloom and move on.'（サウスジョージア島への困難な航海中、意思の弱い人間だっ
たら 100 回でも諦めたことだろうが、シャクルトンの反応は、暗い気持ちを払いのけ

て前進するというものだった) と、その「優れた能力」を発揮した一例をあげて
いる。

第3章

リスニング実戦模試

Track-23

Questions 1–8

Complete the notes below.

*Write **NO MORE THAN TWO WORDS AND/OR A NUMBER** for each answer.*

Cruise holidays	
Older people like	attending historical [***Example***] *lectures* and visiting ports easily
Younger people like	the nightlife and **1** .... atmosphere; kids like exploring
Queen Mary	• Traditional liner • Tours the **2** .... ports • Experts give lectures on destination ports • Library with **3** .... books Exercise: promenade deck, bowls Negatives: grand balls and croquet
Internazionale	• Tours the west coast of Africa • Unusual shops selling African clothing and **4** .... • As many as **5** .... dining rooms & two theatres Exercise: real lawn; swimming pools with slides Negatives: **6** .... with 10 tables
Cape Town	• Beautiful beaches with the chance to see **7** .... • Wildlife, e.g., zebra and wildebeest • Art galleries and designer stores Negatives: problems with safety; take care **8** ....

Questions 9 and 10

Complete the notes below.

*Write **NO MORE THAN TWO WORDS** for each answer.*

Name	**9** ....
Email	**10** ....

Track-24

Questions 11 and 12

Choose **TWO** letters, **A–E**.

According to the speaker, Stoke University

A was set up by the government.

B offers environmental technology.

C has 10,000 students.

D is in a prosperous area.

E was established in the 1960s.

Questions 13–17

Complete the notes below.

Write **NO MORE THAN THREE WORDS AND/OR A NUMBER** for each answer.

Stoke University	
Courses Single or **13** .... honours degree Take three to seven years to complete	**Library** Ten libraries close to the faculties Over **14** .... books & journals
Expense Cheaper than London Financial advice on offer	**Accommodation** Room in a **15** .... or shared house with kitchen
Social Christmas Market with live bands Summer Ball with food and **16**	**Clubs** Choice of 100 campus clubs

Foundation course

One-year course for **17** _____ speakers. Can take this course overseas while preparing for undergraduate study.

Questions 18–20

Complete the summary below.

*Write **NO MORE THAN THREE WORDS AND/OR A NUMBER** for each answer.*

About the UK

The UK has four distinct seasons, with temperatures ranging from freezing to the high 20s. Rain is frequent. The currency is pounds, and banks open until **18** _____ in the evening. You can withdraw money with a credit card but must enter your **19** _____ first. Many people have no **20** _____ but you are free to practice as you like.

Track-25

Questions 21–24

Which opinion does each person express about aid?

Choose **FOUR** answers from the box and write the correct letter, **A–F**, next to questions **21–24**.

> **A** The government can afford to spend 1% of GDP on foreign aid.
>
> **B** Aid should be extended to help wildlife.
>
> **C** Dictators spend aid money on themselves.
>
> **D** South Korea receives too much aid.
>
> **E** Aid workers should not expect high salaries.
>
> **F** Governments are careful about how they spend aid money.

21 Mohammed   ....

22 Fay   ....

23 The professor   ....

24 Claire   ....

Questions 25–28

Complete the sentences below.

*Write **NO MORE THAN TWO WORDS AND/OR A NUMBER** for each answer.*

The professor mentions what he saw at a Kenyan **25** .... about aid.

The VDA sends **26** .... directly to countries in need.

The VDA has saved more than **27** .... children from serious illnesses.

Concerning aid, South Korea is now a **28** .... nation.

Questions 29 and 30

*Choose **TWO** letters, **A–E**.*

Billionaire aid-givers tend to focus on

    A   making a small profit.

    B   cutting waste.

    C   involving the government.

    D   investing in infrastructure.

    E   having a clear goal.

第3章 TEST

Track-26

Questions 31–36

Complete the notes below.

Write **NO MORE THAN TWO WORDS** *for each answer.*

Retaining lesson content	Benefits	Drawbacks	Suggestion
Recording	Get down the **31** .... spoken by the professor	Can record too much data: might never listen back	Use the recording device **32** ....
Note-taking	Most efficient way to put down information	Hard to find a **33** .... between taking notes and listening to the lecture	Use plenty of **34** ....
Laptops & touchscreens	Easy to **35** .... notes later	Typing with the **36** .... keyboard is slow	Replace with a new kind of keyboard

Questions 37 and 38

Choose **TWO** letters, **A–E**.

What **TWO** features of the new keyboard design does the professor mention?

A   Users can type 20 words a minute.
B   It combines thumb and finger typing.
C   The right thumb hits the vowels.
D   The keyboard is split into two.
E   It is one-third the price of a traditional keyboard.

Questions 39 and 40

Choose the correct letter, **A, B** or **C**.

39   The professor said he has a special interest in

A   keyboard design.
B   recording devices.
C   symbolic notation.

40   The professor will go on to

A   give further advice.
B   mention other note-taking methods.
C   start the lecture.

正解一覧

1 romantic		**2** Mediterranean	
3 6,000 / six thousand		**4** masks	
5 8 / eight	**6** casino	**7** whales	**8** at night
9 Jane McMurray		**10** jm@bigfarm.com	

Track-23

● スクリプト ●

Narrator: *IELTS Listening Mock Test. You will hear a number of different recordings and you will have to answer questions on what you hear. There will be time for you to read the instructions and questions and you will have a chance to check your work. All the recordings will be played once only. The test is in four sections. At the end of the test you will be given ten minutes to transfer your answers to an answer sheet. Now turn to Section 1.*

Section 1.
You will hear a customer talking to a travel agent about cruise holidays. First, you have some time to look at questions 1–8.

- -

You will see that there is an example that has been done for you. On this occasion only, the conversation relating to this will be played first.

1 Travel agent: ① Hello, welcome to Travel Smart. ② How can I help you?

2 Customer: ① Hi, I'm interested in booking a cruise holiday for four. ② We've never been on one before, and we'd like to try something different.

3 Travel agent: ① We have several cruises on our books. ② How many of you will be travelling?

4 Customer: ① I plan to go with my husband and two young children, so there'll be four of us.

5 Travel agent: ① I'm sure we can find something that will suit your needs.

6　**Customer**: ① Do you have any family-oriented cruises, or do the cruise ships cater mostly to older people? ② My mother went on one and had a great time, but she's eighty years old, and she's content to sit out on deck and read a book. ③ I like to be more active.

7　**Travel agent**: ① There is a general image that cruises are for older people, but recently younger people have been enjoying them, too. ② They often like different things. ③ On our cruises, <u>older people tend to enjoy the historical lectures about the ports that they are visiting</u> *Example* and the opportunity to see some fascinating places without using up too much physical energy.

Narrator: *The travel agent mentions that older people like the historical lectures offered on cruises, so 'lectures' has been written in the space.*

Now we shall begin. You should answer the questions as you listen, because you will not hear the recording a second time. Listen carefully and answer questions 1–8.

1　**Travel agent**: ① Hello, welcome to Travel Smart. ② How can I help you?

2　**Customer**: ① Hi, I'm interested in booking a cruise holiday for four. ② We've never been on one before, and we'd like to try something different.

3　**Travel agent**: ① We have several cruises on our books. ② How many of you will be travelling?

4　**Customer**: ① I plan to go with my husband and two young children, so there'll be four of us.

5　**Travel agent**: ① I'm sure we can find something that will suit your needs.

6　**Customer**: ① Do you have any family-oriented cruises, or do the cruise ships cater mostly to older people? ② My mother went on one and had a great time, but she's eighty years old, and she's content to sit out on deck and read a book. ③ I like to be more active.

7　**Travel agent**: ① There is a general image that cruises are for older people, but recently younger people have been enjoying them, too. ② They often like different things. ③ On our cruises, <u>older people tend to enjoy the historical lectures about the ports that they are visiting</u> *Example* and the opportunity to see some fascinating places without using up too much physical energy.

8 Customer: ① And how about younger people?

9 Travel agent: ① Younger people tend to like the nightlife and the ship's romantic atmosphere. *Q1* ② Kids love the swimming pools and exploring the decks.

10 Customer: ① That sounds promising. ② Could you tell me about one or two of the cruises you have available?

11 Travel agent: ① Of course. ② One of our most popular cruise ships is the Queen Mary, which travels around the Mediterranean. *Q2* ③ It's a traditional liner with a special appeal for people who like to learn as they travel. ④ It features experts giving lectures on each of the ports that the ship calls in at. ⑤ The ship also hosts grand balls, and has a lobby three storeys high. ⑥ You can get your exercise by walking on the promenade deck and playing croquet and bowls. ⑦ It has a stunning library holding six thousand books, *Q3* so you won't need to pack any in your suitcase.

12 Customer: ① I know my husband would like the library, but it sounds a little sedate for me and the kids. ②We're too young for grand balls and croquet! ③ Also, I've been to the Mediterranean so many times. ④ Do you have any more exotic cruises on your books?

13 Travel agent: ① We have the Internazionale, which visits ports along the west coast of Africa.

14 Customer: ① That's more like it! ② Could you tell me about the ship?

15 Travel agent: ① Well, to start with, it has some interesting shops selling products that would be difficult to find elsewhere.

16 Customer: ① Really? ② Such as what?

17 Travel agent: ① There's a great selection of African clothing and masks. *Q4* ② Look, I have a mask here which another customer brought back as a souvenir.

18 Customer: ① Wow, that's spooky!

19 Travel agent: ① Isn't it? ② Let me take a quick look at the brochure ... ③ It says here that the Internazionale has a grass lawn behind the funnels, not plastic grass but real grass, where kids can play all kinds of games. ④ It has no fewer than four swimming pools with fun slides and water-play areas for children.

20 **Customer**: ① That sounds great! ② How about the entertainment for adults?

21 **Travel agent**: ① Well, if you like fine dining you can choose from any of the ship's <u>eight dining rooms</u>, *Q5* and for after-dinner entertainment you can catch a play in one of the two theatres. ② There's also a <u>casino</u>, *Q6* which is non-smoking and features ten gaming tables as well as a hundred slot machines.

22 **Customer**: ① Hmm. ② I don't really approve of gambling, so in my mind that's a mark against it. ③ How about keeping fit?

23 **Travel agent**: ① The Internazionale has a state-of-the-art fitness centre – but to be fair, the Queen Mary has one that is just as good.

24 **Customer**: ① A trip down the coast of Africa sounds very exotic. ② Is it more expensive than the other cruise?

25 **Travel agent**: ① They're about the same price.

26 **Customer**: ① Where does the ship visit?

27 **Travel agent**: ① The Internazionale docks at ports from Casablanca down to Cape Town.

28 **Customer**: ① Cape Town? ② I've always wanted to go there. ③ Everyone says it's a stunning place.

29 **Travel agent**: ① You can't exaggerate the beauty of Cape Town. ② It has fabulous beaches – you can see <u>whales</u> *Q7* out in the ocean quite frequently – and amazing wildlife, with zebra and wildebeest grazing just outside the city. ③ Cape Town itself has a cool urban edge, with art galleries and designer stores. ④ It does have problems with safety, though, so <u>be very careful at night</u>. *Q8*

30 **Customer**: ① We'd make sure we were back on the ship by then.

Narrator: *Before you hear the rest of the conversation, you have some time to look at questions 9 and 10.*

- -

Now listen and answer questions 9 and 10.

31 **Customer**: ① Do you have any brochures?

32 Travel agent: ① Yes, we do. ② Here's one on the Internazionale cruise, and this is about the Queen Mary cruise. ③ We'll have more options coming in next week. ④ If you'd like to give me your email address I can send you further information as it comes in.

33 Customer: ① That would be very helpful. ② My name's Jane McMurray *Q9* and my email address is 'jm at bigfarm dot com'. *Q10*

34 Travel agent: ① Is that 'M-A-C-M-U-R-R-Y'?

35 Customer: ① No, the 'Mc' is simply M-c, so that's capital M, small c, capital M again, and then u-r-r-a-y. ② The email is my two initials, lower case, and then 'bigfarm', which is all one word.

36 Travel agent: ① Thank you very much, Ms McMurray. ② I'll email the details to you as soon as I can.

37 Customer: ① Thanks, I appreciate it.

Narrator: *That is the end of Section 1. You now have half a minute to check your answers.*

Now turn to Section 2.

重要語句

2
- [ ] book 〔動〕予約する＝〈米〉reserve
- [ ] cruise 〔名〕船旅；巡航

6
- [ ] -oriented 〔連結〕～志向の、～を重視する
- [ ] cater 〔動〕（サービスなどを）提供する
- [ ] content 〔形〕満足した
- [ ] deck 〔名〕（船の）甲板、デッキ

9
- [ ] nightlife 〔名〕夜の娯楽《ナイトクラブ、夜間のディスコ、芝居、音楽会など》

10

☐ promising 〔形〕期待できる、見込みのある、有望な

11

☐ Mediterranean 〔名〕[the〜] 地中海 = the Mediterranean Sea；地中海沿岸諸国［人］

☐ grand 〔形〕壮大な、豪華な = magnificent

☐ ball 〔名〕舞踏会 cf. ballroom〔名〕舞踏室［場］

☐ storey 〔名〕階 =〈米〉floor《建物の階層の数え方は、英・米では異なる》

☐ promenade deck 〔名〕遊歩甲板 * promenade〔名〕遊歩、散歩

☐ croquet 〔名〕クロッケー《マレット（木槌）で木のボールを打って、フープ（小門）の間を通し、最後にコート中央のペグ（棒）に当てて得点を競うゲーム。芝生の上で行われる》

☐ stunning 〔形〕すばらしい；驚くべき

12

☐ sedate 〔形〕地味な；堅苦しい；落ち着いた

☐ exotic 〔形〕異国情緒のある；珍しい

17

☐ mask 〔名〕面；仮面

☐ souvenir 〔名〕お土産、記念品 【発音注意】

18

☐ spooky 〔形〕不気味な、恐ろしげな

19

☐ brochure 〔名〕パンフレット、案内書；小冊子

☐ lawn 〔名〕芝生、芝地

☐ funnel 〔名〕(汽船などの) 煙突

☐ fun slide 〔名〕ファンスライド、スライダー《プールに向かって滑り降りるかたちの長いすべり台》 *slide〔名〕すべり台 ―〔動〕なめらかに滑る；滑走する

22

☐ approve 〔動〕よく思う、賛成する；承認する、許可する

□ state-of-the-art 〔形〕最新（式）の、最先端の技術［設備］を導入した

27
□ dock at 〔動〕埠頭に着く、着港する ＝ arrive at (a dock)
□ Casablanca 〔名〕カサブランカ《モロッコ北西部の港湾都市》
□ Cape Town 〔名〕ケープタウン《南アフリカ共和国の南西部に位置する西ケープ州の州都》

29
□ exaggerate 〔動〕誇張する；過大視する ＝ overstate、overestimate
□ fabulous 〔形〕とてもすばらしい、すてきな ＝ wonderful；神話の（ような）、架空の
□ wildebeest 〔名〕ヌー、ウィルドビースト《アフリカ南部及び東部に生息するウシ科の大型草食動物》

35
□ capital 〔形〕大文字の ＝ upper-case
□ lower case 〔名〕［the ～］（アルファベットの）小文字

問題文について ─────────────────────────────●

　船旅を希望する客と旅行代理店の担当者との会話。一連のやりとりの中で船内の設備や娯楽、寄港先などが紹介されたのち、客の名前やメールアドレスが伝えられる。

● **全文訳** ●

1　旅行代理店店員：① いらっしゃいませ。トラベル・スマート社へようこそ。② どのようなご用件でしょうか。

2　客：① こんにちは。クルーズの旅を４名で予約したいのですが。② まだ乗ったことがないし、何か違うものを試してみたいと思いまして。

3　旅行代理店店員：① 私どもでクルージングはいくつかプランがございます。② 旅行されるのは何名様ですか？

4　客：① 夫と小さい子供２人と行く予定なので、４名です。

5　旅行代理店店員：① お客様のご要望にあうものがきっと見つかると思います。

6　**客**：① 家族向けのクルーズもありますか？　それともクルーズ船はほとんどが年配者向けなのでしょうか？　② 母がクルーズに行ってすてきな時間を過ごしたのですが、80歳ですし、デッキに出て読書することで満足するタイプなもので。③ 私はもっと活動的なほうが好みなんです。

7　**旅行代理店店員**：① クルーズ船は一般に年配者向けというイメージがありますが、最近では若い人にも人気が出てきています。② そういった方々は、たいてい、いろいろなことを楽しんでいますね。③ 私どものクルーズ船では、<u>年配のお客様は、訪れる港についての歴史の講義を聞いたり</u>、***Example*** いくつかの魅力的な場所を見るといった、あまり体力を使う必要がない機会を好まれる傾向があります。

8　**客**：① それで、若い人たちはどうなのでしょう？

9　**旅行代理店店員**：① 若いお客様は、ナイトライフや船の<u>ロマンチックな雰囲気</u> ***Q1*** を好まれる傾向にありますね。② お子様は、スイミングプールやデッキ探検を好まれます。

10　**客**：① 期待できそうですね。② 1つか2つ、申し込み可能なクルーズを説明していただけますか？

11　**旅行代理店店員**：① かしこまりました。② わが社で一番人気のクルーズ船の1つは、<u>地中海</u> ***Q2*** を周るクイーン・メアリー号です。③ 昔ながらの定期船で、旅行しながら学びたいお客様に特に人気があります。④ 催し物としては、船が寄港するそれぞれの港に関して、専門家による講義があります。⑤ また船が主催する盛大な舞踏会もあり、ロビーの天井は3階分の高さです。⑥ 遊歩デッキでの散歩や、クロッケーやボウリングをして運動することもできます。⑦ <u>蔵書6,000冊</u> ***Q3*** の立派な図書館もございますので、お客様がスーツケースに本を入れてお持ちになる必要はありません。

12　**客**：① 夫はその図書館を気に入ると思うのですが、私と子供たちには、ちょっと地味すぎて物足りない気がします。② 大舞踏会やクロッケーをするにはまだ若すぎますからね！③ それに、地中海へは何度も行ったことがあるのです。④ もっとほかに異国情緒のあるものはないですか？

13　**旅行代理店店員**：① アフリカ西海岸沿いの港を訪問するインテルナツィオナーレ号がございます。

14　**客**：① そちらのほうがずっといいです！② その船について教えてください。

15　**旅行代理店店員**：① まず初めに、この船には、ほかではなかなか手に入らな

い商品を販売する興味深い店舗がいくつか入っています。

16 **客**：① 本当ですか？ ② たとえばどのような？

17 **旅行代理店店員**：① アフリカの服や<u>仮面</u> *Q4* の品ぞろえは豊富です。② ごらんください、こちらはお客様がお土産として買ってきてくださった仮面です。

18 **客**：① わぁ、不気味ですね！

19 **旅行代理店店員**：① ですよね？ ② パンフレットをちょっと見てみますと…。③ ここにインテルナツィオナーレ号は煙突の裏手に芝生があると書いてあります。プラスチック製の人工芝ではなく、本物の芝です。ここでお子様たちはいろいろな遊びができます。④ スイミングプールは4つもあり、それぞれにお子様用に<u>すべり台</u>や水遊び場もついています。
（ファンスライド）

20 **客**：① それはいいですね！ ② 大人向けの娯楽はどうですか？

21 **旅行代理店店員**：① そうですね、もしお客様が洗練された食事をお好みならば、<u>8つのダイニングルーム</u> *Q5* からお選びいただけます。また、食後の娯楽として2つの劇場のどちらかでお芝居を見ることができます。② また、<u>カジノ</u> *Q6* もございます。10台の賭博台とスロットマシーン100台を備えた禁煙のカジノです。

22 **客**：① うーん。② 私は賭け事にはまったく反対なので、それは個人的には減点です。③ フィットネスのほうはどうですか？

23 **旅行代理店店員**：① インテルナツィオナーレ号には最高水準のフィットネスセンターもございます――でも公平のために言い添えておきますと、クイーン・メアリー号のフィットネスセンターも同じくらいにいいものですよ。

24 **客**：① アフリカ海岸に沿って南下する旅というのは、とても異国情緒がありますよね。② ほかのクルーズと比べて、料金は高いのですか？

25 **旅行代理店店員**：① ほとんど同じ金額です。

26 **客**：① 訪問地はどこですか？

27 **旅行代理店店員**：① インテルナツィオナーレ号は、カサブランカからケープタウンまでの何か所かに寄港します。

28 **客**：① ケープタウンですか？ ② ずっと行ってみたいと思っていました。③ 皆がすばらしいところだと言うので。

29 **旅行代理店店員**：① ケープタウンの美しさはいくら誇張しても誇張しすぎることはありません。② たいへん見事な海岸もありますし、ちなみに、沖では頻繁に<u>クジラ</u> *Q7* を見ることもできますよ。それに驚くべき野生動物もいます。街

から少し離れただけの場所でシマウマやヌーが牧草を食べているのです。③ ケープタウン自体がすてきな都会の最先端さをもちあわせていて、美術館やデザイナーショップがあります。④ とはいえ、安全面での問題がありますので、<u>夜はじゅうぶんに注意してください</u>。*Q8*

30 客：① 暗くならないうちに必ず船に戻るようにします。

----

31 客：① パンフレットはありますか？

32 旅行代理店店員：① はい、ございます。② こちらがインテルナツィオナーレ号クルーズのもので、こちらがクイーン・メアリー号クルーズのものです。③ 来週にはほかのものもご用意できる予定です。④ メールアドレスをお教えいただければ、さらに新しい情報が入った時に送ることもできますが。

33 客：① それは大変助かります。② 私の名前はジェーン・マクマレイ *Q9* で、メールアドレスは 'jm @ bigfarm.com' *Q10* です。

34 旅行代理店店員：① 綴りは M、A、C、M、U、R、R、Y ですか？

35 客：① いいえ、'Mc' は［a を入れない］M と c だけ、つまり、大文字の M の後は小文字の c、それから M がまた大文字で、その後に u、r、r、a、y です。② メールアドレスは、私のイニシャル 2 つを小文字で、その後の 'bigfarm' は 1 語です。

36 旅行代理店店員：① ありがとうございます、マクマレイ様。② できるだけ早く詳細をメールでお送りいたします。

37 客：① どうも、ありがとうございました。

● 設問訳・正解・解説 ●

設問 1〜8：メモ完成問題

下のメモを完成させなさい。

各設問にたいして、2 語と数字 1 つ以内、または 2 語以内か数字 1 つで答えなさい。

クルーズ旅行	
年配者の好み	歴史の（**例**）講義に参加することや港を訪問すること
若者の好み	ナイトライフと **1** <u>ロマンチック</u>な雰囲気；子供は探検を好む
クイーン・メアリー号	• 従来型の定期船 • **2** 地中海の港を周航 • 専門家が寄港地について講義 • **3** 6,000 冊を所蔵する図書館 運動：遊歩デッキ、ボウリング 欠点：大舞踏会とクロッケー
インテルナツィオナーレ号	• アフリカ西海岸を周航 • アフリカの服や **4** <u>仮面</u>を販売する珍しい店 • **5** <u>8つ</u>のダイニングルームと 2 つの劇場 運動：天然芝、すべり台付きのスイミングプール 欠点：10 卓を備えた **6** <u>カジノ</u>
ケープタウン	• 美しいビーチ、**7** <u>クジラ</u>を見る機会もある • 野生動物、シマウマやヌーなど • アートギャラリーやデザイナーズショップ 欠点：安全面の問題；**8** <u>夜間</u>は注意

1 **正解** romantic

年配者（older people）の好むものについて話のやりとりが続いたあと、発言 8 で 'And how about younger people?' と客がたずねているので、以後の話をしっかり聞き取ればよい。発言 9 の 1 文目で、'Younger people tend to like the nightlife and the ship's romantic atmosphere.'（若い人はナイトライフや船のロマンチックな雰囲気を好まれる傾向にありますね）と言われている。

2 （正解） Mediterranean

発言 11 の 2 文目に 'the *Queen Mary*' が出てくるので、直後に現れる地名を
聞き取る。本文では 'travels around the Mediterranean'（地中海を周る）となっ
ているが、設問では 'tours the ports'（港を回る）という表現に変わっている点
に注意。

3 （正解） 6,000 / six thousand

'the *Queen Mary*' に関する情報は発言 11 にまとまっている。発言 11 の 7 文
目で、'holding six thousand books'（蔵書 6,000 冊）という図書館に関する情
報がある。数字で書けば問題ないが、単語で書く場合、'thousand' は複数形に
はしない。

4 （正解） masks

'the *Internazionale*' は発言 13 で現れるので、その後の話のやりとりをしっか
り聞き取ること。発言 17 の 1 文目で、'There's a great selection of African
clothing and masks.'（アフリカの服や仮面の品ぞろえは豊富）と、店で販売する
「服と仮面」について話されている。注意が必要なのは可算・不可算名詞の区別。
'clothing' は集合的な意味で使われる不可算名詞だが、'mask' は可算名詞な
ので、書く際には複数形にする必要がある。発言 13 で 'the *Internazionale*'
を聞き落とすと、次にこの語句が現れるのは発言 19 になってしまうが、発
言 15 と 17 がしっかり聞き取れていれば、じゅうぶん答えられるはずである。

5 （正解） 8 / eight

発言 21 の 1 文目で、'Well, if you like fine *dining* ...' と聞こえたら、聞き取
りに神経を集中する。続いて、'... the ship's *eight* dining rooms'（船の 8 つの
ダイニングルーム）と、食堂の数についてふれられている。設問の 'as many as'
が答えの大きな手がかり。これが数字の前におかれて「〜もの（多くの）数の」
という意味を表す慣用句であることを理解しておけばよい。

6 正解 casino

発言 21 の 2 文目に現れる 'There's also a casino, which ... features ten gaming tables' の聞き取りが鍵。この 2 文目で代理店の店員から 'casino' の説明をされた後に、客が発言 22 の中で 'I don't really approve of gambling' （賭け事には反対）と言っているので、この項目が 'Negatives'（「欠点」）にあげられていることを裏付ける情報が得られる。発言 21 の本文内の 'gaming tables' が設問内では単に 'tables' になっているため、'dining tables' のような 'tables' が出てくるものと誤って予測する可能性もあるだろう。

7 正解 whales

'Cape Town' についての設問の答えは、発言 27 以下に出てくる。'beaches' と 'see' の聞き取りが鍵。発言 29 の 2 文目で、'It has fabulous *beaches* – you can *see whales* out in the ocean quite frequently'（たいへん見事な海岸もあり、沖では頻繁にクジラを見ることもできる）と言われている。'whale' は可算名詞なので、複数形で書くこと。'fabulous' の意味を知っていることはプラスではあるが、答えの大きな手がかりにはならないだろう。

8 正解 at night

設問にある 'problems with safety' という語句が、発言 29 の 4 文目に 'It does have problems with safety'（'does' は強調）というほとんど同じ表現で現れるので、そのまま話の続きに耳を傾ければよい。続いて、'be very careful at night'（夜間にはじゅうぶんに気をつけるように）と促されている。

ここまで解説を読んできて、何か気づいたことはないだろうか。設問 1～8 の聞き取りで注意すべきことは、答えの手がかりがすべて代理店の店員の説明の中にあるということである。問題文を聞く前に与えられる時間は限られているが、こうしたことについても直観的に先読みできる目がほしい。

設問 9 と 10：メモ完成問題

下の用紙を完成させなさい。

各設問にたいして、2 語以内で答えなさい。

名前	**9** ジェーン・マクマレイ
メールアドレス	**10** <u>jm@bigfarm.com</u>

9　正解　Jane McMurray

設問 9 と 10 は、一見してディクテーションに近い問題、つまり読み上げられた言葉をそのまま素直に書き取る問題であることがわかる。まず、発言 33 の 2 文目で客が 'My name's Jane McMurray'（私の名前はジェーン・マクマレイ）とフルネームを伝えている。'Jane' の方は問題なく聞き取れるだろう。注意が必要なのはラストネームのほうだが、これについては発言 35 の 1 文目で、'the "Mc" is simply M-c, so that's capital M, small c, capital M again, and then u-r-r-a-y'（'Mc' は M と C だけ、つまり、大文字の M の後は小文字の c、それから M がまた大文字で、その後に u、r、r、a、y）と、大文字と小文字の区別も含めて 1 文字ずつ説明されているので、しっかり聞き取ればよい。

10　正解　jm@bigfarm.com

発言 33 の 2 文目で読み上げられたメールアドレス内の 'at' → '@' や 'dot com' → '.com' の表記には慣れておく必要がある。それ以外の部分は発言 35 の 2 文目に 'The email is my two initials, lower case, and then "bigfarm"', which is all one word.' とあり、「自分の 2 つのイニシャル（J・M）を小文字で、その後が 'bigfarm' ですが、これは 1 語」と再度説明されている。

11・12	B、E　※解答順は自由	**13**	joint
14	1,000,000 / one [1 / a] million	**15**	hall of residence
16	fireworks	**17**	non-native
18	5.00 / 5:00 / five (o'clock)		
19	PIN / Personal Identification Number		
20	religious beliefs / religion		

Track-24

● スクリプト ●

Narrator: *Section 2.*

You will hear a talk about a university in the UK. First, you have some time to look at questions 11–17.

Now listen carefully and answer questions 11–17.

1 ① Thank you for coming today. ② I'm here to tell you about Stoke University in the UK, and how it could be the right choice for you as a foreign student. ③ <u>Stoke University was founded in the 1960s by philanthropist Jane Goddard with the aim of bringing outstanding learning opportunities to one of our most deprived cities.</u> ***Q11/12*** ④ Since that time, <u>Stoke University has gained a reputation in all areas, but especially in environmental technology.</u> ***Q11/12*** ⑤ As a university, we are resolutely green and modern. ⑥ We have won awards for our energy efficiency and environmentally innovative teaching. ⑦ And as for size, we are just right! ⑧ With five thousand students, we are big enough to offer a wide range of subjects while small enough to be welcoming and friendly.

2 ① Next, I'd like to talk about the courses we offer. ② At Stoke, you can study for a single honours degree or a combination of two subjects for <u>a joint honours degree.</u> ***Q13*** ③ Most of our courses take three or four years of full-time study to complete. ④ The courses tend to be modular in structure, which allows a wide range of combinations. ⑤ Degrees in dentistry and medicine take between six and seven years. ⑥ We have ten University libraries, all situated near the relevant academic faculty. ⑦ In total, the libraries house more than one million volumes of printed books and journals *Q14* while providing access to thousands of electronic books and databases.

3 ① Stoke itself is a great city that's geared towards student life. ② There's plenty to do and it's much cheaper than London, but you'll still need to keep an eye on your cash. ③ For undergraduate students, the university offers advice to help manage tuition fees and living expenses. ④ We also provide information on scholarships.

4 ① Next, I'd like to mention accommodation. ② If you choose to live in university accommodation we can offer you a room in a hall of residence *Q15* or in a four-bedroom house with a large kitchen. ③ All halls and houses are within walking distance of the university, and we provide a free bus service for students living in university accommodation.

5 ① Of course, university is not only a place to study. ② It is also a place to make friends, and we hope that the friendships you make here will stay strong throughout your life. ③ You can enjoy a good social life by participating in events like the annual Christmas Market, which features live performances from local musicians, and the Summer Ball, which has fireworks *Q16* and food from around the world. ④ Do you love sport? ⑤ We have more sports clubs than you can imagine, from archery at the front of the alphabet to yachting at the end. ⑥ I'm afraid we don't have any sports beginning with zed! ⑦ If you prefer to do other things instead, you have a choice of a hundred clubs for activities including chess, volunteering, and language learning. ⑧ It's a great way to find people who are interested in the same things you are.

6 ① As overseas students, you will have had a different kind of education to that experienced by students in the UK, and we provide a one-year foundation course for non-native speakers *Q17* to bridge the gap. ② It is a combination of rigorous academic training, study skills and English language skills. ③ At the end of the course you will be on an equal footing to enter the university system alongside native English speakers. ④ We also run foundation courses in partnership with a number of institutions overseas, so it may be possible to take this course in your own country while you prepare to study at Stoke University.

Narrator: *Before you hear the rest of the talk, you have some time to look at questions 18–20.*

Now listen and answer questions 18–20.

7 ① It remains for me to tell you something about the UK itself. ② We are famous for our unpredictable weather – that's why we talk about it all the time! ③ The UK has four distinct seasons. ④ You will most probably arrive in autumn, at the beginning of September, when average temperatures will be around ten degrees Celsius. ⑤ In winter the temperature falls to around freezing, and then rises until the summer, when it can reach as high as twenty-six or twenty-seven degrees. ⑥ We do get a lot of rain, but it is often interspersed with sunshine, and a rainy morning might give way to a sunny afternoon. ⑦ So don't despair!

8 ① The UK currency is the pound sterling. ② Normal banking hours are from nine-thirty a.m. to <u>five p.m.</u>, *Q18* with some banks also opening on Saturday mornings. ③ You can change currency and cash travellers' cheques at 'Bureau de Change' offices. ④ Most shops only accept payment in pounds, though a few will take euros. ⑤ Credit and debit cards are widely accepted. ⑥ You can withdraw money from cash points – sometimes called 'ATMs' – using a credit card, but you must first input your <u>Personal Identification Number, or PIN</u>. *Q19*

9 ① I'll end with a note on religion. ② The UK's national religion is Christianity, and the established church is the Church of England. ③ However, all the world's major religions are represented in the UK, and you are free to practice in any way you please provided you act within the law. ④ As it happens, a significant share of the population has <u>no religious beliefs</u>. *Q20*

10 ① So that concludes my introduction. ② Now, I'll be happy to answer any questions that you might have.

Narrator: *That is the end of Section 2. You now have half a minute to check your answers.*

Now turn to Section 3.

重要語句

1

☐ philanthropist 〔名〕慈善家

☐ outstanding 〔形〕傑出した、抜群の；突出した、顕著な

☐ deprived 〔形〕（経済的・文化的に）恵まれない、貧しい

☐ reputation 〔名〕評判；名声

☐ resolutely 〔副〕決意して、断固として

☐ energy efficiency 〔名〕エネルギー効率　*efficiency〔名〕効率；有効性

☐ innovative 〔形〕革新的な、斬新な

2

☐ honours degree 〔名〕（大学の）優等学位

☐ modular 〔形〕モジュール方式の《1科目をいくつかのモジュール［学科を構成する履修単位］にもとづいて修了認定する》

☐ dentistry 〔名〕歯学；歯科医療［業］

☐ medicine 〔名〕医学；医薬品

☐ faculty 〔名〕学部＝department、学群；〈米〉（大学の）全教員

☐ house 〔動〕～を所蔵する、収める；～を住まわせる；～を泊める

☐ journal 〔名〕雑誌《特に学術団体などの専門分野の機関誌》；日記、日誌

3

☐ gear toward(s) [to] 〔動〕～に適応させる、合うようにする

☐ keep an eye on 〔動・熟〕～から目を離さないでいる、～に気を配っている＝look after

☐ tuition fee 〔名〕（大学・私立校などの）授業料

☐ expense 〔名〕費用、出費

☐ scholarship 〔名〕奨学金；学識　cf. fellowship 奨学金

263

5

☐ annual	〔形〕1年間の；例年の、年1回の
☐ firework	〔名〕花火；〈複〉[-s] 花火（大会）
☐ zed	〔名〕（アルファベットの）Z字 =〈米〉zee

6

☐ foundation course	〔名〕ファウンデーションコース、大学進学準備コース
☐ bridge the [a] gap	〔動・熟〕〜の溝を埋める、不足を補う
☐ rigorous	〔形〕徹底した、厳密な = thorough；厳格な = strict
☐ on an equal footing	〔副・熟〕同じ条件で、対等で、同一資格で = on equal terms
☐ institution	〔名〕（学校・病院などの）機関、組織、施設；慣習、制度

7

☐ unpredictable	〔形〕予測できない、変わりやすい；気まぐれの
☐ distinct	〔形〕はっきりした、明確な；独特な、異なる
☐ Celsius	〔形〕摂氏の
☐ freezing	〔名〕氷点（下）、零度
☐ intersperse (with)	〔動〕〜に点在させる；〜に変化を添える 《(be) interspersed with の形で使われることが多い》
☐ despair	〔動〕絶望する、悲観する

8

☐ currency	〔名〕通貨、貨幣
☐ pound sterling	〔名〕英貨ポンド = pound
☐ Bureau de Change	〔名〕外貨交換所、両替所《'office of exchange' の意味のフランス語》 発音注意
☐ withdraw	〔動〕（貯金を）おろす、引き出す

9

☐ national religion	〔名〕国教、国家宗教
☐ established church	〔名〕国（立）教会《国家の公営機関として法的に認められた教会。英国では the Church of England（英国国教会）をさす》
☐ provided (that)	〔接〕もし〜とすれば、〜という条件で = if

問題文について

　大学職員による学校紹介についてのモノローグ。大学の構成や特色、イギリスでの生活全般についてなど、多岐にわたる情報が語られる。

● 全文訳 ●

1　① 本日はお越しいただきありがとうございます。② 私はここで皆さんに、イギリスのストーク大学について、そして皆さん留学生にとって、この大学を選ばれることがいかに正しい選択であるかをお話しするつもりです。③ <u>ストーク大学は 1960 年代に慈善家ジェーン・ゴダードによって、イギリスで最も恵まれない都市の 1 つに、優れた学習の機会を与えることを目的に設立されました。</u>*Q11/12*　④ それ以来、<u>ストーク大学はあらゆる分野で高い評価を得ていますが、特に環境工学の分野での評価は顕著です。</u>*Q11/12*　⑤ わが校は、どこまでも環境に優しく現代的な大学であろうと固く決意しています。⑥ 省エネルギー対策と環境に配慮した革新的な授業により、賞を獲得してきました。⑦ また規模の点でも、まさにちょうどよい大きさなのです！⑧ 学生数 5,000 人のわが校は、幅広い科目を提供できるほど大きい一方で、心地よく友好的な場所であり得るくらい小さい大学でもあるのです。

2　① 次に、開講しているコースについてお話ししたいと思います。② ストーク大では、単専攻優等学位か、もしくは 2 つの教科を組み合わせて<u>複数専攻優等学位</u>*Q13* を目指すことも可能です。③ ほとんどのコースは、フルタイムで学んだ場合、修了するのに 3 年か 4 年かかります。④ コースはモジュール方式で構成される場合が多く、それによって幅広い組み合わせが可能になっています。⑤ 歯学と医学の学位取得には、6～7 年かかります。⑥ 大学図書館は 10 館あり、すべて関連学部の近くに位置しています。⑦ 図書館は合計で<u>100 万冊を超える書籍・雑誌</u>*Q14* を所蔵し、一方で何千もの電子書籍とデータベースへのアクセスも提供しています。

3　① ストーク自体、学生生活にぴったりの良い街です。② することは豊富にあって、ロンドンよりもはるかに安いです。それでもお金の使い方には気をつける必要はありますが。③ 学部生には、大学が授業料や生活費の管理についてアドバイスを行います。④ また奨学金についての情報も提供しています。

4　① 次に、宿泊施設について述べたいと思います。② もし大学の宿泊施設を選ぶのであれば、<u>学生寮</u>*Q15* に部屋があります。もしくは大きなキッチン付きで寝

室が4部屋ある住宅を使うこともできます。③ 寮も住宅もすべて大学から徒歩圏内にありますし、大学の宿泊施設に住んでいる学生にはバスの無料サービスを提供しています。

5 ① もちろん、大学は勉強するだけの場所ではありません。② 友人を作る場でもあり、皆さんがここで培った友情が生涯ずっと強くあり続けることを願っています。③ 地元の音楽家たちの生演奏が呼び物の毎年恒例のクリスマスマーケットや、花火 **Q16** や世界中の食べ物が楽しめるサマーボールといったイベントに参加することで、良い社会生活を謳歌することができるのです。④ スポーツはお好きですか？ ⑤ わが校には皆さんの想像を上回る数のスポーツクラブが、アルファベット順に A のアーチェリーから Y のヨットまで、たくさんあります。⑥ 残念ですが、Z で始まるスポーツはないと思いますよ！ ⑦ スポーツではなく代わりのものをお好みなら、チェス、ボランティア活動、語学学習を含むさまざまな活動を行う100のクラブがあります。⑧ 趣味や好みの同じ人を探すのに、クラブは実に良い方法です。

6 ① 外国からの留学生である皆さんは、イギリスの学生が経験するものとは違った種類の教育を受けることになるでしょう。英語を母国語としない学生 **Q17** 向けに、差を埋めるための1年間のファウンデーションコースを開講します。② 徹底した専門基礎科目の教育、勉強法の習得、そして英語力の強化を組み合わせたコースです。③ コース終了時には、英語のネイティブスピーカーと対等な立場で大学教育を受けることができるでしょう。④ わが校では、多数の海外の学校と提携したファウンデーションコースも実施しているので、ストーク大への留学準備中に自国でこのコースを受講することも可能です。

----

7 ① まだイギリス自体の話をしていませんでした。② この国は予測不能な天気で有名です。それで私たちは、いつも天気を話題にしているのです！ ③ イギリスにははっきりとした四季があります。④ 皆さんはおそらく秋に到着されることでしょう。⑤ 9月初めのこの時期は、平均気温が10℃くらいです。⑤ 冬になると気温は氷点付近に下がり、そこから夏に向けて上がっていきます。夏には26〜27℃に達します。⑥ 雨はよく降りますが、降ったり止んだりが多いので、朝に雨が降っていても午後には晴れているかもしれないのです。⑦ ですから悲観しないでください！

8 ① イギリスの通貨は、スターリング・ポンドです。② 銀行の通常業務時間は、

朝 9：30 から午後 5：00 **Q18** まで、なかには土曜日の午前中も開いている銀行も
あります。③ 現金やトラベラーズチェックの両替は、「外貨交換所」でできます。
④ ほとんどの店はポンドでの支払いしか受け付けませんが、ユーロでも可能な店
も数軒はあるでしょう。⑤ クレジットカードとデビットカードは広く受け入れら
れています。⑥ クレジットカードを使って、キャッシュポイントから、これはとき
に「ATM」と呼ばれているものですが、現金を引き出すことができます。でも
先に暗証番号、つまり PĪN **Q19** を入力しなければなりません。

9　① 最後に宗教について少しお話しします。② イギリスの国教はキリスト教
で、国立教会は英国国教会です。③ しかし、世界中の主な宗教がイギリス内に存
在しています。法律の範囲内で行動するのであれば、あなたは自分が好きなよう
に自由に宗教を実践することができるのです。④ 実は、人口のかなりの割合にあ
たる人は無宗教 **Q20** です。

10　① それでは以上で、紹介を終えたいと思います。② ご質問があればどうぞ。

● 設問訳・正解・解説 ●

設問 11 と 12：多肢選択問題
A〜E の中から答えを 2 つ選びなさい。
話者によると、ストーク大学は
　　A　政府によって設立された。
　　B　環境工学の講座を設けている。
　　C　学生数は 10,000 人だ。
　　D　裕福な地区にある。
　　E　1960 年代に設立された。

11・12　正解　**B、E**　※解答順は自由

キーワードは 'Stoke University' である。段落 1 の 2 文目で 'I'm here to tell
you about Stoke University'（ストーク大学についてお話しします）と言ってい
るので、これ以後の話の内容をしっかり聞き取ればよい。段落 1 の 3 文目で
'Stoke University was founded in the 1960s by philanthropist Jane Goddard
with the aim of bringing outstanding learning opportunities to one of our
most deprived cities.'（ストーク大学は 1960 年代に慈善家ジェーン・ゴダードに

よって、イギリスでもっとも恵まれない都市の1つに、優れた学習の機会を与えることを目的に設立された）と説明されており、「設立は1960年代」、「創設したのは政府でなく慈善家」、「場所は恵まれない地区」とわかる。したがって、Eは正解で、AとDは不可。段落 1 の4文目の 'Stoke University has gained a reputation in all areas, but especially in environmental technology' から、「特に環境工学の分野で評価が高い」ことがわかるのでBは正解。さらに8文目で 'With five thousand students'（学生数は5,000人）と言われているので、Cは不可。

なお、選択肢が並べられた順序（A～E）と、問題文の中で答えの手がかりとなる情報が現れる順序が必ずしも一致しているわけではないので、聞き取りを始める前にすべての選択肢を頭に入れておくこと。

設問13～17：メモ完成問題

下のメモを完成させなさい。

各設問にたいして、3語と数字1つ以内、または3語以内か数字1つで答えなさい。

ストーク大学	
コース 単専攻あるいは**13 複数専攻**の優等学位 修了に3年から7年かかる	**図書館** 学部の近くに10の図書館 **14 100万冊**を超える書籍や専門雑誌
費用 ロンドンよりは安い 金銭的助言を提供	**宿泊設備** **15 寮**の居室、あるいはキッチン付きのシェアハウス
社交面 バンド生演奏付きのクリスマスマーケット 食事と**16 花火**付きのサマーボール	**クラブ** 100のクラブの中から選べる

ファウンデーションコース

17 英語を母国語としない学生向けの1年間のコース。学部入学準備中に海外でこのコースを受講することも可能。

13　正解　joint

段落 2 の最初の '... I'd like to talk about the courses we offer'（講座についてお話ししたいと思います）を聞いたら、続く話に耳を傾ける。2文目で、'single honours degree'（単専攻優等学位）と 'joint honours degree'（複数専攻優等学位）について話されている。わかりきったことであるが、接続詞 'or' の役割を確認しておくこと。

14　正解　1,000,000 / one [1 / a] million

'Library' については段落 2 の6文目以降の聞き取りが鍵。館数については、設問の前に '*Ten* libraries' と書かれているので、求められている答えでないことはあきらかで、空所の前後の情報から、蔵書数が問われていることが容易に推測される。7文目で、'the libraries house more than one million volumes of printed books and journals'（図書館は合計で100万冊を超える書籍・雑誌を所蔵）と、蔵書数についてふれられている。

15　正解　hall of residence

段落 4 の最初で '... I'd like to mention *accommodation*.'（宿泊施設についてお話ししたいと思います）と聞こえたら、続く話の聞き取りに集中する。続く2文目で、'we can offer you a room in a hall of residence or in a four-bedroom house with a large kitchen'（学生寮の部屋か、大きなキッチン付きで寝室が4部屋ある住宅を用意している）と、学生寮とシェアハウスを対比するかたちで話されている。'shared house with kitchen' は 'four-bedroom house with a large kitchen' の簡潔な言い換えである。

16 正解 fireworks

段落 5 の 3 文目で、'the Summer Ball, which has fireworks and food from around the world'（花火や世界中の食べ物が楽しめるサマーボール）についてあげられている。firework（花火）は可算名詞で、このように「花火大会」や「花火遊び」を意味する場合は複数形にすること。メモに書かれた 'Christmas Market' も答えのある場所を特定する手がかりとなる。'Christmas Market' と聞いてすぐに聞き取りに集中できれば、'Summer Ball' だけを聞いて答えるより、余裕をもてるだろう。

17 正解 non-native

段落 6 の 1 文目で、'foundation course for non-native speakers'（英語を母国語としない学生向けのファウンデーションコース）について話されている。'one-year' も聞き取りの鍵。

設問 18〜20：要約完成問題

下の要約を完成させなさい。

各設問にたいして、3 語と数字 1 つ以内、または 3 語以内か数字 1 つで答えなさい。

イギリスについて

イギリスは四季のはっきりした国で、気温は 0℃から最高で 20℃台になる。雨は頻繁に降る。通貨はポンドで、銀行は夕方 **18** 5 時まで開いている。クレジットカードを使って現金を引き出すこともできるが、最初に自分の **19** 暗証番号を入力しなければならない。多くの人は **20** 宗教をもっていないが、好きなように実践することは自由だ。

---

18 正解 5.00 / 5:00 / five (o'clock)

要約に 'The currency is pounds, and banks ...' とあるので、段落 8 の 1 文目で 'The UK currency ...' と聞いたら、即神経を集中させる。2 文目に 'Normal banking hours are from nine-thirty a.m. to five p.m.'（銀行の通常業務時間は朝9:30から午後5:00まで）、との情報がある。'until'に続く部分なので答えるのは営業終了時刻。空所の後ろに'in the evening'とあるので、本文で話された'p.m.'を書き入れてはいけない。要約の中の'banks open until ...'を見て、頭に'banking hours'（銀行業務時間）という言い換え表現が浮かんでくればよいが、'bank'という単語に絞って聞いていると、答えのある部分を聞き逃して、「土曜に営業している銀行がある」という情報しか得られない。

19 【正解】 PIN / Personal Identification Number

段落 8 の6文目の初めに、要約にある'You can withdraw money ...'という言葉が現れるので、それから先の話をしっかり聞き取る。続いて、6文目で、現金引き出しの際の暗証番号について、'you must first input your Personal Identification Number, or PIN'（先に暗証番号、PINを入力しなければならない）という説明がある。言葉を簡略化したり言い換えたりする際に用いる'..., or'の使い方を覚えておこう。この場合、'or'の前後はどちらも同じ意味。ちなみに、要約中の'enter'（入れる）が問題文の中では'input'（入力する）になっているが、それはATM（*automated teller machine*）がコンピューターだからであって、この2つの動詞に常に互換性があるわけではない。

20 【正解】 religious beliefs / religion

要約文の中の'Many people have no ...'（多くの人は〜をもっていない）に対応する表現をしっかり聞き取ることと、この場合'no'の後ろの空所に名詞が入ることを理解しておくことが鍵である。段落 9 の4文目で、'a significant share of the population has no ...'（人口のかなりの割合にあたる人は〜をもっていない）と言っているので、'no'に続く名詞'religious beliefs'が答えになる。空所の後ろの'but'に続く'you are free to practice as you like'が、3文目で聞いた信仰の自由に関する情報、'you are free to practice in any way you please'（あなたは自分が好きなように実践することができる）に対応する表現であることがわかれば、答えの正しさを裏付けることができる。

Section 03　解答解説

正解一覧

21	A	**22**	C	**23**	F	**24**	E

25 conference　　　　　　　　　　**26** vaccines

27 20,000,000 / 20 [twenty] million　　**28** donor

29·30 B、E　※解答順は自由

Track-25

 **スクリプト**

Narrator: *Section 3.*

You will hear a conversation between a professor and some students about government aid to poor countries. First, you have some time to look at questions 21–24.

Now listen carefully and answer questions 21–24.

1　**Professor**: ① Today we're going to discuss the issue of governments giving aid to poor countries, which ties in with the topic for your next assignment. ② You might have been following the debate in the news over the government's decision to keep spending one per cent of GDP on foreign aid each year. ③ The government is cutting its budget for unemployment benefits, pensions, the health service – just about everywhere – but it still insists that we spend on foreign aid. ④ <u>Can we afford it?</u> ⑤ Mohammed, what do you think?

2　**Mohammed**: ① <u>Yes, we can.</u> **Q21** ② We all know that times are hard, but for people in the poorest countries aid can mean the difference between life and death. ③ I don't want a kid in the developing world to die from a lack of medicine if we can do something to help. ④ So it comes out of our pockets – so what? ⑤ The price of a drink in a nice café for you could mean a week's supply of malaria tablets for a family on the other side of the world.

3　**Professor**: ① I see. ② Fay, what do you think?

4　**Fay**: ① I'm sure none of us would object to giving up the price of a coffee

272

now and then, but my question is, does the money really go to those in need?
② <u>In many cases, we hand over cash to dictators who then go on to build themselves ridiculous palaces</u>. *Q22*

5 **Professor**: ① It's true that we hear of cases like this, and during the Cold War aid was often given for political reasons, <u>but these days governments do due diligence to make sure that the money goes where it's needed</u>. *Q23* ② By the way, if you're unsure of the term 'due diligence', which is being used more and more these days, it means investigating something properly before you commit yourself to it.

6 **Claire**: ① So governments are distributing aid more effectively, but what about the shockingly high salaries of the CEOs who run the aid organisations? ② I don't want my tax money going to pay for some fat cat's pension fund. ③ <u>The people who work in these organisations should accept a modest salary</u>. *Q24* ④ They should be working to help others, not themselves.

Narrator: *Before you hear the rest of the conversation, you have some time to look at questions 25–30.*

Now listen and answer questions 25–30.

7 **Mohammed**: ① But surely you want good people to head the aid organisations? ② In an ideal world, we'd all work for the love of it, but an effective CEO who is paid a high salary could save money for the aid organisation in the long run. ③ You have to pay good money to attract the best. ④ As they say, 'If you pay peanuts, you get monkeys.'

8 **Professor**: ① Yes, but paying a lot doesn't guarantee that people will work hard, either. ② Last year <u>I attended an aid conference in Kenya</u>, *Q25* and I remember seeing NGO executives dining at expensive restaurants, lounging around the hotel pools and taking vacations in game parks. ③ They didn't seem to be doing a lot of work. ④ So maybe there's something in what you say, Claire, about executives getting paid too much for doing too little. ⑤ Going back to the topic of what our government is doing, I was reading the other day that it has donated one million dollars to the VDA – the Vaccine Distribution Alliance. ⑥ This organisation buys vaccines in bulk, which lowers the price, and then sends them to the poor countries where they're needed. ⑦ It never sends cash to a country in need, only vaccines. **Q26** ⑧ It also asks the country concerned to pay a share of the costs of buying the medicine. ⑨ Over time, each country's share of costs gets bigger. ⑩ Since this organisation started up, it has saved more than twenty million children from life-threatening diseases. **Q27**

9 **Fay**: ① You mentioned that the donor recipients pay more themselves as time goes on. ② Could you tell us more about that?

10 **Professor**: ① Yes. ② As they become more developed, they take on more of the burden of the aid, and eventually they become donors themselves. ③ South Korea is an example of a former aid recipient that went on to become a successful donor country. **Q28** ④ Fay, did you want to make a comment?

11 **Fay**: ① I think that charitable aid can only be effective if it cuts out the waste. **Q29/30** ② Billionaire philanthropists like Bill Gates, the former Microsoft chief, are doing just that. ③ Another feature of these super-rich aid givers is that they focus on precise goals. **Q29/30** ④ The Bill and Melinda Gates Foundation has the specific aim of trying to wipe out malaria, and it is directing all its resources towards doing that. ⑤ I admire these people's efforts. ⑥ Once they have made their billions in business, they try hard to use it for the good of humanity. ⑦ Recently they have taken as their mantra the thinking that 'it is shameful to die rich'.

12 **Professor**: ① So perhaps it is best for governments to stay out of it and leave charitable aid to the private sector. ② Well, we have plenty of food for thought here. ③ Your assignment for this week is to pick a country that receives aid and investigate whether or not that aid is effective.

Narrator: *That is the end of Section 3. You now have half a minute to check your answers.*

Now turn to Section 4.

重要語句

1

☐ aid	〔名〕援助；助力
☐ tie in with	〔名〕〜と結びつく；〜と一致する、関係する
☐ assignment	〔名〕宿題、（研究）課題；割り当て、任務
☐ GDP	〔名〕国内総生産［< gross *d*omestic *p*roduct］
☐ unemployment	〔名〕失業（率）；失業者数
☐ pension	〔名〕年金、恩給
☐ health service	〔名〕公共医療サービス［制度］《1948年から実施されているイギリスの医療制度 National Health Service（国営保健サービス）。医療費の公費負担を原則とする制度で、患者の自己負担となる部分があるが、医療費のほとんどが税金と国民保険によってまかなわれている》
☐ afford	〔動〕〜する余裕がある；〜を提供する、与える

2

☐ malaria	〔名〕マラリア《蚊を媒体としてマラリア原虫が体内に入ることにより感染する病気》

4

☐ object	〔動〕反対する、異議を唱える
☐ (every) now and then	〔副・熟〕ときどき、ときおり = (every) now and again
☐ hand over	〔動〕〜を手渡す、引き渡す；〜を譲り渡す = give
☐ dictator	〔名〕独裁者、専制者
☐ ridiculous	〔形〕ばかげた、常識外れの、途方もない = absurd、senseless、silly

5

☐ due diligence	〔名〕当然なされるべき（事前の）注意　*due〔形〕当然の、しかるべき　*diligence〔名〕細心の注意；不断の努力
☐ unsure	〔形〕確かでない、不確かな、決められない；自信のない
☐ investigate	〔動〕（事実・状況などを）調査する；研究する
☐ commit oneself	〔動〕深くかかわる、傾倒する；約束する、誓う

6

☐ CEO	〔名〕組織の最高意思決定者《(大企業の) 最高経営責任者、(非営利組織の) 理事長、事務長など》[< *chief executive officer*]
☐ tax	〔名〕税、税金；負担
☐ modest	〔形〕(数量・程度・規模などが) ささやかな、適度の；(性格などが) 控えめな

7

☐ for the love of	〔副・熟〕ただ〜が好きで、〜のために

8

☐ guarantee	〔動〕〜を保証する；〜を約束する、断言する
☐ NGO	〔名〕非政府組織 [< *non-governmental organisation*]
☐ executive	〔名〕重役、経営幹部、役員
☐ lounge around [about]	〔動〕〜をぶらぶら歩く；のんびり過ごす
☐ game park	〔名〕(アフリカなどの) 動物保護区域、自然保護公園 = game reserve
☐ donate	〔動〕〜を寄付する、施す　アクセント注意
☐ vaccine	〔名〕ワクチン　発音注意
☐ distribution	〔名〕配給；配分；配布
☐ alliance	〔名〕同盟、連合
☐ in bulk	〔副・熟〕大量に、大口で
☐ over time	〔副・熟〕時間の経過とともに、徐々に = gradually

9

☐ donor	〔名〕(金銭・物品の) 寄付者、寄贈者；(臓器や細胞などの) 提供者 [⇔ donee 受贈者；被提供者]
☐ recipient	〔名〕受取人、受賞者、受容者

11

☐ charitable	〔形〕慈善の；情け深い
☐ billionaire	〔名〕億万長者　cf. millionaire〔名〕百万長者
☐ specific	〔形〕明確な；特定の
☐ wipe out	〔動〕〜を一掃する、全滅させる；〜をふきとる
☐ shameful	〔形〕恥ずべき；不届きな　cf. ashamed〔形〕(人を) 恥じて

12
☐ stay out of　　　　　　〔動〕～とかかわりをもたない
☐ private sector　　　　　〔名〕民間部門
☐ food for thought　　　　〔名〕思考の種；考えるべきこと

問題文について ─────────────────────────────●

　貧困国への対外支援についての教授と生徒との議論。支援のあり方の是非や問題点についての意見が話される。

● **全文訳** ●

1　**教授**：① 今日は、貧困国への政府による援助について討論します。これは皆さんの次の課題のトピックにも関連するものです。② さて、今後も毎年 GDP の1パーセントを対外援助に費やすという政府の決定に関する議論の動向を、皆さんも追っているかもしれませんね。③ 政府は、失業手当、年金、公共医療サービスと、ほとんどあらゆる分野の予算を削減しています。しかし依然として対外援助は続けると主張しているのです。④ 私たちにそれだけの余裕はあるのでしょうか？ ⑤ モハメッド、どう思いますか？

2　**モハメッド**：① はい、あると思います。**Q21** ② 財政状況の困難な時代であることを私たちの誰もが知っていますが、最貧国の人たちにとって、援助の有無は生死の分かれ目となりかねないのです。③ 私たちが何か手助けできるのであれば、私は発展途上国の子供に医薬品が足りないせいで死んでほしくはありません。④ ですからその援助を私たちの懐から出すのです。それが何だというのでしょう？ ⑤ 皆さんがすてきなカフェで飲み物に払う金額が、世界の反対側にいる家族にとっては、1週間分の抗マラリア錠剤の供給を意味しうるのです。

3　**教授**：① なるほど。② フェイ、どう思いますか？

4　**フェイ**：① 私たちの中で、ときどきコーヒーを飲むのをあきらめてそのお金を援助にまわすことに反論がある人は1人もいないと思いますが、疑問をあげると、そのお金は本当に困っている人たちの元に届いているのでしょうか？② 多くの場合、私たちは、自分のために愚にもつかない大邸宅を建ててしまうような独裁者にお金を渡しています。**Q22**

5　**教授**：① 確かに、そのような事例を聞くことはありますね。冷戦中は、援助はしばしば政治的な理由で行われていましたが、今日では、必要とされていると

ころにお金が必ず行くように、政府が当然払うべき努力を行っています。**Q23**
② ところで、「当然払うべき努力」（'due diligence'）という用語の意味がよくわからない人がもしいれば、これは最近ますます使われるようになってきた言葉ですが、自分が物事にかかわる前に、それをじゅうぶんに精査することを意味しています。

6 **クレア**：① そのように政府はより効果的に援助を分配していますが、救援組織を運営する CEO（事務局長）たちの驚くほど高額な給与はどうなのでしょうか？ ② 私は自分の払った税金が、金持ち有力者の年金基金を支払うことに使われるのは嫌です。③ このような組織で働く人は、穏当な額の給与を受けるべきです。**Q24** ④ 自分自身のためではなく、他人を助けるために働くべきなのです。

----

7 **モハメッド**：① でもきっと、優秀な人に救援組織のトップに就いてもらいたいですよね？ ② 理想的な世界では、私たち全員がその仕事が好きだから働くでしょうが、高給が支払われている有能な CEO であれば、長期的には救援組織の経費を削ることができるでしょう。③ 最も優秀な人材を集めるためには、じゅうぶんな金額を払う必要があります。④ ことわざにもあるように、「ピーナッツしか払わなければ、サルしか雇えない（低賃金では、まともな労働者は雇えない）」のです。

8 **教授**：① そうですね。でも多額のお金を払うことが、皆が熱心に仕事することを保証するわけでもありません。② 昨年私は、ケニアで援助会議に参加し、**Q25** NGO の役員たちが高級レストランで食事をし、ホテルのプールでのんびり過ごし、自然動物保護地区で休暇をとっているのを見た覚えがあります。③ 彼らは、たくさん働いているようには見えませんでした。④ ですからクレア、あなたが言っていた、ほとんど何もしていないのに高給を得ている役員ということについては一理あるのかもしれません。⑤ われわれの政府が行っていることについての話に戻ると、先日読んだのですが、政府が VDA、つまりワクチン配給同盟（Vaccine Distribution Alliance）に 100 万ドルの寄付をしました。⑥ この組織は、大量に購入することで価格を下げたワクチンを、それが必要とされている貧しい国へと送っています。⑦ 困っている国に決してお金は送らず、ワクチンのみを送るのです。**Q26** ⑧ この組織はまた、薬の購入費用の一部を関係国が負担することを求めもします。⑨ 年月とともに、各国の負担額は増えてきています。⑩ この組織は設立以来、命を脅かす病気から 2,000 万人以上の子供たちを救ってきました。**Q27**

9　フェイ：① 先生は、時が経つにつれて、被援助国が少しずつ自己負担金を増やすようになってきた、とおっしゃいました。② それについてもう少し説明していただけますか？

10　教授：① わかりました。② 発展してくるにつれ、そういった国々が援助の負担をもっと引き受けるようになり、そして最終的には彼ら自身が援助国になるのです。③ 韓国が良い例で、以前は援助を受ける立場でしたが、今では立派な援助国になりました。**Q28** ④ フェイ、意見があるのですね？

11　フェイ：① 慈善援助は、無駄を排除して初めて効果的なものになりうると思います。**Q29/30** ② マイクロソフトの元 CEO のビル・ゲイツのような億万長者の慈善家は、まさしくこれを実践しています。③ こうした大富豪の支援者のもう1つの特徴は、彼らがはっきりした目標に焦点を当てていることです。**Q29/30** ④ ビル＆メリンダ・ゲイツ財団は、マラリア撲滅という明確な目的があり、資金はすべてそれに向けられています。⑤ 私は、このような人たちの努力をすばらしいと思います。⑥ 彼らはいったんビジネスで何十億ドルという富を築くと、人類のためにそのお金を使おうと懸命に努力するのです。⑦ 最近では、「金持ちとして死ぬのは恥だ」という考えが、彼らのマントラ（真言）としてとらえられています。

12　教授：① それなら政府は一切かかわらず、慈善援助は民間に任せるのが一番なのかもしれません。② さて、この件では考えるべきことがたくさんあります。③ 皆さんの今週の課題ですが、援助を受けている国を1つ選んで、その援助が効果的かどうかを調べてきてください。

● **設問訳・正解・解説** ●

設問 21〜24：組み合わせ問題
次の選択肢のうち、援助に関する各人の意見はどれか？
枠の中から答えを4つ選び、設問21〜24の空所にあてはまるものを A〜F で書きなさい。

> **A**　政府は GDP の1%を対外援助に費やすだけの余裕がある。
> **B**　援助は野生動物の保護に拡大されるべきだ。
> **C**　独裁者たちは援助金を自分たちのために使っている。
> **D**　韓国は援助を受けすぎである。

| E | 援助活動に従事する人は高給を期待すべきでない。 |
| F | 政府は援助金の使い方に注意を払っている。 |

21 モハメッド **正解** A

これが 'aid'（援助）に関する話であることは、最初の説明で言っている。問題の会話は、教授と個々の学生の意見を別々に聞くかたちで進んでいくため、手がかりとなる情報のありかは容易にわかるだろう。教授の発言の最後の部分に現れる発言を求められた学生の名（クレアの名は出てこない）を聞き取って、耳を傾けること。

毎年 GDP の 1%分を対外援助に費やすという話題は、教授の発言 1 の 2 文目に出てくるが、これが教授の意見ではない点に注意。4 文目で 'Can we afford it?'（私たちにそれだけの余裕はあるのか？）と、教授にこの政府の決定にたいする意見を求められて、モハメッドは発言 2 の 1 文目で、'Yes, we can.'（その余裕はある）と答えているので、A が正解。

22 フェイ **正解** C

発言 3 で教授の指名した名前から、発言 4 の発言者がフェイであることが確認できる。フェイは発言 4 の 2 文目で 'we hand over cash to dictators who then go on to build themselves ridiculous palaces' と、援助金を自分のために使って大邸宅を建てる独裁者について話しているので、C が正解。

23 教授 **正解** F

教授は発言 5 の 1 文目で 'these days governments do due diligence to make sure that the money goes where it's needed' と、「（冷戦中の政治的な援助と違い、）今は必要なところにお金が行くように政府が当然払うべき注意をしている」と言っているので、F が正解。教授は 2 文目で 'due diligence' の意味を説明しているが、この言葉の意味はわからなくても、選択肢の 'careful about' 以下と、問題文の 'make sure' 以下の対応は理解できるだろう。

24 クレア 正解 E

問題文の中で、教授はクレアの名前を言っていない。したがって、スピーカーの声を聞いて発言 6 の発言者は、フェイではなく、クレアであると判断する。発言 6 の1・2文目で、クレアは救援組織の CEO たちが高給を得ていることに疑問を呈している。続く3文目で 'The people who work in these organisations should accept a modest salary.' と、「そうした人たちは控えめな給与を受け取るべき」とも言っているので、E が正解。

設問 25〜28：文完成問題
下の文を完成させなさい。
各設問にたいして、2語と数字1つ以内、または2語以内か数字1つで答えなさい。

25 正解 conference
教授は、援助に関するケニアでの<u>会議</u>で、自分が見たことについて話している。

'Kenyan' は 'Kenya' の形容詞。'about aid' がもう1つのキーワードになる。教授は発言 8 の2文目で、'I attended an aid conference in Kenya'（ケニアで援助会議に参加した）と言ったのち、そこで見た光景について説明している。'Kenyan' の前に 'a' があるので、聞き取る答えは名詞である。

26 正解 vaccines
VDA は貧困国に直接<u>ワクチン</u>を送っている。

'VDA'、'sends'、'countries in need' が聞き取りのキーワードで、発言 8 の5文目で 'VDA' が出てきたら、話の続きにしっかり耳を傾ける。7文目で、'It [= the VDA] never sends cash to a country in need, only vaccines.'（この団体はお金ではなくワクチンを送っている）との説明がある。ワクチンは可算名詞なので、書く際には複数形にすること。空所の前後から判断して、答えが名詞であることを予想しておく。

27 （正解） 20,000,000 / twenty million

VDA は 2,000 万人以上の子供たちを深刻な病気から救っている。

> ‘VDA’ のほか、‘saved’、‘children’ ‘serious illnesses’ がチェックすべき語
> 句。発言 8 の 10 文目で VDA について、‘Since this organisation [= the
> VDA] started up, it has saved more than twenty million children from life-
> threatening diseases.’（この組織は設立以来、命を脅かす病気から 2,000 万人以上
> の子供たちを救ってきた）と説明されている。空所の前の ‘more than’ と後ろの
> ‘children’ から、答えは人の数を表現する数詞であることが先読みできればよ
> い。

28 （正解） donor

援助に関して、韓国は今や援助国である。

> ‘South Korea’ が現れるのは発言 10 。3 文目に、‘South Korea is an example
> of a former aid recipient that went on to become a successful donor
> country.’ とあり、「もとは援助を受ける側だった韓国が、援助をする側になっ
> た」と話されている。空所の前に ‘a’ があり、後に名詞の ‘nation’ があるの
> で、答えは形容詞か、形容詞の役割をする名詞である。

設問 29 と 30：多肢選択問題

A〜E の中から答えを 2 つ選びなさい。

億万長者の援助提供者が重点を置く傾向にあるものは

- **A** 少額の利益を上げること。
- **B** 無駄をなくすこと。
- **C** 政府を巻き込むこと。
- **D** インフラに投資すること。
- **E** 明確な目標を持つこと。

29・30 （正解） B、E ※解答順は自由

> ‘billionaire’ と ‘aid-givers’ をキーワードとして聞き取る。発言 11 の 1 文目
> で、フェイが慈善援助を効果的なものにするための必要条件として、‘cuts out

the waste' と言っているので、B は正解。'billionaire' は発言 11 の 2 文目に
出てくるが、'Billionaire philanthropists ... are doing just that.' という情報か
ら、先行する 1 文目の 'cuts out the waste' が答えであることが裏付けられる。
また、3 文目で 'Another feature of these super-rich aid givers is that they
focus on precise goals.'（こうした大富豪の支援者のもう 1 つの特徴は、彼らが
はっきりした目標に焦点を当てている）とも言っているので、E も正解。'super-
rich' は 'billionaire' の同意表現である。

第3章 TEST

解答解説

正解一覧

31	exact words	**32**	strategically	**33**	balance
34	symbols	**35**	edit	**36**	qwerty

| **37・38** | **C、D** | ※解答順は自由 | **39** | **A** | | **40** | **C** |

Track-26

スクリプト

Narrator: *Section 4.*

You will hear a talk about study skills. First, you have some time to look at questions 31–40.

Now listen carefully and answer questions 31–40.

1 ① Hello everyone, and welcome to your first class. ② I'd like to make sure that you get the most out of these lessons, so before we begin, we're going to study a little about studying itself. ③ In each lesson I'll be talking for around two hours. ④ Yes, there will be illustrations and handouts, but you will also need to listen carefully and retain information. ⑤ There's no point in attending only to forget what I've said – you might as well play a computer game instead! ⑥ So I'd like to give you some strategies to make sure you get down enough content to make it worth your while being here.

2 ① Some students like to record each lesson. ② I see some of you in the front row with your recording devices propped up on the tables. ③ Not all professors like having their lessons recorded – maybe they're afraid they'll say something silly that will be recorded for posterity! ④ Personally, I'm okay with it. ⑤ Recording has the advantage that you <u>capture the professor's exact words,</u> *Q31* but you have to make sure that you don't get overwhelmed. ⑥ Part of the skill of studying lies in knowing what information to keep and what to leave out, and recording the entire lesson leads to the danger that you will never go back to it. ⑦ Who wants to listen back to two hours of a professor's pontificating? ⑧ I would suggest that you <u>use a recording device strategically,</u> *Q32* switching it on for what seem to be the key parts of the lecture and then turning it off.

---

3 ① To my mind, the most efficient way to get down key information is to take good notes, striking a <u>balance</u> *Q33* between focusing on the lesson and focusing on what you are writing. ② Obviously you can't keep writing furiously for two whole hours. ③ For much of the class you can take occasional notes, and when you reach a part that you feel is important to your studies, you can switch to writing in more detail. ④ The best way to get information down quickly is to <u>use a large number of symbols.</u> *Q34* ⑤ For example, an arrow going from left to right means that one thing leads to another while an arrow going in the opposite direction means one thing came from another. ⑥ Abbreviations, such as writing g-l-o-b for 'globalisation', are also useful. ⑦ You can develop your own system, but it might be a good idea to get a book on shorthand, which can be a tremendously useful tool. ⑧ Incidentally, did you know that the first person to use shorthand was thought to be the scribe, and slave, of the Roman orator Cicero? ⑨ His name was Tiro, and it is thanks to him that we still use the abbreviations 'e.g.' and 'i.e.' to this day.

4 ① I see that many of you have laptops and touchscreen tablets open on your desks. ② These are great devices for noting down and retaining information because you don't have to write it up afterwards. ③ It's already on your screen, and <u>you can edit your notes really easily.</u> *Q35* ④ The problem, to my mind, is with the keyboard. ⑤ We all learned to type on the '<u>qwerty</u>' *Q36* keyboard, that's q-w-e-r-t-y, named after the first line of letters at the top of the keyboard. ⑥ Naturally, you would assume that this is the most efficient arrangement for fast typing – but you'd be wrong. ⑦ The 'qwerty' layout was invented with the specific intention of *slowing down* typing speeds. ⑧ It was developed in the 1870s to prevent the metal arms of the typewriter letters from jamming. ⑨ The most frequently used letters were placed far apart so that they wouldn't hit each other as they moved towards the page. ⑩ Today we use a touch keyboard, but we still stick to the qwerty layout even though it's a slow way to type. ⑪ I would recommend replacing it with a new kind that I've been trying out myself.

5 ① Recently, researchers have designed a new keyboard, specifically optimised for thumbs, that can nearly double typing speeds. ② It is a split keyboard that divides the letters into two blocks, *Q37/38* with the most commonly used letters clustered together. ③ The left thumb handles the most common first letters of words while the right thumb handles the vowels. *Q37/38* ④ Studies have shown that users can reach thirty-seven words a minute after just ten hours of training, compared with an average of twenty words on a qwerty device. ⑤ It seems to me that ten hours' training is a small price to pay when you consider the benefits that this kind of keyboard can deliver during the years of your university course. ⑥ Excuse this digression – I must confess that keyboard design is one of my interests. *Q39* ⑦ Now it's up to you how you choose to remember the key points of your lectures. ⑧ One of the features of university life that you will have to grapple with is that everything is now up to you. ⑨ Okay, we've dealt with the preliminaries, so it's time to begin the lecture. *Q40*

Narrator: *That is the end of Section 4. You now have half a minute to check your answers.*

That is the end of IELTS Listening Mock Test. You now have ten minutes to transfer your answers to the answer sheet.

You will find explanations of the answers and information to help you determine your score on page 246.

Useful when taking notes			
→ leads to	> more than	w/	with
← comes from	< less than	w/out	without

重要語句

1

□ get the most out of 〔動・熟〕〜からできるかぎり多くのものを得る、〜を最大限に活用する

□ there's no point in 〔動〕〜しても意味［利益］がない；〜してもむだ［不可能］である = it's no use

□ might as well V 〔助動〕〜するほうがましだ、〜するのと同じだ《「〜するくらいなら、むしろ」というある仮定の上に立って提案・忠告する場合の表現》

□ strategy 〔名〕方策、策略、計画；戦略、作戦　cf. tactic 戦術

2

□ prop up 〔動〕…を〜に立てかける；…を〜で支える

□ posterity 〔名〕後世；子孫《単数扱いの集合名詞》[⇔ ancestry 祖先、先祖]

□ capture 〔動〕〜を記録する；〜をとらえる

□ overwhelm 〔動〕〜を困惑させる、閉口させる；（感情などが）〜を押し潰す；〜を圧倒する、潰滅させる

□ leave out 〔動〕（含めないで）〜を飛ばす、省く

□ entire 〔形〕全体の、一切の = whole [⇔ partial 一部の]；完全な

□ pontificate 〔動〕もったいぶって話す［書く］、さも偉そうに振る舞う

3

□ efficient 〔形〕効率のよい、むだのない；（人が）有能な

□ strike a balance 〔動・熟〕釣り合い［バランス］をとる、妥協点を見出す

□ occasional 〔形〕ときおりの、たまの

□ symbol 〔名〕記号；象徴、シンボル　cf. sign〔名〕しるし、記号；合図

□ arrow 〔名〕矢；矢印

□ abbreviation 〔名〕略語、省略形

□ tremendously 〔副〕とても、非常に、すさまじく = very much

□ incidentally 〔副〕ところで《通例文頭で》 = by the way

□ shorthand 〔名〕速記（法）= 〈米〉stenography

□ scribe 〔名〕筆記者、書記

□ orator 〔名〕雄弁家；演説者

解答解説

□ Cicero	〔名〕キケロ（106–43 B.C.）《ローマの政治家・雄弁家・哲学者》

4

□ laptop	〔名〕ノートパソコン、ラップトップ型コンピューター《laptop（ひざの上）に置いて使うパソコンの意味》cf. desktop デスクトップコンピューター、palmtop パームトップ型コンピューター《手の上で使うパソコンの意味》
□ note down	〔動〕～を書きとめる = write down
□ retain	〔動〕～を保つ、維持する；～を記憶している = keep、maintain
□ afterwards	〔副〕のちに、その後
□ edit	〔動〕～を編集する
□ layout	〔名〕配置、設計
□ jam	〔動〕からむ、動かなくなる；～を無理に押し込む、（ぎゅうぎゅうに）詰め込む
□ apart	〔副〕（空間・時間的に）離れて；別々に

5

□ optimise	〔動〕～を最適化する；～を最大限に活用する
□ thumb	〔名〕手の親指　cf. big toe 足の親指
□ cluster together	〔動〕～をかたまりにする、集める
□ vowel	〔名〕母音；母音字　cf. consonant〔名〕子音；子音字
□ price	〔名〕代償、犠牲；価格
□ digression	〔名〕脱線、逸脱　**発音注意**
□ confess	〔動〕～を白状する、打ち明ける；～を認める
□ grapple with	〔動〕（難しい問題などに）取り組む = struggle with；～と取っ組み合う = fight with
□ preliminary	〔名〕〈複〉[-ies] 準備、前置き

問題文について ─────────────────────────────●

　講義への導入に関するモノローグ。録音機、ノートの取り方、パソコンやキーボードについて、順を追ってアドバイスしている。

● **全文訳** ●

1 ① 皆さん、こんにちは。第1回目のクラスにようこそ。② 皆さんが授業からできるだけ多くのものを得られるようにしたいので、内容に入る前に、学習そのものについて少し学んでおきましょう。③ 毎回の授業で、私は2時間ほど講義をします。④ ええ、もちろんイラストや配布プリントもありますが、皆さんはよく聞いて、情報を記憶しておく必要があります。⑤ ただ出席だけして、結局私の言ったことを忘れてしまうのでは意味がありません。それなら代わりにコンピューターゲームでもしていた方がいいでしょうね！ ⑥ ですから私は、皆さんがここにいることがむだにならないように、講義内容を確実に書き取るための策を伝授したいと思います。

2 ① 毎回の講義を録音することを好む学生もいます。② 皆さんの中にも、レコーダーを机の上に立てて最前列に座っている人がいますね。③ 教授の中には、自分の授業を録音されるのを嫌がる人もいます。もしかしたら、何かバカなことを言って、それが後世に記録として残ることを恐れているのかもしれません！ ④ 個人的には、私は録音されてもかまいません。⑤ 録音には、<u>教授の話を正確に記録できる</u> *Q31* という長所があります。でも圧倒されてしまわないように気をつけなければなりません。⑥ 学習法の一部は、書きとめるべき情報が何で、無視すべき情報が何かを知ることにあり、講義全体を録音すると、ただ録音しただけで後から聞き返すことがないという結果になりかねません。⑦ 教授の独り善がりな講義をまた2時間も聞きたい人なんているでしょうか？ ⑧ <u>録音機は戦略的に使うとよいでしょう</u>。*Q32* つまり、講義の要点と思われるときに録音スイッチを入れて、それがすんだらオフにするのです。

----

3 ① 私の考えでは、重要な情報を書き取る最も能率的な方法は、良いノートを取ることです。講義への集中と書いている内容への集中をうまく<u>両立させながら</u> *Q33* ノートをしっかり取ることです。② 言うまでもなく、2時間ずっとがむしゃらに書き続けることは不可能です。③ 授業の大半では、ときどきノートを取って、自分の勉強にとって本当に重要だと感じる箇所が来たら、詳細に書き取るように切り替えることならできます。④ 情報をすばやく書き取る最良の方法は、<u>たくさんの記号を使う</u> *Q34* ことです。⑤ たとえば、右向きの矢印は、何かが次につながる結果を表すのに対して、反対方向の矢印は、あることが引き起こされる原因・理由を意味します。⑥ 'globalisation'（グローバライゼーション）を 'glob' と

書くような略語もまた便利なものです。⑦ 自分で独自の規則を作り出すことも可能ですが、速記法の本を入手するのも一案かもしれません。とても役に立つ道具になりえます。⑧ ちなみに、速記を初めて用いたのは、ローマの雄弁家キケロの書記であり奴隷でもあった人物だったと考えられているということを知っていましたか？ ⑨ 名はティロといい、彼のおかげで私たちは今日でも 'e.g.'（たとえば）や 'i.e.'（すなわち）という略語を使っているのです。

4 ① 皆さんの中に、ラップトップパソコンやタッチスクリーン式タブレット端末を机の上で開いている人が何人もいますね。② こういった機器は、後で清書する必要がないので、書き取って情報を保管しておくのに優れています。③ すでに情報は画面上にあるわけですから、きわめて簡単にノートを編集することもできます。Q35 ④ 私が思うに、問題はキーボードです。⑤ 私たちは皆、qwerty Q36 配列のキーボードでタイプを学んできました。この名前は、キーボードの一番上に並んでいる最初の文字列 q、w、e、r、t、y にちなんでつけられたものです。⑥ 当然ながら、皆さんはこれが速くタイプするには最も効率的な配列だと思っていることでしょうが、その考えは、おそらく間違っています。⑦ qwerty 配列は、タイピングのスピードを落とすことを特に意図して考案されました。⑧ この配列は、タイプライターの金属アームがからまることを防ぐために 1870 年代に開発されたものです。⑨ 最も頻繁に使用される文字をそれぞれを遠くに離しておくことで、その文字［のアーム］が紙面に近づいたときにお互いにぶつからないようにしたのです。⑩ 今日、私たちはタッチキーボードを使っているのですが、いまだに qwerty 配列を、それがタイプを遅くする方法であるにもかかわらず、使い続けているのです。⑪ この qwerty ではなく、私自身も以前から試している新しい方法を代わりに使ってみることをおすすめしたいと思います。

5 ① 最近、研究者たちが新しいキーボードを設計しました。これは特に親指操作に最適化されていて、タイプスピードを 2 倍近く上げることができます。② それは文字を 2 つのブロックに分割したスプリットキーボードで、Q37/38 最もよく使う文字はひとかたまりに置かれています。③ 左手の親指で最もよく使われる最初の文字を入力し、一方で、右手の親指で母音を入力します。Q37/38 ④ 調査では、わずか 10 時間の訓練を受けただけで、qwerty キーボードでの平均 20 語に比べ、ユーザーは 1 分間 37 語に到達できることが明らかになっています。⑤ 10 時間の訓練というのは、このキーボードが数年間の学業生活にもたらす利点を考えれば、小さな代償にすぎないと私は思います。⑥ 話が脱線してすみません。正直に

言うと、キーボードデザインは私の関心事の１つなのです。**Q39** ⑦ さあ、自分の受けている講義のキーポイントを忘れないようにするためにどうするかは、皆さん次第です。⑧ 皆さんが取り組まなければならない大学生活の特徴の１つは、何事も皆さん次第だということです。⑨ それでは、前置きはこれくらいにして、講義を始めましょう。**Q40**

● 設問訳・正解・解説 ●

設問 31〜36：メモ完成問題
下のメモを完成させなさい。
各設問にたいして、２語以内で答えなさい。

授業内容の記録保管方法	利点	欠点	提案
録音	教授の話した **31 正確な発言を**記録	データが多すぎる：聞き返すことはないだろう	録音機を **32 目的**と効果を計算して使う
ノートを取る	情報を書き取る一番能率的な方法	ノートを取ることと講義を聞くこととの間で **33 バランス**を取るのが難しい	**34 記号を多用する**
ラップトップ＆タッチスクリーン	あとでノートを **35 編集する**のが簡単	**36 qwerty** キーボードでの入力は遅い	新しい種類のキーボードに変える

31 **正解** exact words

段落 **2** の２文目で 'recording devices' ということばを聞いたら、続く話の内容をしっかり聞き取ること。同じ段落の５文目の 'Recording has the advantage that you capture the professor's exact words'（録音には教授の話を正確に記録できるという長所がある）が該当箇所となる。言い換え表現である

'Benefits' と 'advantage'、'get down' と 'capture'、'spoken by the professor' と 'the professor's exact words' の対応をしっかり聞き取れるかどうかが鍵。空所の前に 'the' があり、後に形容詞の働きをする過去分詞 'spoken' が置かれているので、答えは「2語以内の」名詞(句) に絞れる。

32 **正解** strategically

'recording device' と 'Suggestion' をキーワードにして聞き取る。段落 **2** の 8文目で、'use a recording device strategically'(録音機を戦略的に使うように)とのアドバイスがある。この文が 'I would *suggest* ...' で始まるのが判断のヒントで、文の構造から答えが副詞であることもじゅうぶんに予測される。

33 **正解** balance

'note-taking' がキーワードであるが、問題文の中では段落 **3** の1文目の 'take good notes'(ノートをしっかり取る)という表現の聞き取りが鍵。この直後に、'striking a balance between focusing on the lesson and focusing on what you are writing.'(講義への集中と書いている内容への集中をうまく両立させること)と、並行する2つの作業のバランスを取る必要性が話されている。空所の後の 'between ___ and ___' という表現も「釣り合い、バランス」を連想するヒントになる。空所の前に 'a' があるので、答えは名詞(句) であることがわかる。

34 **正解** symbols

'Use plenty of' をキーワードとして聞き取る。段落 **3** の4文目で、大量の情報を書き取る最適な方法として、'The best way to get information down quickly is to use a large number of symbols.' と、「たくさんの記号」の使用があげられている。'symbol' は可算名詞なので、書く際には複数形にすること。

35 　正解　edit

'Laptops & touchscreens' の 'Benefit'（利点）が問われている。'laptops' と 'touchscreen' は、段落 4 の最初に出てくるので、それ以降の話に耳を傾ける。3 文目で、'It's already on your screen, and you can edit your notes really easily.'（すでに情報は画面上にあるから、きわめて簡単に編集することもできる）と言われている。空所の前に to- 不定詞の 'to' があるので、答えは動詞の原形である。

36 　正解　qwerty

ここでは 'Laptops & touchscreens' の 'Drawback'（難点）について問われているが、'problem' が 'drawback' の意味であることを知らないと、解答への第一の手がかりがつかめない。段落 4 の 4 文目で *The problem, to my mind, is with the keyboard.*（問題は、思うに、キーボードだ）と聞こえたら、即続く話に神経を集中する。直後の文で '"qwerty" keyboard'（クワーティ qwerty 配列のキーボード）が紹介され、7 文目で 'The *"qwerty" layout* was invented with the specific intention of *slowing down typing speeds.*'（qwerty 配列はタイピング速度を遅くする意図で作られた）と、この文字配列の具体的な問題点に言及している。答えの正確な綴りについては、5 文目の '"qwerty" keyboard, that's *q-w-e-r-t-y*' の聞き取りが鍵。10 文目の 'we still stick to the *qwerty layout* even though *it's a slow way* to type'（タイプを遅くするが、いまだに qwerty 配列を使っている）も、正解の裏付けとなる。

設問 37 と 38：多肢選択問題

A〜E の中から答えを 2 つ選びなさい。

教授が述べた新しいキーボードデザインの 2 つの特徴は何か？

　　A　1 分間に 20 語タイプできる。

　　B　親指とそれ以外の指を組み合わせてタイプする。

　　C　右手の親指が母音字を打つ。

　　D　キーボードは 2 つに分かれている。

　　E　従来のキーボードの 3 分の 1 の価格である。

'new keyboard design'（新しいキーボードのデザイン）については、段落 5 の 1 文目の 'Recently, researchers have *designed a new keyboard*'（最近、研究者が新しいキーボードをデザインした）以下で説明されている。2 文目の 'a split keyboard'（2 分割のキーボード）と、3 文目の 'the right thumb handles the vowels'（右手親指で母音字を入力）という情報があるので、C と D が正解。4 文目の 'an average of twenty words on a qwerty device'（[1 分間] 平均 20 語）というのは従来の qwerty キーボードの場合なので、A は不可。1 文目で 'specifically optimised for thumbs'（親指操作に最適化されている）との発言があるので、B も不可。価格の比較はしていないので、E も不可。5 文目の 'a small price' は「値段が安い」という意味ではなく、「わずかな代償」「小さな犠牲」という意味である。

設問 39 と 40：多肢選択問題

A、B、C から答えを選びなさい。

39　 **正解**　 **A**

教授が特に関心があると言ったのは

　　A　 キーボードデザイン。

　　B　 録音機。

　　C　 記号（化）による表記。

キーワードは 'interest'。段落 5 の 6 文目で、教授が 'keyboard design is one of my interests'（キーボードデザインに関心がある）と言っている。

40　 **正解**　 **C**

教授はこの後も引き続き

　　A　 さらに助言を与える。

　　B　 他のメモの取り方について話す。

　　C　 講義を始める。

段落 5 の 9 文目の 'so it's time to begin the lecture' から、「これから講義を始める」ことがわかる。

■ EXERCISE 01

DATE _____

Section 01

該当番号の回答欄に答えを記入しなさい。自信がない場合は unsure のボックス
にチェックをつけて解答しなさい。

	Answer	unsure
1		☐
2		☐
3		☐
4		☐
5		☐
6		☐
7		☐
8		☐
9		☐
10		☐

TOTAL	/ 10

得点×4で素点を出し、バンドスコアを算出してみましょう。
(9ページの「採点・評価について」を参照のこと)

解答上の注意
・解答は全て鉛筆またはシャープペンシルでハッキリと記入すること。
・解答枠からはみ出さないように記入すること。
・スペリングミスのないように確認すること。

採点上の注意
・スペリングミス、解答枠からはみ出た解答、読みづらい、または不明瞭な解答は失点とする。
・unsure(あいまい)にマークを付けたものは、必ず解答解説で正解の理由を確認すること。

DATE _____

該当番号の回答欄に答えを記入しなさい。自信がない場合は unsure のボックスにチェックをつけて解答しなさい。

	Answer	unsure
1		☐
2		☐
3		☐
4		☐
5		☐
6		☐
7		☐
8		☐
9		☐
10		☐

TOTAL	/ 10

得点×4で素点を出し、バンドスコアを算出してみましょう。
（9ページの「採点・評価について」を参照のこと）

解答上の注意
・解答は全て鉛筆またはシャープペンシルでハッキリと記入すること。
・解答枠からはみ出さないように記入すること。
・スペリングミスのないように確認すること。

採点上の注意
・スペリングミス、解答枠からはみ出た解答、読みづらい、または不明瞭な解答は失点とする。
・unsure（あいまい）にマークを付けたものは、必ず解答解説で正解の理由を確認すること。

■ EXERCISE 03

DATE _____

Section 03

該当番号の回答欄に答えを記入しなさい。自信がない場合は unsure のボックスにチェックをつけて解答しなさい。

	Answer	unsure
1		☐
2		☐
3		☐
4		☐
5		☐
6		☐
7		☐
8		☐
9		☐
10		☐

TOTAL	/ 10

得点×4で素点を出し、バンドスコアを算出してみましょう。
（9ページの「採点・評価について」を参照のこと）

解答上の注意
・解答は全て鉛筆またはシャープペンシルでハッキリと記入すること。
・解答枠からはみ出さないように記入すること。
・スペリングミスのないように確認すること。

採点上の注意
・スペリングミス、解答枠からはみ出た解答、読みづらい、または不明瞭な解答は失点とする。
・unsure（あいまい）にマークを付けたものは、必ず解答解説で正解の理由を確認すること。

Section 04

該当番号の回答欄に答えを記入しなさい。自信がない場合は unsure のボックスにチェックをつけて解答しなさい。

	Answer	unsure
1		☐
2		☐
3		☐
4		☐
5		☐
6		☐
7		☐
8		☐
9		☐
10		☐

TOTAL	/ 10

得点 × 4 で素点を出し、バンドスコアを算出してみましょう。
（9ページの「採点・評価について」を参照のこと）

解答上の注意

・解答は全て鉛筆またはシャープペンシルでハッキリと記入すること。
・解答枠からはみ出さないように記入すること。
・スペリングミスのないように確認すること。

採点上の注意

・スペリングミス、解答枠からはみ出た解答、読みづらい、または不明瞭な解答は失点とする。
・unsure（あいまい）にマークを付けたものは、必ず解答解説で正解の理由を確認すること。

EXERCISE 05

DATE _____

Section 01

該当番号の回答欄に答えを記入しなさい。自信がない場合は unsure のボックスにチェックをつけて解答しなさい。

	Answer	unsure
1		☐
2		☐
3		☐
4		☐
5		☐
6		☐
7		☐
8		☐
9		☐
10		☐

TOTAL	/ 10

得点×4で素点を出し、バンドスコアを算出してみましょう。
(9ページの「採点・評価について」を参照のこと)

解答上の注意
・解答は全て鉛筆またはシャープペンシルでハッキリと記入すること。
・解答枠からはみ出さないように記入すること。
・スペリングミスのないように確認すること。

採点上の注意
・スペリングミス、解答枠からはみ出た解答、読みづらい、または不明瞭な解答は失点とする。
・unsure（あいまい）にマークを付けたものは、必ず解答解説で正解の理由を確認すること。

Section 02

該当番号の回答欄に答えを記入しなさい。自信がない場合は unsure のボックスにチェックをつけて解答しなさい。

	Answer	unsure
1		☐
2		☐
3		☐
4		☐
5		☐
6		☐
7		☐
8		☐
9		☐
10		☐

TOTAL	/ 10

得点 × 4 で素点を出し、バンドスコアを算出してみましょう。
（9 ページの「採点・評価について」を参照のこと）

解答上の注意

・解答は全て鉛筆またはシャープペンシルでハッキリと記入すること。
・解答枠からはみ出さないように記入すること。
・スペリングミスのないように確認すること。

採点上の注意

・スペリングミス、解答枠からはみ出た解答、読みづらい、または不明瞭な解答は失点とする。
・unsure（あいまい）にマークを付けたものは、必ず解答解説で正解の理由を確認すること。

■ EXERCISE 07

DATE _____

Section 03

該当番号の回答欄に答えを記入しなさい。自信がない場合は unsure のボックスにチェックをつけて解答しなさい。

	Answer	unsure
1		☐
2		☐
3		☐
4		☐
5		☐
6		☐
7		☐
8		☐
9		☐
10		☐

TOTAL	/ 10

得点×4で素点を出し、バンドスコアを算出してみましょう。
（9ページの「採点・評価について」を参照のこと）

解答上の注意
・解答は全て鉛筆またはシャープペンシルでハッキリと記入すること。
・解答枠からはみ出さないように記入すること。
・スペリングミスのないように確認すること。

採点上の注意
・スペリングミス、解答枠からはみ出た解答、読みづらい、または不明瞭な解答は失点とする。
・unsure（あいまい）にマークを付けたものは、必ず解答解説で正解の理由を確認すること。

303

Section 04

該当番号の回答欄に答えを記入しなさい。自信がない場合は unsure のボックスにチェックをつけて解答しなさい。

	Answer	unsure
1		☐
2		☐
3		☐
4		☐
5		☐
6		☐
7		☐
8		☐
9		☐
10		☐

TOTAL	/ 10

得点 × 4 で素点を出し、バンドスコアを算出してみましょう。

（9 ページの「採点・評価について」を参照のこと）

解答上の注意

・解答は全て鉛筆またはシャープペンシルでハッキリと記入すること。

・解答枠からはみ出さないように記入すること。

・スペリングミスのないように確認すること。

採点上の注意

・スペリングミス、解答枠からはみ出た解答、読みづらい、または不明瞭な解答は失点とする。

・unsure（あいまい）にマークを付けたものは、必ず解答解説で正解の理由を確認すること。

■ EXERCISE 09

DATE _____

該当番号の回答欄に答えを記入しなさい。自信がない場合は unsure のボックス
にチェックをつけて解答しなさい。

Answer	unsure
1	☐
2	☐
3	☐
4	☐
5	☐
6	☐
7	☐
8	☐
9	☐
10	☐

TOTAL	/ 10

得点×4で素点を出し、バンドスコアを算出してみましょう。
（9ページの「採点・評価について」を参照のこと）

解答上の注意
・解答は全て鉛筆またはシャープペンシルでハッキリと記入すること。
・解答枠からはみ出さないように記入すること。
・スペリングミスのないように確認すること。

採点上の注意
・スペリングミス、解答枠からはみ出た解答、読みづらい、または不明瞭な解答は失点とする。
・unsure（あいまい）にマークを付けたものは、必ず解答解説で正解の理由を確認すること。

DATE _____

該当番号の回答欄に答えを記入しなさい。自信がない場合は unsure のボックスにチェックをつけて解答しなさい。

	Answer	unsure
1		☐
2		☐
3		☐
4		☐
5		☐
6		☐
7		☐
8		☐
9		☐
10		☐

TOTAL	/ 10

得点 × 4 で素点を出し、バンドスコアを算出してみましょう。
(9 ページの「採点・評価について」を参照のこと)

解答上の注意
・解答は全て鉛筆またはシャープペンシルでハッキリと記入すること。
・解答枠からはみ出さないように記入すること。
・スペリングミスのないように確認すること。

採点上の注意
・スペリングミス、解答枠からはみ出た解答、読みづらい、または不明瞭な解答は失点とする。
・unsure（あいまい）にマークを付けたものは、必ず解答解説で正解の理由を確認すること。

EXERCISE 11

DATE _____

該当番号の回答欄に答えを記入しなさい。自信がない場合は unsure のボックスにチェックをつけて解答しなさい。

	Answer	unsure
1		☐
2		☐
3		☐
4		☐
5		☐
6		☐
7		☐
8		☐
9		☐
10		☐

TOTAL	/ 10

得点×4で素点を出し、バンドスコアを算出してみましょう。
（9ページの「採点・評価について」を参照のこと）

解答上の注意
・解答は全て鉛筆またはシャープペンシルでハッキリと記入すること。
・解答枠からはみ出さないように記入すること。
・スペリングミスのないように確認すること。

採点上の注意
・スペリングミス、解答枠からはみ出た解答、読みづらい、または不明瞭な解答は失点とする。
・unsure（あいまい）にマークを付けたものは、必ず解答解説で正解の理由を確認すること。

Section 04

該当番号の回答欄に答えを記入しなさい。自信がない場合は unsure のボックスにチェックをつけて解答しなさい。

	Answer	unsure
1		☐
2		☐
3		☐
4		☐
5		☐
6		☐
7		☐
8		☐
9		☐
10		☐

TOTAL	/ 10

得点×4で素点を出し、バンドスコアを算出してみましょう。
（9ページの「採点・評価について」を参照のこと）

解答上の注意
・解答は全て鉛筆またはシャープペンシルでハッキリと記入すること。
・解答枠からはみ出さないように記入すること。
・スペリングミスのないように確認すること。

採点上の注意
・スペリングミス、解答枠からはみ出た解答、読みづらい、または不明瞭な解答は失点とする。
・unsure（あいまい）にマークを付けたものは、必ず解答解説で正解の理由を確認すること。

■ 実 戦 模 試

DATE _____

Listening Listening Listening Listening Listening

該当番号の回答欄に答えを記入しなさい。自信がない場合は unsure のボックスにチェックをつけて解答しなさい。

解答時間：約 30 分

	Answer	unsure
1		☐
2		☐
3		☐
4		☐
5		☐
6		☐
7		☐
8		☐
9		☐
10		☐
11		☐
12		☐
13		☐
14		☐
15		☐
16		☐
17		☐
18		☐
19		☐
20		☐
21		☐
22		☐

23		☐
24		☐
25		☐
26		☐
27		☐
28		☐
29		☐
30		☐
31		☐
32		☐
33		☐
34		☐
35		☐
36		☐
37		☐
38		☐
39		☐
40		☐

TOTAL	/ 40

解答上の注意
・解答は全て鉛筆またはシャープペンシルでハッキリと記入すること。
・解答枠からはみ出さないように記入すること。
・スペリングミスのないように確認すること。

採点上の注意
・スペリングミス、解答枠からはみ出た解答、読みづらい、または不明瞭な解答は失点とする。
・unsure（あいまい）にマークを付けたものは、必ず解答解説で正解の理由を確認すること。

［ 編著者紹介 ］

トフルゼミナール

1979 年に英米留学専門予備校として設立以来 IELTS、TOEFL、SAT、GRE、GMAT など海外留学のための英語資格試験対策や渡航準備などを通し、多くの海外留学をめざす学習者をサポート。国内大学受験においては、東京外国語大学、早稲田大学国際教養学部、上智大学国際教養学部、国際基督教大学（ICU）など英語重視難関校対策や、AO・推薦入試のための英語資格試験対策、エッセイ指導等を行なっている。

執筆協力：Geoff Tozer、林美由樹

翻訳・校閲：松原正明

イラスト：竹村未央

DTP：有限会社中央制作社

録音・編集：株式会社ルーキー

ナレーター：Donna Burke、Tordy Clark、Iain Gibb、Marcus Pittman

パーフェクト攻略 IELTS リスニング 新装版

発行日 ：2017 年 3 月 30 日　第 1 版第 1 刷
　　　　　2023 年 7 月 30 日　新装版第 2 刷

著　者 ：トフルゼミナール
発行者 ：山内哲夫
企画・編集 ：トフルゼミナール英語教育研究所
発行所 ：テイエス企画株式会社
　　　　　〒 169-0075　東京都新宿区高田馬場 1-30-5 千寿ビル 6F
　　　　　E-mail　books@tseminar.co.jp
　　　　　URL　https://www.tofl.jp/books/
印刷・製本 ：シナノ書籍印刷株式会社